ullstein

Das Buch

In seinem neuen Buch nimmt Bad Boy Uli uns mit in ein geheimes Officers-Meeting und auf die größten Hells-Angel-Treffen der Welt, die World-Runs. Er erzählt von seinen Besuchen bei den Brüdern in Brasilien, England, Holland, Österreich, der Schweiz, Finnland und den USA. Bad Boy Uli erklärt die Hoheitsabzeichen der Hells Angels, die Bedeutung der Bikes, die Pressearbeit und das Verhältnis der Rocker zu Frauen. Er kommentiert die Beweggründe für den Friedensvertrag mit den Bandidos und das aktuelle Geschehen. Und er verrät, wie sich die verfeindeten Rockergruppen auf die nächsten Auseinandersetzungen vorbereiten. Denn die Polizeiaktionen und Clubverbote, die überraschende Selbstauflösung einiger Charter, die vergebliche Suche nach einer Leiche, der ungeklärte Mordanschlag auf André Sommer und der Maulwurf bei der Polizei – das alles wirft Fragen auf.
Bad Boy Uli scheut für sein neues Buch kein Risiko: Um an aktuelle Informationen zu kommen, hat er sich mehrfach mit seinen Exbrüdern konspirativ getroffen – und dabei sein Leben riskiert.

Der Autor

Ulrich Detrois ist Bad Boy Uli. Er war Mitbegründer eines Charters der deutschen Hells Angels und dort acht Jahre lang Vize-Präsident – bis er eines Tages ausstieg. Sein erstes Buch *Höllenritt* war monatelang auf den Bestsellerlisten und sorgte für viel Unruhe in den Reihen der Engel.

Von Bad Boy Uli ist in unserem Hause bereits erschienen:

Höllenritt

Ulrich Detrois

Wir sehen uns in der Hölle

Noch mehr wahre Geschichten von einem deutschen Hells Angel

Ullstein

Besuchen Sie uns im Internet:
www.ullstein-taschenbuch.de

MIX
Papier aus verantwortungsvollen Quellen
FSC® C014496
FSC
www.fsc.org

Ungekürzte Ausgabe im Ullstein Taschenbuch
1. Auflage Februar 2014

Umschlaggestaltung: ZERO Werbeagentur, München
Titelabbildung: © Silvana Peil
Gesetzt aus der Cochin
Papier: Pamo Super von Arctic Paper Mochenwangen GmbH
Printed in Germany
ISBN 978-3-548-37516-8

INHALT

VORBEMERKUNG

Um die Persönlichkeitsrechte einiger Akteure zu wahren, wurden Namen, Orte und Personenbeschreibungen verfremdet. Alle in diesem Buch dargestellten Ereignisse, Szenen und Dialoge haben sich aber wie beschrieben so oder in sehr ähnlicher Weise abgespielt.

Der Text gibt die Sichtweise des Autors wieder, nicht die des Verlags. Die beschriebene Gewalt billigen wir nicht. Doch als Verlag halten wir es für sinnvoll und wichtig, einen authentischen Einblick in die Szene der deutschen Hells Angels zu geben. Darum geht es in diesem Buch.

Der Econ Verlag

VORWORT

Mein Name ist Bad Boy Uli und ich war ein Hells Angel.

Ich habe mich in meiner Zeit bei den Hells Angels immer loyal meinem Club gegenüber verhalten. Ich stand zu hundert Prozent hinter dessen Idealen. Der Club kam immer an erster Stelle, dann meine Brüder und dann erst ich.

Leute, die ich früher meine Brüder nannte, wollen mich heute ermorden.

Diejenigen unter euch, die *Höllenritt,* mein erstes Buch über meine Lebensgeschichte und meine Zeit bei den Hells Angels, kennen, haben viele Geschichten voller Gewalt, Drogen, Kriminalität und Lügen gelesen. *Wir sehen uns in der Hölle* wird euch noch mehr die Augen öffnen und euch hoffentlich bewusst machen, welch gefährliche Bande diese angeblich harmlosen Rocker in Wirklichkeit sind.

Nach außen propagieren sie seit Jahrzehnten den Mythos vom Easy Rider, die pure Biker-Romantik, die jeder kennt. Den haben die Hells Angels in ihren Anfangsjahren in den USA wirklich gelebt – das muss man ihnen lassen. Aber das ist schon fast nicht mehr wahr, denn seit der Gründung am 17. März 1948 ist viel geschehen.

Die aalglatte PR-Fassade der Hells Angels bekommt schon seit längerer Zeit Risse – nach und nach bröckelt immer mehr ab, und das hässliche Gesicht darunter kommt zum Vorschein. Was in dieser Welt zählt, ist das Big Business, das große Geld. Und das scheffelt man eben nicht in der Freizeit beim gemütlichen Mopedfahren mit Gleichgesinnten, sondern mit lukrativen Geschäften. Viele Hells-Angels-Member weltweit betreiben Drogen-, Waffen- oder Menschenhandel. Andere beuten Prostituierte aus, wieder andere profitieren von Schutzgelderpressung und anderen illegalen Machenschaften. Nicht wenige gehen dabei buchstäblich über Leichen.

Und wie bei jedem erfolgreichen Unternehmen, das Geld abwirft, kommt irgendwann der Wunsch nach Expansion. Die Hells Angels haben es geschafft, sich über den ganzen Globus zu verbreiten. Gegen Konkurrenten und Feinde gehen sie mit größter Brutalität und ohne Skrupel vor – und darin liegt vor allem die Gefahr für die Bevölkerung, wenn sie ins Kreuzfeuer solcher gewaltsamer Auseinandersetzungen gerät.

Wer so stark expandiert, braucht Regeln. Bei den Hells Angels sind das die World-Rules, die ich in *Höllenritt* erstmals veröffentlicht habe. Bis dahin hatte sie kein Clubfremder, kein Außenstehender zu Gesicht bekommen, denn die Biker hüten das Regelwerk wie ihren Augapfel. Auch ich habe das früher getan und wie ein Dobermann aufgepasst, dass die Dokumente immer in meinem Besitz bleiben. Die Veröffentlichung der World-Rules ist eine Todsünde im Club – aber was soll's?! Auf meinen Kopf ist schon genug Geld ausgesetzt.

Die Hells Angels werden ohnehin bis zu ihrem letzten Atemzug versuchen, den Mordauftrag, der gegen mich besteht, erfolgreich in die Tat umzusetzen. Mit Glück und Geschick habe ich bisher überlebt. Mal sehen, was die Zukunft bringt. Meinen Nachruf habe ich vorsorglich schon einmal geschrieben – aber lasst euch davon nicht irritieren. Ich bin ziemlich tough drauf, so schnell kann mir keiner was. Und ich werde euch weiterhin über mein Leben bei und mit den Hells Angels berichten. Das werde ich bis zu meinem letzten Atemzug tun.

Als hochrangiges Mitglied im Club habe ich viel erlebt und viel erfahren – und selbst an der Stellschraube der Gewalt und des Terrors gedreht. Glaubt mir also: Ich weiß, wovon ich rede. Viele Dinge beurteile ich heute anders als in meiner Zeit bei den Hells Angels und habe mich aus verschiedenen Gründen dafür entschieden, mein Wissen über die Bikerszene mit euch zu teilen.

Eigentlich bin ich ganz froh, nicht mehr Mitglied bei den Hells Angels zu sein; mit ihrer Intrige haben meine Ex-Brüder mir also fast einen Gefallen getan. Denn ich bin mir sicher, ich säße längst wegen eines dicken Dings im Knast.

Ich bin mir bewusst, dass ich durch meine Bücher und Auftritte in Interviews für sehr viele im Club eine Bedrohung bin. Ich bin mir bewusst, dass ich mich dabei in Gefahr begebe. Und ich bin mir bewusst, dass ich niemandem trauen kann – vor allem nicht der deutschen Justiz.

Deswegen will ich euch in *Wir sehen uns in der Hölle* noch mehr über die Hells Angels und meine Zeit bei ihnen erzählen. Für euch sind das wahrscheinlich Geschichten wie aus einer anderen Welt. Aus einer Welt, die von Gewalt, Sex und Drogen geprägt ist. Oder aus einem Drehbuch für einen Gangsterfilm. Aber ich garantiere euch, das ist keine Fiktion, diese Welt existiert – und zwar ganz in eurer Nähe. Es ist eine verborgene Subkultur, zu der nur wenige Zugang haben. Ich habe jahrelang dazugehört.

Liebe Leserinnen und Leser, wieder lade ich euch ein, in diese Subkultur abzutauchen, dieses Mal noch tiefer in den Abgrund. Ich zeige euch die dunklen Ecken – also verzeiht mir derbe Sprüche oder gewalttätige Geschichten. Sie gehören dazu, denn ich will euch die Szene so zeigen, wie sie ist. Eine rosarote Brille gibt es bei mir nicht, sorry. Es sind aber auch wieder ein paar skurrile und witzige Episoden dabei, keine Sorge. Vieles wird euch fremd vorkommen, manches wird euch ungläubig staunen lassen, das ist mir klar. Macht es euch also gemütlich und habt Spaß beim Lesen – aber schaltet dabei auch euer Hirn ein.

Zum Schluss erneut mein Angebot: Wenn ihr Hilfe beim Ausstieg aus der Szene braucht oder wenn ihr Fragen an mich habt – schaut auf meine Homepage www.badboyuli.de und nehmt Kontakt zu mir auf. Ja, es gibt Wartezeiten, das ist nicht zu vermeiden, aber ich beantworte eure Zuschriften auf jeden Fall.

Und an die Leser von *Höllenritt*: Danke für eure vielen Mails! Sie haben mich unter anderem dazu gebracht, dieses neue Buch in Angriff zu nehmen.

Euer Bad Boy Uli

MEIN HÖLLENRITT

Ich bin ja nun schon seit einer Weile raus aus dem »harmlosen Moppedclub« namens Hells Angels – wie es dazu kam, habe ich euch ausführlich in *Höllenritt* erzählt. Trotzdem will ich euch ja nicht nur von meiner Vergangenheit und vielen früheren Aktionen der Hells Angels berichten, sondern auch vom aktuellen Geschehen in der Rockerszene. Sowohl die Hells Angels als auch die Bandidos haben in letzter Zeit ordentlich Schlagzeilen gemacht. Aber mal ganz davon abgesehen: Es ist für mich interessant und wichtig, auf dem Stand der Dinge darüber zu bleiben, was meine Ex-Brüder derzeit so treiben – und welche Gerüchte kursieren.

Geheime Treffen

Natürlich kann ich schlecht persönlich hinmarschieren und fragen: »Was gibt's Neues, Pappnasen?« Wie ihr euch sicher vorstellen könnt, läuft das um einiges komplizierter ab. Für mein neues Buch habe ich also erneut das Risiko in Kauf genommen, mich mit zwei aktiven Membern zu treffen, um mir ein Bild von den neuesten Entwicklungen an der Hells-Angels-Front zu machen. Solche Treffen finden immer wieder mal statt. Zu den Membern möchte ich, um sie nicht in Gefahr zu bringen, nur so viel sagen: Beide sind Autoritäten in ihrem jeweiligen Charter. Und beide erzählten mir in etwa das Gleiche. Sie sind für mich in jedem Fall glaubwürdig. Daher bin ich überzeugt, dass ihre Berichte stimmen. Bisher hat alles gestimmt.

Die Vorbereitungen für solche Treffen sind extrem aufwendig, weil ich viele Dinge beachten muss. Wenn ihr schon einmal einen Agententhriller gesehen habt, werden euch einige Maßnahmen bekannt vorkommen, nur dass es für mich eben bittere Realität ist. Also, wie laufen die Vorbereitungen für ein solches Geheimtreffen ab?

Als Erstes nehme ich per Brief Kontakt mit dem Member auf und mache mehrere Vorschläge für mögliche Termine und Treffpunkte. Danach besorge ich zwei fabrikneue Handys mit Prepaid-SIM-Karte, die ich allerdings aus Sicherheitsgründen über eine Person aktivieren lasse, die niemals etwas mit den Hells Angels zu tun hatte – und auch nie haben wird. Keine Frage: Das kann nur ein absolut vertrauenswürdiger Mensch sein! Eines der beiden Telefone schicke ich wieder per Post an den Ex-Bruder, das andere behalte ich. Wiederum per Brief teile ich ihm eine genaue Uhrzeit mit, zu der er mich auf dem anderen Handy anrufen soll. Bei diesem Telefonat vereinbaren wir eine Uhrzeit für unser Treffen, der Treffpunkt steht ja schon fest. Fehlt eigentlich nur noch, dass sich die Briefe nach dem

Lesen selbst zerstören, dann wären wir endgültig im Reich der Spionagefilme ... Aber selbst Verbrennen wäre überflüssig. Denn auch wenn sie einem »Unbefugten« in die Hände fallen würden, könnte er schließlich wenig damit anfangen.

Die Treffpunkte wähle ich meist nach folgenden Kriterien aus: Erstens muss es eine öffentliche Location sein, etwa McDonald's, eine große Tankstelle oder eine Spielhalle, wenn möglich in Autobahnnähe. Das zweite und vor allen Dingen ausschlaggebende Kriterium: Es muss mehrere An- und Abfahrtmöglichkeiten in verschiedene Richtungen geben, falls man mal schnell weg muss. War zwar bisher noch nicht notwendig, aber sicher ist sicher. Drittens, die Treffen finden immer tagsüber statt. Denn solange es hell ist, hat man definitiv die beste Sicht und kann irgendwelche Auffälligkeiten besser erkennen.

Wenn Ort und Zeit klar sind, folgt ein erneuter Handykauf; zwei nagelneue Geräte müssen her. Dann lasse ich mir von einer vertrauenswürdigen Person im Vorfeld einen Mietwagen und ein Hotelzimmer besorgen, für mehrere Tage. Einen Tag vor dem eigentlichen Treffen mache ich mich auf in die betreffende Stadt und checke in das Hotel ein. Mir sind kleinere Hotels, bei denen man schon vorab bezahlen kann, am liebsten. Ich reise meist spät an, da überprüft nämlich keiner mehr die Personalien. Also marschiere ich einfach zum Nachtportier, stelle mich mit falschem Namen vor und lasse mir den Zimmerschlüssel geben. Da ohnehin bereits alles bezahlt ist, klappt das in der Regel völlig problemlos. Nachts fahre ich dann noch einmal los, um den vereinbarten Treffpunkt erneut genau unter die Lupe zu nehmen und mir für unser Gespräch am folgenden Tag einen geeigneten Platz zu suchen.

Das Hotel verlasse ich am nächsten Morgen sehr früh – und dann kommt der langweiligste Teil: die Zeit bis zum Treffen überbrücken, dabei mehrmals den Treffpunkt anfahren und auf Ungewöhnliches oder auffällige Personen achten. Wenn ich dann meinen Ex-Bruder sehe und die Luft rein ist, rufe ich ihn an und fahre direkt neben ihn. Ich lasse mir von ihm das Handy, das ich ihm geschickt hatte, zurückgeben, schalte es aus und übergebe ihm das neue. Dann erst lotse ich ihn über Umwege mit meinem zweiten Handy zum in der Nacht ausgespähten Gesprächstreffpunkt. Während der gesamten Fahrt, die gut und gerne eine halbe Stunde dauern kann, beobachte ich sein Fahrzeug und unser Umfeld sehr genau. Ich will sicher sein, dass uns keiner folgt – schließlich geht es nicht nur um meine eigene Sicherheit, sondern auch um den Arsch meines Ex-Bruders, der das Risiko eines Treffens mit mir eingeht. Wenn davon jemand etwas mitbekäme, wäre er genauso Geschichte wie ich.

Am Treffpunkt setzt er sich dann zu mir ins Auto und übergibt mir das Handy, das wie alle anderen Mobiltelefone, die ich so bei mir habe, sofort ausgeschaltet wird. Ich entferne sogar zusätzlich den Akku. Mag sich paranoid anhören, aber was tut man nicht alles für die Sicherheit. Jetzt können wir uns endlich in Ruhe unterhalten. Natürlich immer mit Blick auf die Umgebung.

Das sind nur einige der Vorkehrungen und Abläufe für ein sicheres geheimes Treffen, aber ihr seht schon jetzt: Es ist alles andere als ein Kinderspiel. Wir müssen beide höllisch aufpassen. Nach dem Treffen fahre ich meinen Ex-Bruder zu einem Taxistand, von wo er sich zu seinem Auto zurückbringen lassen kann. Ich selbst mache mich daraufhin in eine andere Richtung wieder auf den Weg nach Hause.

An dieser Stelle einmal ein Dankeschön an meine beiden Ex-Brüder, die diese Treffen mit mir riskiert haben. Ihre Infos haben viele meiner Annahmen bestätigt - und ermöglichen euch neue und brisante Einblicke in die Welt der Hells Angels.

Was in *Höllenritt* geschah

In *Höllenritt* habe ich euch ja schon vieles erzählt, was bei mir und bei den Hells Angels so abging und wie ich überhaupt zum Club kam. Für all diejenigen, die das erste Buch noch nicht kennen oder es schon vor längerer Zeit gelesen haben, fasse ich hier noch einmal die wichtigsten Stationen zusammen, damit ihr beim Lesen einen besseren Überblick habt.

Ich war Vize-Präsident in der gefährlichsten Rockerbande der Welt – ich war ein Hells Angel.

Bevor ich zu den Hells Angels kam, war ich Mitglied bei den Bones, einer Rockergruppe, die es nur in Deutschland gab. Mit ein paar meiner damaligen Kumpels gründete ich ein Bones-Charter in Kassel. Die Bones wurden aufgelöst, und wir wurden Hells Angels. Das Hells-Angels-Charter Kassel gründete ich 1999 und war dort lange Vize-Präsident – bis mich meine Brüder durch eine gezielt konstruierte Anschuldigung aus dem Club warfen.

Während ich im Ausland unterwegs war, beschlossen die Member meines Charters, dass sie mich loswerden wollen. Per Mail hatten sie auch schon die anderen Charter weltweit über meinen Rausschmiss informiert. Nur ich wusste von nichts. Als dann am Abend meiner Rückkehr meine Brüder an meine Tür klopften, hereinstürmten und wortlos meine Clubsachen einsammelten, wurde mir klar: Da stimmt etwas nicht. Ich schnappte mir einen der Member und stellte ihn zur Rede: Angeblich hatte ich zwei Russen überfallen, um an deren Koks zu kommen, dreißig Kilo sollen es gewesen sein. Und das Ganze am Club vorbei, also Profit für meine eigene Tasche. Eine Todsünde im Club! Am Ende der Aktion in meiner Wohnung sagte einer noch zu mir: »Das war's jetzt für dich, Uli. Out.«

»Out« bedeutet, eigentlich hätte ich alle meine Club-Tattoos entfernen müssen. Ich trage sie heute noch. Eigentlich trifft für mich sogar die Steigerung von out zu, nämlich »out in bad standing«. Das bedeutet: Egal wo und egal welchem Hells Angel ich über den Weg laufe, er hat in den Augen des Clubs die Pflicht, mich zu attackieren. Und er wird es auch tun, denn ansonsten riskiert er ebenfalls einen Rausschmiss.

So fing alles an …

Kurz nach meinem Rauswurf aus dem Kasseler Charter bedrohten Ex-Brüder meine Schwester. Sie drohten, sie umzubringen, wenn ich nicht den Fahrzeugbrief der Harley rausrückte. Ich muss zugeben, da hatte ich das erste Mal in meinem Leben wirklich Angst. Nicht um mich, sondern davor, dass sie meiner Schwester etwas antun. Schließlich hat sie mit meiner Vergangenheit nichts zu tun. Und ich kenne viele Szenarien, in denen jemand ums Leben kommt und man es wie ein Unfall aussehen lässt. Das ist easy. Selbst wenn man den Schuldigen erwischen würde, gäbe es in vielen Fällen wahrscheinlich nur eine läppische Bewährungsstrafe. Und meine Schwester wäre tot.

Daher blieb mir keine andere Wahl, als mit der Polizei zu kooperieren. Um meine Schwester zu beschützen, musste ich mich mit meinen Erzfeinden verbünden. Mit den Leuten zusammenarbeiten, die schon so oft versucht haben, mich hinter Gitter zu bringen – und es bis heute tun. Bei meinen Ex-Brüdern stand ich spätestens ab diesem Zeitpunkt auf der Abschussliste. Denn ein Hells Angel packt niemals aus, er verrät nie seine Brüder.

Im Oktober 2007, nach unzähligen »Terminen« mit den Polizeibeamten und ohne jeglichen Personenschutz, wurden meine Schwester und ich für den Zeitraum einer geplanten Großrazzia bei den Hells Angels an einen sicheren Ort gebracht. Nach der Razzia allerdings wurden wir von den Polizisten rund um die Uhr bewacht. Die Bullen hatten Angst, dass sich meine Ex-Brüder an mir rächen könnten. Von der Polizei erfuhren wir auch, dass auf einem Sondermeeting der Hells Angels ein Mordauftrag ausgesprochen worden war. Russen sollten für ein Kopfgeld die Morde ausführen. Das Ganze hat mich aber nicht weiter gewundert. Und wie ihr seht: Ich bin noch da!

Fragen über Fragen

Seit *Höllenritt* erschienen ist, habe ich jede Menge Post von meinen Lesern erhalten. An dieser Stelle vielen Dank für euer Interesse und all die Zuschriften. Ich bemühe mich nach wie vor, eure Mails schnell zu beantworten, aber es ist ein ziemlicher Berg, den ich da abzuarbeiten habe. Über 7000 Mails, einige davon neugierig, einige bewundernd, einige auch ein bisschen schräg – zugegeben. Bei der einen oder anderen Mail habe ich mich schon gefragt, ob der Verfasser mein Buch wirklich gelesen hat. So manche Reaktion hat mir gezeigt, dass ich in *Höllenritt* vielleicht doch nicht hundertprozentig klarmachen konnte, wer die Hells Angels sind und was sie tun. Aus diesem Grund habe ich beschlossen, euch in *Wir sehen uns in der Hölle* einen noch tieferen Einblick in die Machenschaften der Rockerszene zu geben.

Die meisten Leser waren sehr mitfühlend und besorgt, vor allem um das Wohl meiner Schwester, und ziemlich schockiert von den Tatsachen, über die ich in *Höllenritt* geschrieben habe. Gut finde ich, dass so manchem jetzt doch Zweifel gekommen sind, ob er wirklich bei den Hells Angels mitmachen sollte – und so einige haben sich dagegen entschieden. Sätze wie »Wirklich erschreckend, was da so abläuft«, »Ich habe jetzt ein ganz anderes Bild von den Hells Angels bekommen« oder »Ihr Buch öffnete mir die Augen«, »Ich muss meine ganze Haltung gegenüber den Hells Angels überdenken« bestätigen mir, dass ich mit *Höllenritt* etwas in den Köpfen der Leute bewirkt habe – das wollte ich erreichen.

Aber noch ist der Groschen nicht bei allen gefallen. Denn oft genug kamen Fragen wie: »Wie kann ich am besten Mitglied bei den Hells Angels werden? Kannst du mir da Tipps geben?« Nein, ihr sollt nicht Mitglied werden, das ist doch der Punkt! Andere wollten Tipps für den Einstieg ins Rotlichtmilieu oder mich als Berater in der »Immobilienbranche«. Sehr wunderlich fand ich auch die Zuschrift einer Polizeischule, die wegen eines Vortrags bei mir angefragt hat. Auch Volkshochschulen und andere Institutionen haben angeklopft und wollten wissen, ob ich als Referent zur Verfügung stehe. Aber selbst wenn das eine oder andere Angebot interessant ist – ohne die nötigen Sicherheitsvorkehrungen, vor allem zum Schutz der Zuhörer, kann ich das einfach nicht machen.

Dann gab es auch einige, die mir Unterschlupf gewähren wollten, falls nötig. Sehr nettes Angebot, aber ich verstecke mich vor niemandem. Ist nicht mein Stil. Und einige haben auch gemeinsame Moppedtouren vorgeschlagen. Viele haben sich dabei auch über die Tatsache amüsiert, dass viele Hells Angels gar nicht Mopped fahren können – beziehungsweise zum Teil gar keinen Führerschein haben. Da euch das Thema so viel Spaß gemacht hat, erzähle ich euch im Kapitel »Höllisch starke Zeichen« ein bisschen mehr dazu. Da gibt es noch die eine oder andere lustige Geschichte. Es sind auch noch so einige Fragen aufgetaucht bei den Lesern, zum Beispiel zu den Patches, dem Thema Frauen und Hells Angels, zu den Unterschieden zwischen den deutschen Hells Angels und den anderen Chartern weltweit, aber auch zu anderen Clubs wie zum Beispiel den Bandidos und so weiter.

Auf viele eurer Fragen werdet ihr in diesem Buch Antworten finden.

Von: [redacted]
An: uli@badboyuli.de
Kopie:
Betreff: Dein Buch - dein Leben
Datum: 01.07.2010 00:11:41

Hallo Uli

Eben habe ich dein beeindruckendes Buch zu Ende gelesen.
Oberflächlich gesehen haben die Hells Angels einen Romantic-Faktor: Freiheit pur – Lagerfeuer – Zusammenhalt – Freundschaft – mit der Harley in den Sonnenuntergang fahren…. Natürlich ist es eindrücklich, auf der Autobahn einer Horde Rocker auf ihren Harleys zu begegnen. Dann wird das Radio sofort ausgeschaltet und das Fenster runtergekurbelt, denn das Geräusch der Motoren ist Musik.
Sobald man sich jedoch etwas genauer mit dem Thema Hells Angel auseinandersetzt, zerfällt jegliche Romantik, und was bleibt ist Unverständnis und auch ein bisschen Furcht.

Ganz besonders fühlte ich während dem Lesen mit deiner Schwester. Du wusstest, was ungefähr auf dich zukommen wird. Du bist stark und kampferprobt und weisst dich zu wehren. Deine Schwester jedoch ist völlig unschuldig in eine lebensgefährliche, total beängstigende Situation geraten, der sie komplett ausgeliefert war. Kann sie in der Zwischenzeit wieder ein einigermassen normales Leben führen? Ich hoffe sehr, dass es ihr gut geht!

Wenn man die spannende Lebensgeschichte eines Menschen liest, ist das Buch irgendwann zu Ende. Das Leben dieser Person, mit der man sich einige Stunden lang beschäftigt hat, geht jedoch weiter. Es würde mich interessieren, was du heute machst. Wie verdienst du deinen Lebensunterhalt? Lebst du noch in Deutschland? Kommst du mit dem Leben ausserhalb des „Clubs" zurecht?
Ich kann verstehen, wenn du meine Fragen aus Sicherheitsgründen nicht beantworten kannst. Es würde mich aber sehr freuen zu erfahren, ob es dir und deiner Schwester gut geht.

Ich wünsche dir nur das Allerbeste.

Herzliche Grüsse aus der Schweiz
[redacted]

Posteingang 1 von **1452** >>

Von: [redacted] ins Adressbuch

An: uli@badboyuli.de

Betreff:

Datum: Tue, 15. May 2012 13:24:13

GMX Virenschutz: In dieser E-Mail wurden keine Viren gefunden.

Volldarstellung Textansicht Verschieben nach... verschieben

Antworten Allen antworten Weiterleiten Umleiten SPAM Löschen

Moin Uli,

als erstes möchte ich dir sagen, das dein Buch sehr gut ist und es mir leid tut was dir widerfahren ist.

Was gibt es schlimmeres, als von einer Bruderschaft, für die man von Herzen lebt, ausgeschlossen zu werden.

Dennoch möchte ich dich in eigener Sache etwas Fragen, da du in der Branche viel Erfahrung hast.

Eine Bekannte von mir möchte sich etwas im Rotlicht Milieu dazu verdienen. Jedoch möchte und kann sie das nicht alleine bewerkstelligen.
Also hat sie mich gefragt, ob ich nicht ihr als Agent bzw. Organisator helfen könnte. Und da ich die organisatorischen Fähigkeiten hätte und auch das auftreten, könnte ich mir das vorstellen.

Nun ist meine Frage, wie ich das Legal machen kann. Kannst du mir dabei ein paar Tips geben.

Viele Grüße

GMX

Von: [redacted]
An: uli@badboyuli.de <uli@badboyuli.de>
Kopie:
Betreff: Zwangsprostitution
Datum: 28.05.2010 21:30:59

Hallo Uli,
ich habe dein Buch gekauft und in einem Zug gelesen. Ich bin kein Fan krimineller Aktionen, bewundere jedoch ein selbstbestimmtes und unabhängiges Leben in Freiheit. In meiner kleinen Welt gönne ich mir hin und wieder den Gang ins Bordell. Dabei ist mir jedoch wichtig, dass die Damen sich aus reiner Profitgier anbieten und nicht dazu gezwungen werden. Wie du richtig beschreibst, ist auch in Mannheim das Gewerbe in fester Hand der HA. Bei meinen Besuchen habe ich auch nicht den Eindruck, dass die Mädchen sich unter Zwang anbieten. Kann ich mir da sicher sein und wenn nein woran kann ich es evtl. erkennen ?
Danke für deine Antwort.
Gruß
[redacted]

--

Viele Leser haben mir geschrieben

DER CLUB

Die Hells Angels sind ein harmloser Motorradclub – diesen Mythos versuchen sie krampfhaft aufrechtzuerhalten. Das wird aber immer schwieriger, wenn man die Berichterstattung über die »Höllenengel« verfolgt. Als harmlos lässt sich das Ganze dann wohl nicht mehr bezeichnen, und ums Motorradfahren geht es in den Zeitungs- und Online-Meldungen auch eher selten.

Trotzdem übt das Biker- oder Rockerleben auf viele eine Faszination aus, und es gibt genügend Kerle, die von den bösen Jungs dermaßen begeistert sind, dass sie ihre Alarmglocken im Hirn entweder nie oder einfach zu spät hören. Denn ab einem gewissen Punkt gibt es kein Zurück mehr.

Verlogenes Schauspiel

»La familia« heißt es bei der italienischen Mafia, und dieses Erfolgsrezept haben die Hells Angels als Vorbild eins zu eins übernommen. Denn das ist ein gutes, altbewährtes Mittel, um die Mitglieder zusammenzuhalten und um immer größer und mächtiger zu werden. Die Hells Angels haben also keineswegs das Rad neu erfunden, sondern einfach nur von anderen erfolgreichen Systemen der Kriminalität gelernt und abgekupfert.

Wir sind eine »Familie« und »Brüder«, so wird es den einfachen Membern verkauft. Und wer ist für so etwas nicht empfänglich, zumal es so ja auch zelebriert wird: Die Clubpartys sind nur für Member und ihren engsten Familienkreis zugänglich. Welcher der Teilnehmer, der »Auserwählten«, fühlt sich dadurch nicht aufgewertet und wird mindestens zehn Zentimeter größer und breiter? Und selbst die mit den kleinen Eiern haben plötzlich große »Cochones«.

Die wenigsten merken überhaupt, dass es ein verlogenes Schauspiel ist. Dass sie wie Bullen am Nasenring durch die Arena geführt werden. Die großen Partys wie World- und Euro-Run sind im Prinzip ähnlich wie die Römischen Spiele im Kolosseum, nur eben nicht für das Volk, sondern exklusiv für Member und Prospects. Veranstaltet und geplant von der kleinen »Elite« der Präsidenten und Vize-Präsidenten, von denen aber auch nur ein kleiner Teil wirklich versteht, worum es überhaupt geht.

Um die Member auf Spur zu halten, ist jedes Mittel recht: Mord und Totschlag zur Einschüchterung, schwerste Körperverletzungen als Warnung bei eventuell Abtrünnigen. Einige ahnen ja halbwegs, worauf sie sich einlassen, wenn sie sich dem Club anschließen. Man könnte nun denken, dass die lange Zeit der Fronarbeit und Unterwerfung, bis man Member wird, viele davon abhalten würde, dem Club beizutreten. Das Gegenteil ist aber der Fall: Viele denken, es sei sicher nicht ohne Grund so schwer, zur Elite zu gehören, und sie wollen das dann auch schaffen wie die anderen. Dafür nehmen sie alles in Kauf, sie halten alles aus – es winken ja am Ende Macht, Einfluss, Geld und die Bewunderung vieler Biker. Man wächst eben langsam hinein in die ganze Sache. Und so manchem kippt auch ein Schalter im Hirn um, sobald er Member ist. Dann denkt er, er kann machen, was er will.

Wenn überhaupt, gehen ihnen erst zu einem späteren Zeitpunkt die Augen auf, aber dann ist es meist zu spät für eine Umkehr. Man weiß aus vielen Beispielen, was einem blüht, wenn man aus der Reihe tanzt. Daraus wird auch kein Hehl gemacht, sondern es werden sogar gezielt Informationen gestreut. Da sind Dinge wie der Verlust des Bikes, blaue Augen und dicke Backen noch die kleineren Übel. Wesentlich schlimmer ist schon ein Stadtverbot, was bedeutet, dass der »Abtrünnige« die Stadt schleunigst mit seiner Familie verlassen muss, wenn er nicht tagtäglich mit einem Angriff auf Leib und Leben rechnen will. Aber dabei kommt die ungemeine Ausdehnung der Hells Angels, vor allem in Deutschland, ins Spiel: Wohin soll er denn noch gehen? Die Hells Angels sind doch fast überall! Das ist schon für die meisten – oder besser gesagt für fast alle – ein sehr effektives Druckmittel, um nicht aufzumucken. Gut, hin und wieder gibt es auch Member, die einfach nie wieder auftauchen. Wie vom Erdboden verschluckt, einfach so!

Wie ihr seht, gibt es genügend probate Mittel, um die Jungs bei der Stange zu halten. Das ist ein wesentlicher Grund dafür, dass sich nur ganz wenige trauen, den Club zu verlassen. Noch schwieriger wird es für jemanden, der gegen den Club vor Gericht aussagen will oder aussagt. Derjenige muss sich darauf einstellen, sein – möglicherweise kurzes – Leben lang verfolgt zu werden.

Geheimniskrämerei

Wie schon angedeutet, werden viele Dinge vor den einfachen Membern nicht besprochen. Doch wo können sich die Präsidenten und Vize-Präsidenten über aktuelle Themen austauschen und notwendige Schritte absprechen? Natürlich auf den Meetings beim Euro-Run oder beim World-Run; die Teilnahme an diesen Events ist ja in den World-Rules der Hells Angels verankert.

Von den World-Rules habe ich ja in *Höllenritt* schon berichtet und euch einen Blick in dieses Heiligtum der Hells Angels werfen lassen. Sie sind für die Hells-Angels-Member bindend und müssen befolgt werden. Darunter sind zum Beispiel Regeln, die bei der Herstellung von Merchandising-Artikeln und Patches zu beachten sind, aber eben auch Vorschriften zu den World-Meetings, Strafen bei Nichterscheinen und Ähnliches. In den World-Rules steht unter anderem, dass alle Charter an den World-Meetings teilnehmen müssen und jedes Land mindestens zwei Vertreter hinschicken muss. Wer nicht kommt, zahlt 2000 Dollar Strafe. Die durften deutsche Charter ziemlich oft abdrücken, besser gesagt: Sie hätten die Kohle abdrücken müssen, haben es aber bis heute oft nicht getan.

Der World-Run findet jedes Jahr statt, immer im Wechsel zwischen Europa und Übersee. Wenn der World-Run in Europa stattfindet, wird am selben Ort zur gleichen Zeit auch der Euro-Run mit ausgerichtet. Der World-Run hat drei Teile. Zuerst findet das sogenannte World-Meeting statt. Daran nehmen pro Land die sogenannten Representer teil. Das sind meistens zwei altgediente Member, die von jedem Land bestimmt werden und sich sehr gut mit dem Clubgeschehen auskennen. Ihre Aufgabe ist es, die zuvor auf dem jeweiligen Länder-Meeting festgelegten Anliegen vor den versammelten anderen Ländervertretern der Hells Angels vorzutragen, zu diskutieren und zur Abstimmung zu bringen. Dann geht es zum Beispiel darum, dass ein Land in einem anderen Land, in dem es noch keine Hells Angels gibt, neue Charter eröffnen will – mit Hilfe ortsansässiger Clubs oder auch allein. Oder es wird besprochen, warum ein Land seine Zahlungen in die World-Club-Kasse nicht oder noch nicht vollständig geleistet hat. Darüber hinaus werden auch Streitereien oder Rivalitäten zwischen zwei Ländern dort geschlichtet, wobei es meistens ums Geschäft geht. Findet der World-Run in Europa statt, wird übrigens im Vorfeld zusätzlich noch ein Euro-Meeting abgehalten.

Dann gibt es noch als zweiten Teil das Officers-Meeting, das an einem gesonderten, streng geheimen Ort abgehalten wird, wo im Vorfeld professionelles Gerät zum Einsatz kommt, um Wanzen, die von Behördenseite angebracht wurden, aufzuspüren. Falls der Veranstaltungsort doch irgendwie durchgesickert ist. In den USA wurden schon Abhörgeräte bei einem Officers-Meeting gefunden, so dass man auf eine andere Stadt ausweichen musste. Warum diese Geheimniskrämerei? Ganz einfach: Bei diesen Besprechungen kann es um äußerst wichtige Angelegenheiten gehen, um Mordverabredungen, wozu man die Hilfe von anderen Ländern benötigt, oder um Ermittlungen über ein Opfer anzustellen, das sich in einem anderen Land aufhält. Großdeals von Drogen zwischen verschiedenen Ländern können hier abgesprochen werden, oder es wird diskutiert, wie man taktisch gegen die Bandidos oder andere Gruppierungen vorgehen soll.

Die Hells Angels erzählen ja immer, jedes Charter sei völlig eigenständig, mit den anderen Chartern pflege man lediglich freundschaftliche Kontakte. Das behaupten sie eigentlich in jedem Land weltweit. Worüber aber bei den World- und Euro-Runs so alles diskutiert und was beschlossen wird, das wollen die Hells Angels sicher nicht mit der Öffentlichkeit teilen. Ich habe damit kein Problem. Deswegen gebe ich euch einen kleinen Einblick in das Original-Protokoll von einem European-Officers-Meeting von August 2006, Hells Angels Aarhus, Dänemark – das ebenso wie die World-Rules streng geheim ist.

European Officers meeting

25th August, 2006

presented by

Hells Angels MC Aarhus

in

Denmark

Deckblatt des Protokolls zum Officers-Meeting Aarhus

New Business: **Austria**

1/ **Gremium MC hat vor ungefähr einer Woche einen Charter in Österreich eröffnet.**

Germany

1/ **Deutschland hat ein Gerichtsverfahren über die Rückgabe von einer Reihe von Patches, die in Hannover beschlagnahmt wurden, um in der Stadt getragen zu werden, gerade verloren. Die Stellungnahme des Gerichts bestand darin, dass es gegen das 1983 nach dem Hamburger Gerichtsverfahren eingeführte Verbot verstieß.**
Es ist Polizeirecht überall in Deutschland, dass das Patch mit der Begründung beschlagnahmt werden kann, dass es "eine zukünftige Bedrohung" darstellt, aber nur einige Polizei-Behörden machen das zurzeit geltend.
Deutschland hat an das Oberste Deutsche Gericht appelliert und erwartet dessen Entscheidung.

2/ **Es gibt einen neuen Club, gegründet in Essen, "Mongols-MC". Es ist nicht bekannt, ob sie Kontakt zu irgendwelchen Clubs in den Staaten haben.**

3/ **Deutschland fragte, ob die Produktion eines Fernsehdokumentarfilms über den Club eine Motion erfordert. Ja.**

Switzerland

1/ **Die Schweiz präsentierte eine Euromotion am 25-08-06 E 02. Sie wollen ein Darlehen als Hilfe für ihre gesetzlichen Ausgaben (f. Rechtsanwälte.)**
Siehe Minutes und Motionordner.
Die Stimmen müssen vor dem 29. September 2006 an Doc gesandt werden.

2/ **Seit dem 1. Juli 2006 hat HAMC Zürich ein neues Club-Haus. Neue Kontakt-Details sind im schweizerischen Landes-Informationsordner.**

Auszug aus dem Protokoll des Officers-Meetings Aarhus

Die Hells Angels Germany wird die Veröffentlichung ihrer geheimen Sitzungsprotokolle sicher nicht freuen. Einige werden sich vor Wut die Haare vom Kopf reißen, sofern sie welche haben. Aber was soll's! Was wollen sie denn machen? Noch zwei, drei oder vier Mordaufträge gegen mich erteilen? Von mir aus, wenn ihnen der eine nicht reicht, der bereits in Auftrag gegeben wurde. Das Kopfgeld ist ja schon bezahlt. Spätestens seit der Veröffentlichung von *Höllenritt* müsste jedem klar sein, dass ich mich davon nicht beeindrucken lasse.

Als Vize-Präsident nahm ich selbst an solchen Officers-Meetings teil. Bei einem davon ging es zum Beispiel um die Auflösung eines Hells-Angels-Charters. Dort hatten ein paar Jung-Member und zwei Prospects mehreren Membern, die das Charter gegründet hatten, Kanonen an den Kopf gehalten und sie aus dem Club gedrängt. Denn diese hatten eine Clubpolitik betrieben, die ihnen nicht gefiel, und sie hatten Angst vor einer körperlichen Auseinandersetzung. So etwas ging meiner Meinung nach überhaupt nicht, zumal Smokey, einer der bedrohten Member, ein sehr guter Freund von mir war.

Er kam zu mir und erzählte mir die ganze Geschichte ausführlich: Die Jung-Member waren gierig und wollten die Koksgeschäfte des Charters erweitern, was aber einige alte Member nicht gut fanden. Also schnappten sie sich ihre Kanonen und änderten die Machtverhältnisse zu ihren Gunsten. Ich versicherte ihm, dass ich jederzeit mit ihm in sein Clubhaus fahren und den Spieß umdrehen würde. Aber er war so enttäuscht von den anderen Membern, dass er das gar nicht wollte und vorhatte, mit drei anderen nach Dänemark zu gehen. Zuerst konnte ich gar nicht verstehen, warum er einfach kampflos das Feld räumte, aber nach ein paar Stunden musste ich ihm recht geben. Heute bin ich froh, dass es nicht zu der Racheaktion kam, denn eines ist sicher: Ein paar von denen wären auf der Strecke geblieben.

Zur damaligen Zeit konnte ich das Handeln der Jungs aber nicht akzeptieren und wollte, dass sie aus dem Club entfernt würden. Auf einem Germany-Meeting ging eine Abstimmung über ihren Rausschmiss pari aus, und so trug ich es auf einem Officers-Meeting vor. Alle Teilnehmenden waren meiner Meinung, und man empfahl kurz danach den betreffenden Membern, den Club zu verlassen – oder sie müssten mit Konsequenzen rechnen. Sie zogen es vor, den Club freiwillig zu verlassen. Mein Freund Smokey und die anderen kehrten dennoch nicht mehr in ihr Charter zurück.

Als dritten Teil eines World-Runs gibt es immer noch die große Party, sozusagen als Krönung. Einige dieser Festgelage habe ich euch bereits beschrieben, die eine oder andere Anekdote kommt aber bestimmt noch!

Die Lüge vom Easy Rider

Die Hells Angels in Deutschland erzählen immer wieder gerne und allerorts der Öffentlichkeit, dass sie nur ein ganz harmloser Motorradclub sind und nur ganz wenige Mitglieder in ihren Reihen mit dem Gesetz in Konflikt geraten. Auf den Punkt gebracht: Das sind eben ein paar verirrte Member, die den Pfad der Tugend verlassen haben. Von ihnen distanzieren sich die Rocker auch ausdrücklich.

Die Wirklichkeit sieht aber ganz anders aus. Ich habe eine kleine, und wirklich nur eine kleine Aufstellung der Aktivitäten von deutschen Hells Angels in den vergangenen Jahren gemacht, um euch einen Überblick zu verschaffen, was bei diesem »Moppedclub« wirklich los ist. Die Liste ist keineswegs vollständig und gibt euch nur einen winzigen Einblick.

Dezember 2007: Die Hells Angels beschließen meine Ermordung und beauftragen russische Member damit.
Februar 2008: 15 Hells Angels überfallen einen Mann, der mit seiner Familie spazieren geht.
Juni 2008: 30 Hells Angels verbarrikadieren sich in ihrem Clubhaus vor der Polizei. Ein Polizist wird schwer verletzt.
August 2008: Am Rande eines Prozesses liefern sich zwei Hells Angels eine Messerstecherei mit einem anderen Rocker.
Januar 2009: Zwei Hells Angels schießen auf einem

Parkplatz einen Rocker nieder. Das Opfer wurde von Frauen in den Hinterhalt der Hells Angels gelockt.
Mai 2009: Drei Hells Angels werden nach einem Drogenfund festgenommen. Beschlagnahmte Drogenmenge: neun Kilo Marihuana, drei Kilo Kokain und eine Riesenmenge an Ecstasy-Pillen.
Juni 2009: Bei einer Schlägerei zwischen Hells Angels und anderen Rockern kommt es zu schwersten Verletzungen: von zahlreichen Stichwunden – zum Teil lebensgefährlich – über offene Brüche und zertrümmerte Kniescheiben bis hin zu einem fast abgetrennten Bein. Eingesetzte Waffen: Macheten, Baseballschläger und Messer.
Juni 2009: Member der Hells Angels erstechen einen Biker, den sie zuvor mit dem Auto gestoppt haben. Die Täter werden zu siebeneinhalb und vier Jahren Haft verurteilt.
August 2009: Ein Hells Angel erschießt einen anderen Rocker mit mehreren Schüssen auf offener Straße.
September 2009: Hells Angels drängen auf der Autobahn mit einem Auto einen Biker von der Fahrbahn ab. Der Motorradfahrer wird lebensgefährlich verletzt.
Oktober 2009: Hells Angels liefern sich auf offener Straße eine Massenschlägerei mit anderen Rockern. Kurz danach wird eine scharfe Handgranate durch ein Fenster ins Clubhaus geworfen.
November 2009: Die Polizei hebt ein Waffenlager der Hells Angels aus. Gefunden werden Maschinenpistolen, Pumpguns, Schrotflinten, Revolver, große Mengen an Munition und Sprengstoffzubehör.

November 2009: Eine LKA-Sonderkommission konnte eine Verbindung zwischen streng verbotenen Kriegswaffen, dazu zählen Halbautomatikwaffen, Maschinenpistolen, Maschinengewehre und Sprengmittel, und Hells Angels nachweisen.
Januar 2010: Hells-Angels-Anhänger (Unterstützer-Gang) schießen auf eine Motorradwerkstatt.
März 2010: Hells Angels stechen vor einem Fitnessstudio zwei Motorradfahrer nieder.
März 2010: Ein Hells Angels feuert durch eine geschlossene Tür und trifft dabei einen Beamten des Sondereinsatzkommandos, er verletzt ihn tödlich. Später wird er wegen Notwehr freigesprochen.
Mai 2010: Es kommt zum medienwirksamen Friedensschluss zwischen Hells Angels und Bandidos. Ab jetzt müsste also Ruhe herrschen … Tatsächlich bleiben in den nächsten Monaten Zeitungs- und Online-Berichte über die Biker aus. Sollte doch etwas passiert sein, ist es jedenfalls im Verborgenen abgelaufen und daher nicht an die Öffentlichkeit gedrungen.
Februar 2011: Großrazzia bei den Hells Angels. 200 Beamte durchsuchen Wohnungen der Hells Angels. 15 Rocker werden festgenommen, gefunden werden Rauschgift, Zehntausende Euro Bargeld, Messer und andere Waffen. Die Ermittlungen liefen unter anderem wegen Bestechung sowie gewerbs- und bandenmäßigem Handel mit Betäubungsmitteln. Die Hells Angels sollen im Vorfeld über den geplanten Einsatz informiert worden sein.
April 2011: In einem Einkaufszentrum schlagen sich

Hells Angels und Bandidos gegenseitig die Schädel ein, bis die Polizei eingreift. So viel zum Thema Friedensschluss …

April 2011: Großrazzia bei den Hells Angels. Über 100 Ermittler durchsuchen Hells-Angels-Clubhäuser und -Wohnungen. Sichergestellt werden Waffen und Anabolika.

April 2011: Ein Member der Hells Angels wird wegen Drogenhandels und illegalen Waffenbesitzes zu acht Jahren Haft verurteilt.

Mai 2011: Ein Polizeidezernat verhaftet sechs Member der Hells Angels. Fast 300 Beamte sind im Einsatz; unter anderem werden Betäubungsmittel beschlagnahmt.

Juni 2011: 400 Einsatzkräfte von Spezialeinheiten durchsuchen ein Clubhaus und Wohnungen der Hells Angels und über 20 weitere Objekte. Sichergestellt werden große Mengen Bargeld, Drogen und zahlreiche Waffen.

Juni 2011: Ein Hells Angel wird verdächtigt, einen Mordanschlag auf einen Justizangehörigen verübt zu haben. Bei einer Durchsuchung seines Anwesens werden Sprengzünder gefunden.

Juli 2011: Ein Großaufgebot der Polizei verhindert eine Auseinandersetzung der Hells Angels mit den Mongols. Mehrere Hieb- und Stichwaffen, darunter auch eine Axt, werden sichergestellt.

Dezember 2011: Beamte der hessischen Polizei werden verdächtigt, den Hells Angels Interna verraten zu haben. Mehrere Polizisten wurden bereits suspendiert.

Januar 2012: Die Hells Angels Kiel werden verboten,

das Clubhaus und Wohnungen werden durchsucht. Rund 300 Polizeibeamte sind dabei im Einsatz.
März 2012: Die Polizei entdeckt eine geheime Marihuana-Plantage mit mehreren Tausend Pflanzen, die von Membern eines Supporter-Clubs der Hells Angels betrieben wird.
Mai 2012: Über 1000 Einsatzkräfte von Polizei und GSG 9 führen eine Razzia in über neunzig Wohnungen, Bordellen, Bars et cetera durch. Hochrangige Mitglieder der Hells Angels werden festgenommen. Der Vorwurf: Erpressung, Körperverletzung, Korruption sowie Waffen- und Menschenhandel.
Mai 2012: Die Polizei vermutet eine einbetonierte Leiche in einer Lagerhalle der Hells Angels bei Kiel. Spezialgerät wird bei der Suche nach dem vermissten Mann eingesetzt – vergeblich.
Mai 2012: Einsatzkräfte seilen sich vom Hubschrauber aus auf die Villa von Frank Hanebuth, dem Präsidenten des Charters Hannover, ab.
Mai 2012: Bandidos South Side treten zu den Hells Angels Brandenburg über.
Mai 2012: In Berlin und Potsdam werden Clubhäuser und Wohnungen durchsucht, kurz nachdem der Senat ein Verbot des Hells-Angels-Charters Berlin City ausgesprochen hat.
Juni 2012: Erneute Razzia bei den Hells Angels in Potsdam. Kurz darauf wird der damalige Präsident der Hells Angels Nomads Berlin, André Sommer, auf offener Straße niedergeschossen und dabei lebensgefährlich verletzt.

Juli 2012: Die Polizei gibt die Suche nach der Leiche eines vermissten Türken auf, der nach Aussage eines Kronzeugen in einer Lagerhalle der Hells Angels in der Nähe von Kiel einbetoniert worden sein soll.
August 2012: Ein Sprengstoffattentat ausländischer Bandidos auf Überläufer zu den Hells Angels kann von der Polizei verhindert werden. Die Rocker wurden in einem Mietwagen aufgehalten, die Polizei stellte 700 Gramm Sprengstoff, eine Sprengkapsel und schusssichere Westen sicher.

Nach dieser kurzen Aufstellung der letzten Jahre hat sich wohl die von den Hells Angels so gepriesene Biker-Romantik à la Easy Rider vollständig in Luft aufgelöst. Bei welchem harmlosen Motorradclub kommen denn so hochkriminelle Delikte und Razzien vor, bei denen gleich Hundertschaften von Polizei und Sonderkommandos anrücken? Ich könnte die Liste beliebig verlängern, aber dann würde es sehr unübersichtlich werden. Jeder Leser sollte sich spätestens jetzt einmal Gedanken darüber machen, was es bedeutet, ein Hells Angel zu sein – und gegen die Hells Angels auf die Barrikaden gehen.

Hells Angels versus Realität

So stellen sich die Hells Angels gerne in der Öffentlichkeit dar: Sie sind ein ganz normaler Motorradclub, dessen Mitglieder vorrangig leidenschaftlich gern Mopped fahren, sich auf Partys miteinander treffen und gesellige Abende mit anderen Clubs pflegen. Jeder ist bei ihnen willkommen, sie gehen normalen Jobs nach wie alle anderen Bürger, sie zahlen brav ihre Steuern, sie machen natürlich keine illegalen Geschäfte, sind auf keinen Fall kriminell organisiert, und Gewalt oder Verbrechen gibt es schon gar nicht. Und falls doch, dann nur von einzelnen Membern – die berühmten Einzelfälle, die natürlich so gut wie nie vorkommen. Von solchen Aktionen distanziert sich der Club selbstverständlich ausdrücklich ebenso wie von Membern, die mit Drogen dealen. Die werden sowieso ausgeschlossen, da gibt es kein Pardon.

Diese dreisten Lügengeschichten und Blendereien muss man sich schon mal auf der Zunge zergehen lassen. Total bescheuert, zumal es genügend anderslautende Presseberichte gibt, die aber das Ausmaß der Kriminalität bei den Hells Angels nicht einmal im Ansatz erfassen. Einige Beispiele für die Gewaltbereitschaft und kriminelle Energie der Hells Angels habe ich euch ja eben aufgezählt. Gehen wir doch mal diese ganzen Bullshit-Behauptungen durch, und ich erzähle euch die Wahrheit dazu. Denn zwischen der Selbstdarstellung der Hells Angels und der Realität liegen Welten!

Ihre Selbstinszenierung im Internet sowie über Interviews mit ihrem Pressesprecher Rudolf Triller, genannt Django, und andere Medien ist schon recht kurios. Übrigens, wofür brauchen die Hells Angels eigentlich einen Pressesprecher? Kann oder darf nicht jeder für sich selbst reden? In einem *Stern*-Artikel (20. Juni 2012) sagte er zum Beispiel: »Es gibt natürlich Leute, die straffällig geworden sind. (...) Aber wir wehren uns dagegen, dass wegen solcher Leute der ganze Club als kriminelle Vereinigung bezeichnet wird.« Solche Leute? Um solche Meldungen einordnen zu können, lohnt es sich, ein bisschen in der Zeit zurückzugehen.

Am Ostersonntag im Jahr 1980 überfielen Hells Angels eine Diskothek namens Riverboat auf Sylt, weil zwei Member vorher vom Besitzer einfach vor die Tür gesetzt worden waren – so eine Frechheit! Bei der folgenden blutigen und brutalen Auseinandersetzung starb der 37-jährige Geschäftsführer der Diskothek durch Messerstiche und Schläge, der DJ wurde schwer verletzt, einem Kellner wurde das Gesicht mit Glasscherben zerschnitten. Es gab fünf Hauptverdächtige, einer der mutmaßlichen Täter konnte sich in die USA absetzen. Im Herbst 1981 wurde Django, damals 27 Jahre alt, zu fünfeinhalb Jahren Haft verurteilt: Körperverletzung mit Todesfolge. Ein Komplize musste eine Geldstrafe von 200 D-Mark berappen, wegen »vorsätzlichen Vollrausches«, die anderen beiden wurden freigesprochen. Aufgrund eines Verfahrensfehlers wurde das Urteil im August 1982 wieder aufgehoben. Nun, heute ist Django sicher ein ganz braver, rechtschaffener Staatsbürger, der sich auch um den Friedensschluss zwischen den Bandidos und Hells Angels bemüht.

Ich weiß noch sehr gut aus meiner Zeit, wie versucht wurde, Membern einen Maulkorb zu verpassen, damit sich keiner bei irgendeinem Statement am Ende verplappert und Hinweise auf die Ausrichtung, die Geschäfte oder eventuelle Straftaten gibt. Aber mal ehrlich: All die Verbrechen wie Mord, Totschlag, Drogendeals, Waffenhandel, Zwangsprostitution und Erpressung, für die viele Hells Angels rechtskräftig verurteilt wurden, sprechen doch für sich.

Die Hells Angels sind ein ganz normaler Motorradclub.

Ich kenne wirklich sehr viele ganz normale, ganz und gar harmlose Motorradclubs. Bei so gut wie keinem wurden oder werden Razzien durchgeführt – es werden im Höchstfall vielleicht wegen Ruhestörung oder einer Schlägerei mal ein oder zwei Streifenwagen vorbeigeschickt. Aber das war es dann auch.

Bei den Hells Angels sind Clubhaus-Razzien an der Tagesordnung, vor allem in letzter Zeit kommt das ja gehäuft vor, und dann werden vonseiten der Bullerei schon größere Geschütze aufgefahren: Mehrere 100 Einsatzkräfte der Polizei und Sondereinsatzkommandos sind da keine Seltenheit. Und das alles, weil sie bei einem harmlosen Motorradclub, der ja ohnehin nicht das Geringste zu verbergen hat, mal nach dem Rechten sehen wollen? Wohl kaum. Man muss nur aufmerksam die Zeitungsberichte verfolgen. Fast immer werden bei solchen Razzien Drogen, Waffen oder Ähnliches gefunden, wie in meiner kurzen Auflistung schon angedeutet.

Bullshit – von wegen ganz normaler Motorradclub!

Die Hells Angels fahren leidenschaftlich gern Motorrad.

Gut, über dieses Thema habe ich euch ja schon in *Höllenritt* berichtet. Viele der Hells Angels (vor allem in Deutschland) haben gar kein Motorrad, und so mancher besitzt nicht einmal einen Führerschein! Einige der aufgemotzten Bikes lassen sich mit Mühe und Not noch irgendwie bis zum Clubhaus oder zur Eisdiele manövrieren – aber bei längeren oder kniffligen Strecken sind sie völlig untauglich. Wann sieht man überhaupt mal Hells Angels fahren? Eigentlich nur im Konvoi zu irgendeiner öffentlichen Veranstaltung, meist sind das nur kurze Strecken. Bei größeren Entfernungen verschwinden die »Moppeds« häufig auf dem Lkw, und die Member fahren im Auto hinterher oder fliegen.

Bullshit – von wegen leidenschaftliche Motorradfahrer!

Jeder ist bei den Hells Angels willkommen.

Wer einen Blick in die World-Rules, die in *Höllenritt* abgedruckt sind, geworfen hat, erinnert sich vielleicht an die Passage »No Niggers in the Club«. Da widerlegen sich meine Ex-Brüder doch gleich selbst. Aber auch mit weißer Hautfarbe ist der Zutritt nicht garantiert.

Fahr doch einfach mal zu einem offenen Clubabend oder einer Party von ihnen, nur so zum Spaß. Wenn du optisch nicht ihrem Geschmack entsprichst, wirst du sehr schnell wieder gehen müssen. Und solltest du womöglich einem anderen Club angehören, der den Hells Angels nicht genehm ist, wird es echt brenzlig für dich. Wenn du Fragen stellst oder gar kritische Bemerkungen ablässt, kann das ganz schnell mal dicke Backen geben. Und als Frau hast du sowieso nichts zu melden. Wenn du halbwegs lecker aussiehst, darfst du vielleicht ein bisschen mit den bösen Jungs spielen oder sie mit dir, aber richtig mitmischen – Fehlanzeige. Ist schließlich nicht umsonst ein Männerclub.

Bullshit – von wegen jeder ist willkommen!

Hells Angels haben Jobs wie normale Bürger.

Klar, die meisten deutschen Bürger sind ja auch Zuhälter, Drogendealer, Bordellbetreiber, Waffenhändler, Totschläger, Türsteher, Erpresser, Menschenhändler und Ähnliches. Ach, sind sie nicht? Gut, einige Hells Angels haben tatsächlich auch einen normalen Job, und andere zeigen ihre Club-Tattoos nicht öffentlich. Aber glaubt mir, das sind meist die, die es faustdick hinter den Ohren haben.

Bullshit – von wegen normale Bürger!

Straftaten sind Einzelfälle, und Drogendealer fliegen aus dem Club.

Wenn das wahr wäre, gäbe es die Hells Angels nicht mehr, und unsere Polizei und Staatsanwaltschaft würden vor Freude Purzelbäume schlagen. Und die Presse, die so geschönt und wohlwollend über die Hells Angels berichtet, seitenweise und mit netten Hochglanzfotos wie der *Stern* oder die *Biker News*, würde ihre Fahnen auf Halbmast hissen und dicke Tränen der Trauer weinen.

Fakt ist: Auf das Konto von Hells Angels gehen unzählige Verbrechen. Schwerste Körperverletzungen wie abgehackte Körperteile, Hände, Finger oder Beine. Messerstechereien, auch mit Todesfolge. Schwere Schlägereien, bei denen Opfer ihr Augenlicht verloren haben, im Rollstuhl sitzen oder ums Leben gekommen sind. Drive-by-Shootings, Waffenhandel, Schutzgelderpressungen, durch die Existenzen von Menschen vernichtet wurden. Bombenattentate, bei denen auch Unbeteiligte ihr Leben verloren. Schießereien in der Öffentlichkeit, Hinrichtungen auf offener Straße oder in Clubhäusern. Dealereien mit allen nur erdenklichen Drogen im großen Stil – das geht locker in den Hundert-Kilo-Bereich. Mädels, die in die Prostitution gezwungen wurden. Morde, unter anderem auch an Polizisten. Das alles ist bei den Hells Angels ganz normal, frei nach dem Motto: Gewalt ist die Lösung.

Bullshit – von wegen harmlos und brav!

Der Club distanziert sich von kriminellen Membern.

Sicher, keiner redet mehr mit den bösen Buben, und alle werden bestraft, diszipliniert und auf den rechten Pfad geführt. Warum gibt es bei den Hells Angels eigentlich einen eigenen Trust, aus dem Anwälte für diese ominösen einzelnen verirrten schwarzen Schäfchen bezahlt werden? Kein normaler Motorradclub hat, geschweige denn braucht so etwas. Zumindest nicht dass ich wüsste.

Bullshit – von wegen Distanzierung!

Der Club und die Frauen

Kommen wir zu einem Thema, das unzählige Leser von *Höllenritt* brennend interessiert hat. Wie schon gesagt, haben mich über die Zuschriften viele Fragen zum Thema »Hells Angels und die Frauen« erreicht. Ich will dieses Thema mal mit einer Anekdote beginnen.

Es war an meinem ersten Tag beim World-Run in den USA. Ich saß am frühen Nachmittag in der Sonne an einem langen Biertisch in geselliger Runde. Aus einer großen Kühlbox mit reichlich Eiswürfeln und Dosenbier bedienten wir uns nicht gerade zurückhaltend und laberten über alles Mögliche und Unmögliche. Die Stimmung war recht ausgelassen, als eine sehr laute Harley langsam in unsere Richtung fuhr. Was ich dann sah, als die Sozia abstieg, malte mir ein fettes Grinsen ins Gesicht. Die Sozia, die Frau des Fahrers, war etwas kräftig gebaut und hatte einen Riesenvorbau. Das war aber noch nicht das Interessante. Der eigentliche Blickfang: Ihr Mund war von einem Ohr bis zum anderen mit Panzerband zugeklebt. Ihr Alter, ein Member aus New York, stieg unmittelbar nach ihr ab und sagte zu seiner Ische, sie solle das Bike ausmachen und hinter unseren Tisch schieben. Er gesellte sich zu uns und zischte erst einmal fast auf ex eine Dose Bier weg. Alle amüsierten sich tierisch über das Panzerband, aber keiner fragte ihn, warum er ihr den Mund zugeklebt hatte.

Die Braut legte sich in der Zwischenzeit schwer ins

Zeug, um das Bike um unseren Tisch herumzuwuchten und auf der Wiese abzustellen. Ihr Alter würdigte sie keines Blicks, als wäre es das Normalste der Welt. Ich sah mir das Schauspiel genau an. Sie schnaufte durch die Nase wie eine Lokomotive, aber sie machte das mit dem Bike echt gut. Sie stellte es unmittelbar hinter unserem Tisch auf den Seitenständer und blieb nach getaner Arbeit wie angewurzelt neben dem Mopped stehen. Da es recht warm war und das Rangieren eine ziemliche Schufterei gewesen sein muss, musste sie meiner Meinung nach eigentlich richtig Durst haben. Gespannt wartete ich also ab, was wohl noch so alles kommen würde. Erst einmal tat sich nichts, außer dass wir noch ein paar Dosen leerten.

Ungefähr eine Stunde später, die Braut stand immer noch unverändert an ihrem Platz, ohne zu reden oder zu trinken – ging ja auch nicht, mit zugeklebter Klappe –, rief ihr Alter, sie solle ihren Hintern bewegen und etwas zu essen besorgen. Sofort setzte sie sich in Bewegung und dackelte los Richtung Grill. Wir unterhielten uns weiter, ohne dass irgendjemand die Aktion mit der Alten ansprach. Nach etwa 20 Minuten kam sie zurück, das Panzerband unverändert über dem Mund, beladen mit Tellern voll leckerer Spareribs und mit einem Prospect im Schlepptau, der mit einem Berg Pommes bepackt war. Der Prospect sagte kein Wort und unterdrückte mühsam ein Grinsen, was ihm aber nur mäßig glückte. Machte aber nichts, uns ging es ja nicht anders.

Sie hingegen kehrte sofort, nachdem sie die Teller

abgestellt hatte, wieder auf ihren alten Platz neben dem Bike zurück. Während wir unsere Spareribs futterten, überlegte ich kurz, wie sie wohl am Grill die Bestellung gemacht hatte ... Reden ging ja ganz offensichtlich nicht, aber irgendwie hatte sie es dennoch hinbekommen.

In den nächsten Tagen sah ich die Braut immer mal wieder – immer mit Panzerband über dem Mund! Was der Auslöser für die »Bestrafung« war, kann ich euch nicht sagen. Versalzenes Essen wird es aber wohl nicht gewesen sein – oder vielleicht doch, wer weiß?

Nachdem wir das nun geklärt haben, will ich die häufigsten Leserfragen zum Thema »Hells Angels und die Frauen« beantworten.

Schaffen alle Hells-Angels-Frauen an?

Nein, nicht alle, aber ein überaus hoher Anteil ist im Erotikgewerbe tätig und kommt aus dem Rotlichtmilieu. Zusammengesetzt aus Huren, Erotiktänzerinnen, Barfrauen und solchen, die im Bordellbetrieb arbeiten. Aber es gibt auch durchaus »ganz normale Hausfrauen«.

Schicken Hells Angels ihre Puppen zum Anschaffen?

Auch nicht alle. Das Interesse vieler Member geht schon dahin, denn was will man mit einer Perle, die einem zu Hause auf den Sack geht und vor allem auf der Tasche liegt? Wenn sie anschaffen geht, profitiere ich davon, weil keine Kosten anfallen und sie aus dem Haus ist beziehungsweise ich wenig Freizeit mit ihr verbringen muss und darüber hinaus noch Geld in meine Taschen fließt. Besser geht's nicht!

Lieben die Hells Angels ihre Mädels?

Na ja, einige bestimmt, aber für die meisten will ich mich aus Respekt vor deren Frauen dazu nicht äußern. In den USA ist der Status der Hells-Angels-Frauen höher, muss man sagen. Sie werden fast liebevoll »Old Ladys« genannt und mit Respekt behandelt. Dabei muss man wissen, dass das Rotlichtmilieu in den Vereinigten Staaten keine große Rolle spielt. Aber es gibt bei den Amis durchaus auch Ausnahmen, wie die Geschichte mit dem Panzerband zeigt.

Können Frauen Member bei den Hells Angels werden?

Nein! Es gibt keine Frauen im Club, nirgendwo auf der Welt! Der Grund: Der Hells Angels MC ist ein reiner Männerclub, und Frauen gehören da einfach nicht hin. Meine persönliche Meinung: Mädels, ihr müsst nicht alles wissen, alles machen und überall dabei sein, mal nett ausgedrückt. Ich finde euch toll, wirklich. Geht weiter ins Solarium, zum Friseur und macht euch die Nägel. Seht einfach hübsch und knackig aus – aber meint nicht, ihr müsstet die Welt erobern. Sorry! Und wenn eine Frau sich mit einem Hells Angel einlässt, muss ihr klar sein, dass der Club immer an erster Stelle steht – und dass Monogamie wahrscheinlich nicht unbedingt seine Stärke ist.

HÖLLISCH STARKE ZEICHEN

Es gibt ja einige Dinge, welche die Hells Angels offen zeigen: ihre Kutten mit den verschiedenen Abzeichen, ihre Gürtelschnallen, ihre Tattoos und ihre Bikes. Damit jedem auf den ersten Blick klar ist, wen er da gerade vor sich hat. Und es sieht ja auch ziemlich imposant aus, wenn so ein Pulk Biker – natürlich allesamt mit Kutte – auf ihren Harleys herumkurven. Vorausgesetzt, sie können fahren ... Aber dazu später mehr. Fangen wir mit den Kutten, Gürtelschnallen und Tattoos an. Danach haben viele nach *Höllenritt* per Mail gefragt und wollten mehr wissen.

Die Kutte

Also, die Weste, Szenename »Kutte«, kennen wohl die meisten. Sie ist wahlweise aus Stoff oder Leder gefertigt, je nach Geschmack des Trägers. Manchmal wird sie noch mit Schlangenleder oder farbigen Paspelierungen in Rot-Weiß aufgehübscht, das bleibt jedem selbst überlassen. Ich persönlich habe das immer schon für sehr überflüssig gehalten.

Auf dem Rücken ist das dreiteilige Club-Colour angebracht, »Back-Patch« genannt. In dem oberen halbkreisförmigen Teil steht mit roter Schrift auf weißem Grund »Hells Angels«. Der zweite, mittlere Teil zeigt das eigentliche Clubsymbol, den Dead-Head, einen geflügelten Totenschädel in linksgerichteter Seitenansicht mit kleinen Teufelshörnern. Das Ganze ist in den Farben Rot, Schwarz, Gelb und Weiß gehalten. Der dritte Teil befindet sich halbkreisförmig unter dem Dead-Head und trägt in Deutschland den Städtenamen des jeweiligen Charters, wieder als roter Schriftzug auf weißem Grund. Bei allen anderen Chartern weltweit steht immer der Ländername auf dem unteren Teil.

Mein persönlicher Club-Aufkleber

Die Sache mit den Städtenamen kann man einerseits als Extrawurst sehen, andererseits ist die Taktik gar nicht so blöd. In Deutschland haben sich Hells Angels 2007 darauf geeinigt, den Ländernamen »Germany« gegen den jeweiligen Städtenamen auszutauschen, um einem eventuellen generellen Patch-Verbot vorzubeugen. Seitens der Behörden wurde ein solches angestrengt, da ihrer Ansicht nach die Unterscheidung zu den 1983 und 2000 verbotenen Chartern Hamburg und Düsseldorf, die noch den Schriftzug »Germany« trugen, nicht eindeutig war. Ein ziemlich cleverer Schachzug, der sich heute, nach weiteren Charter-Verboten, mehr als ausgezahlt hat. Und wieder sind die Hells Angels den Behörden einen Schritt voraus …

Mehr als das Back-Patch befindet sich nicht auf der Kuttenrückseite. Auf dem vorderen Teil der Weste wird es schon ein bisschen umfangreicher. Die meisten Member in Deutschland tragen hier, meist in Brusthöhe, einen Dead-Head ihres Charters aus Gold oder Silber. Jedes Charter in Deutschland hat einen eigens gestalteten; alle sind dem Original sehr ähnlich, aber eben nicht hundertprozentig identisch. Die Abweichungen sind für Außenstehende nicht ohne weiteres zu erkennen, und im Detail erklären kann ich sie euch auch nicht. Ist aber auch nicht wichtig: Die Unterschiede haben im Prinzip keinerlei Bedeutung.

Dann gibt es auch noch den offiziellen World-Dead Head im Front-View mit unterschiedlichen Zahlen oberhalb, mittig aufgesetzt in Fünfjahresschritten – 5, 10, 15 und so weiter –, welche die Mindest-Clubzugehörigkeit der Member wiedergibt. Charter-Dead-Head und Front-View sind aus massivem Gold, manchmal gibt es auch Charter-Dead-Heads aus Silber.

Des Weiteren gibt es noch diverse Aufnäher auf der Vorderseite. Da wären:

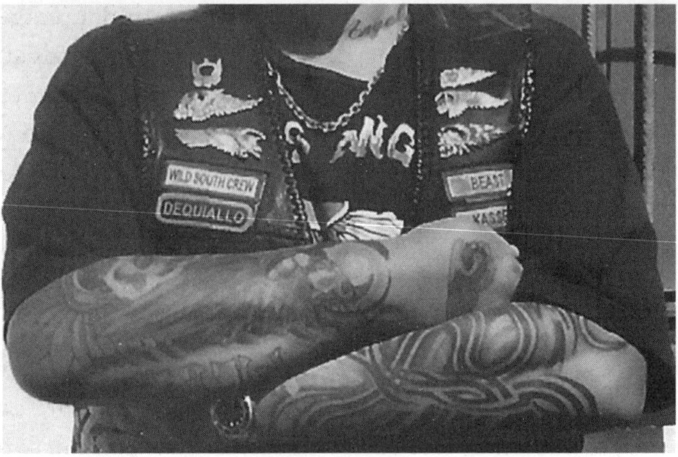

Patches

Filthy Few: Dieses Patch dürfen nur Member tragen, die für einen ihrer Brüder schon einen oder mehrere Menschen umgebracht haben oder an der Ermordung beteiligt waren.
Dequiallo: Dieser Aufnäher zeigt, dass man schon gewaltsam gegen die Polizei vorgegangen ist.
Tattoo Crew: Die Träger sind Tätowierer, betreiben einen Tattoo-Laden oder sind anderweitig in die Tätowiererei involviert.
Front Line: Die Träger haben sich bei Gewalttätigkeiten besonders hervorgetan.
Red Light Crew: Die Träger sind im Prostitutionsgewerbe tätig.
Terror Crew ist eigentlich selbsterklärend, die Träger sind überaus gewaltsam hervorgetreten.
1 %: Die Raute, auf der »1 %« steht, wird von fast allen

Membern getragen. Sie bedeutet, dass sich der Träger zu dem einen Prozent der sogenannten gesetzlosen Biker zählt. Das Ganze hat seinen Ursprung in einem Bikertreffen in den frühen Anfangszeiten in den USA.
666: Viele Member tragen dieses Zeichen als Aufnäher an ihrer Kutte. Es hat allerdings clubintern keine Bedeutung. Im Allgemeinen steht es für die Wiedergeburt des Teufels. Viele wollen damit ausdrücken, dass sie ganz besonders böse sind.
Side-Rocker: Das ist ein an der vorderen Seite der Kutte angebrachter Schriftzug, wieder in roter Schrift auf weißem Grund, mit einem Städtenamen. Bei mir war das Aalborg. Den bekam ich von einem besonders befreundeten Charter geschenkt, in meinem Fall eben Aalborg »Dänemark«. Manchmal kaufen sich Member zum Verschönern ihrer Kutte auch den Side-Rocker mit dem Schriftzug »World«, hat aber keine Bedeutung. Früher, als noch auf dem Rückenteil der Kutte »Germany« stand, ließen sich einige Member den jeweiligen Stadtnamen auf den Side-Rocker sticken und auf die Kutte nähen. Heute machen das manche mit »Germany«, ist aber selten.
Weiterhin auf der Vorderseite befinden sich sogenannte Officers-Patches, das sind die Aufnäher, auf denen der jeweilige Posten des Trägers steht. Jedes Charter weltweit muss sechs Offiziere haben:
President und *Vice President:* Das brauche ich wohl nicht näher zu erklären.
Sergeant at Arms: Der Member, der für die Bewaffnung und Ordnung seines Charters zuständig ist.

Trasher: Das ist der Clubkassenwart.
Secretary: Der Schriftführer bei Meetings, der auch für die Termine verantwortlich ist.
Road Captain: Er ist für den Fuhrpark sowie die Routenplanung und Streckenführung verantwortlich.

Es gibt noch einen Unterschied in der Form der Patches. In England und Kanada sind sie meistens oval, in Einzelfällen auch in den USA. In allen anderen Ländern sind sie rechteckig. Warum das so ist, weiß ich selbst nicht, und es hat mich auch nie interessiert. Aber die Länder achten peinlich genau darauf, dass das so bleibt. Die Form hat jedenfalls meines Wissens keinerlei Bedeutung.

Die Patches nähen darf übrigens auch nicht jede Firma. Es gibt spezielle, sozusagen lizenzierte Stickereien, bei denen sie in Auftrag gegeben werden. Mit ihrer Kutte sind die Hells Angels auch ziemlich eigen: Sie darf nicht aus der Hand gegeben werden, und kein Clubfremder darf sie tragen.

So viel zur Hells-Angels-Kutte. Kommen wir zu den verschiedenen Gürtelschnallen. Die einfachste ist die, auf der nur der Dead-Head ist. Dann gibt es eine ovale Gürtelschnalle aus Messing, auf der mit durchbrochener Schrift »Hells Angels« steht. Die darf man nur nach mindestens einem Jahr als Member tragen. Für die zehnjährige Zugehörigkeit und dann in weiteren Zehnjahresschritten erhält jeder Member das »Anniversary Buckle«. Das Teil ist oval, aus massivem Silber und sehr aufwendig gearbeitet und mit entsprechender

Gravur versehen: 10, 20, 30 Years et cetera. Je länger die Clubzugehörigkeit ist, desto aufwendiger wird die Gürtelschnalle gestaltet. Die für fünfzigjährige Zugehörigkeit ist zum Beispiel mit der für zehn Jahre nicht zu vergleichen: Sie ist mit Goldeinlagen verziert und mit Brillanten besetzt.

Die Tattoos

Die Tattoos sind sicher die auffälligsten Insignien der Hells Angels und in den meisten Fällen nicht so leicht zu verstecken. Was die Tattoos im Einzelnen bedeuten, sollte zumindest innerhalb des Clubs jeder Member wissen. Manche lassen die Tattoos allerdings bewusst an unauffälligen Stellen stechen, für den Fall, dass ihre Zeit im Club irgendwann zu Ende ist und dann die frühere Zugehörigkeit zu den Hells Angels nach außen hin nicht so offensichtlich sein soll.

Es gibt Club-Tattoos, die eine Bedeutung haben, und auch solche, die keine Bedeutung haben, ein paar, die strafrechtliche Relevanz haben, und ein paar, die an bestimmte Bedingungen geknüpft sind. Leider kann ich euch nicht alles über die Tattoos erzählen, da sich sicher auch die Staatsanwaltschaft dafür interessieren würde. Ich hoffe, ihr habt Verständnis dafür. Es ist aber nicht ganz so schlimm, wie es sich jetzt der eine oder andere denkt – zumindest nicht aus meiner Sicht.

Eine *1-%-Raute,* egal wo, hat zum Beispiel keine Bedeutung. Ab dem ersten Tag als Member kann man sich den jeweiligen *Charter-Dead-Head* stechen lassen. Wo am Körper das Tattoo gestochen wird – Arm, Bein oder anderswo –, ist dabei völlig egal. Dead-Head-Tattoos anderer Charter sind an nichts gebunden, werden jedoch nur von den gebenden Chartern gestochen.

Für den *World-Dead-Head* braucht man mindestens ein Jahr Clubzugehörigkeit. An diese weltweite Regelung halten sich – wie sollte es anders sein – allerdings nicht alle deutschen Member. Nach zehn Jahren Mitgliedschaft darf man sich das komplette *Club-Colour* auf den Rücken tätowieren lassen. Ein *Dead-Head-Tattoo* auf dem linken Handrücken steht für eine besondere Hauerei. Ein *Dead-Head-Tattoo* auf dem rechten Handrücken auch für etwas in der Art …

Manche tragen den Schriftzug *Hells Angels* am Hals und einen *World-Dead-Head* auf der linken Halsseite. Zur Bedeutung dieser beiden Tattoos kann ich nichts sagen. Das *World-Dead-Head-Tattoo* auf der rechten Seite bekommt man nach mehreren USA-Aufenthalten. Seinen *Charter-Dead-Head* darf sich ein Member nach zwei Jahren auf die rechte Halsseite tätowieren lassen, und nach fünf Jahren darf er dann auch noch auf die linke Halsseite gestochen werden.

Die Tattoo- und die Rockerszene sind eng miteinander verwoben. Unter den Hells Angels weltweit gibt es genügend, die selbst einen Tattoo-Laden haben; es gibt aber auch clubnahe Tätowierer. Die Tattoos sind im Grunde ebenso heilig wie die Kutte. Wenn ihr euch also von einem Tätowierer ein Hells-Angels-Tattoo stechen lassen wollt, nur so zum Spaß oder weil ihr sie toll findet – vergesst es. Sie sind tabu. Die Clubsymbole sind den Tätowierern bestens bekannt, und sie werden sich hüten, einem Nicht-Member einen Dead-Head oder Ähnliches zu stechen. Und das ist im Grunde auch ganz gut so. Wenn nämlich ein Außenstehender mit einem Hells-Angels-Tattoo erwischt wird, kann das böse enden, denn das Tattoo muss sofort entfernt werden – mit welchem Mittel auch immer. Das kann ein Bügeleisen, ein Lötkolben oder Ähnliches sein, falls gerade keine Tätowiermaschine zur Verfügung steht. Ansonsten wird einfach gnadenlos großflächig schwarz übertätowiert.

Die Bikes

Ich habe euch ja in *Höllenritt* schon davon erzählt, dass viele der deutschen Hells Angels vom Moppedfahren keinen blassen Schimmer haben. Wozu auch, im größten Motorradclub Deutschlands? Fahren wird doch total überbewertet ... Vor allem kommt man auch mit dem Bike auf dem Anhänger ans Ziel, und der Arsch tut einem dabei nicht so weh.

Dazu muss man allerdings sagen, dass mit einigen der Bikes zu fahren im Grunde gar nicht mehr möglich ist, einfach weil sie so aufgemotzt sind. Diese Mopppeds bringen keine Freude beim Fahren. Sie sehen nur schön aus, besonders wenn sie vor der Eisdiele stehen oder bei Salvatore vor der Pizzeria – Hauptsache, die Optik stimmt. Wäre eigentlich zum Schreien komisch, wenn es nicht so peinlich wäre. Einige der besten Beispiele habe ich deshalb für euch aufgeschrieben.

Jeder Hells Angel muss zwingend eine Harley besitzen, sonst kann er kein Member werden, das wisst ihr ja schon. Aber jeder kann nach eigenem Geschmack bestimmen, wie sein Bike aussieht. Und da, wie gesagt, das eigentliche Fahren zumindest für die deutschen Hells Angels keine große Rolle spielt, soll das Mopped einfach nur sehr auffällig sein – völlig losgelöst von der praktischen Seite. Allerdings kenne ich auch ein paar Member, die meiner Meinung nach wirklich schöne Harleys besitzen, mit denen sie auch ziemlich gut und oft fahren. Die mit den relativ normalen Bikes sind meist diejenigen, die auch mal weitere Strecken mit dem Mopped hinlegen, die Freude am Motorradfahren haben und einfach losdüsen. Aber das sind halt nur ein paar wenige.

Fette Reifen

So, jetzt aber zu den spezifischen Modellen. Ich fange mal mit den Teilen an, die besonders dicke Hinterräder haben, fast so wie Formel-1-Rennwagen. Das Motto für diese Moppeds ist: tief sitzen, Beine möglichst strack nach vorne, Katzenbuckel und Arme möglichst gerade ausgestreckt. Eine äußerst unbequeme Sitzhaltung also, bei der auf Dauer jede Bandscheibe den Geist aufgibt. Und als Eyecatcher eben das fette Hinterrad.

Sieht vielleicht beeindruckend aus, ist aber total hirnrissig. Das Mopped lässt sich nämlich mit dem dicken Hinterrad nicht so leicht fahren, wie sich das viele vielleicht vorstellen. Warum? Ganz einfach: Das Hinterrad muss ja auch angetrieben werden. Das geschieht vom Getriebe über eine Kette oder einen Riemen zum Hinterrad. Bei einem normalen Bike besteht zwischen Getriebe und Hinterradantrieb ein rechter Winkel. Weil aber jetzt das dicke Hinterrad im Weg ist, gibt es ein technisches Problem: Der Winkel ist viel zu steil, weil sich der Hinterradantrieb viel weiter links außen befindet als der Getriebeausgang. Es muss also eine Lösung her, denn so würde die Kette oder der Antriebsriemen sofort von den Riemenscheiben oder Kettenritzeln fliegen.

Jetzt gibt es für die Problemlösung nur zwei Möglichkeiten, wobei eigentlich keine wirklich hilft. Die eine ist, das Getriebeantriebsrad weiter nach links zu versetzen. Diesem Vorhaben sind aber technische Grenzen gesetzt. Die andere Möglichkeit ist, das Hinterrad nach rechts zu versetzen, doch das geht technisch nur mit großem Aufwand. Und selbst beides zusammen löst das Problem nicht vollständig. Denn das Hinterrad läuft immer rechts außen mittig, wodurch der Geradeauslauf des gesamten Bikes nicht stimmt.

Diesen gestörten Geradeauslauf kann der Fahrer nur mit einer außermittigen Sitzhaltung zumindest etwas kompensieren, indem er mit einer Arschbacke weiter außen sitzt und sich ständig mit vollem Körpereinsatz gegen die schiefe Fahrtrichtung legt. Wie ihr euch vorstellen könnt, ist das auf Dauer nicht leicht zu bewerkstelligen, aber die Jungs geben sich wirklich große Mühe, damit es nicht allzu albern aussieht. Das ist schon eine echte Herausforderung, und ich muss sagen: Hut ab.

Also, geradeaus fahren geht halbwegs, auch mit überdimensionalem Hinterrad. Ganz anders sieht das aber bei einer Kurvenfahrt aus, da werden die Hells Angels, die so Dinger fahren, ganz schnell zu Akrobaten, denn jetzt ist vollster Körpereinsatz gefragt. Du musst vom Bike fast absteigen und dein ganzes Gewicht einsetzen – also nichts für halbe Portionen –, um es einigermaßen eiernd durch die Kurve zu bringen, denn durch die große Aufstandsfläche des Rades will es einfach nicht über die Reifenkante in Schräglage. Ganz gewittrig wird es, wenn die Kurve sehr eng ist oder der Kurvenradius immer enger wird. Für diese Situation von mir ein Tipp für die, die hinterherfahren müssen: Extragroßen Abstand halten, denn jede Kurve ist eine echte Herausforderung und kann für ein ungewolltes Absteigen des Fahrers sorgen. Ein Trip durch die Schweiz mit all den schönen kurvigen Bergstraßen zum Beispiel wäre mit so einem Bike die Hölle!

Welch ein Glück, dass die deutschen Hells Angels nicht allzu viel fahren, das würde ja sonst am Ende

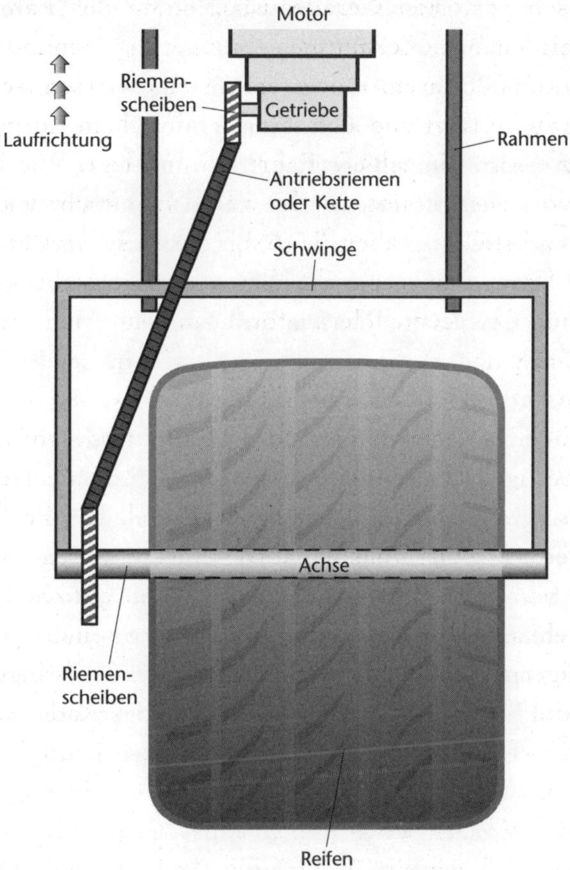

Skizze des Getriebeproblems

noch in richtig harte Arbeit ausarten! Zum Beweis: Motorradreifen müssen in der Regel so etwa alle 5000 bis 7000 Kilometer ausgetauscht werden, weil sie eine recht weiche Gummimischung haben. Viele Hells Angels müssen aber ihre Pelle nur alle vier Jahre wechseln, weil die Bikes eben kaum bewegt werden. Ich schätze mal, so etwa 1500 bis 2000 Kilometer im Jahr kommen zusammen, eine erstaunliche Leistung zwischen Clubhaus, Pizzeria und Eisdiele. Man muss schließlich das Mopped auch herzeigen in der Stadt. Tja, so sind halt die »Höllenengel«.

Die Moppeds mit den ganz dicken Reifen brauchen übrigens theoretisch gar keinen Seitenständer, denn aufgrund der breiten Hinterräder bleiben sie vor der Pizzeria eigentlich ganz von alleine gerade stehen. Aber weil manchmal doch ein raues Lüftchen in Deutschland weht, wird zur Sicherheit das Hilfsbein ausgeklappt. Man will ja keine Kratzer im schönen Lack riskieren. Und mal ganz davon abgesehen: Der Ständer ist ja auch vom TÜV vorgeschrieben – und da die Jungs sich stets an unsere Gesetze halten, für sie ein selbstverständlich absolutes Muss …

Fazit: Viel Spaß beim Fahren – vor allem in den Kurven.

Ab auf die Fresse

Doch auch bei Könnern auf dem Bike geht mal etwas schief. Mir ist beim Anhalten mal eine Riesenlachnummer passiert. Peinliche Story, aber ich erzähle sie euch trotzdem.

Vor vielleicht sechs Jahren, es war Herbst, wollte ich eine schöne geschmeidige Tour machen, nur mein Mopped und ich. Ich hatte mich dick eingemummelt, das Bike war geputzt, mein Helmvisier sauber, und ich hatte blendende Laune. Doch leider war das – wie sich bald herausstellen sollte – absolut nicht mein Tag. Das Elend fing schon an, als ich losfahren wollte: Rauf aufs Bike, Motor an, ein wenig warmlaufen lassen, dann Gang rein, wenig Gas, Kupplung kommen lassen und – zack! – Motor aus, und ich lag auf der Seite. In meinem Übermut hatte ich vergessen, das Bremsscheibenschloss am Vorderrad zu entfernen. So 'ne Scheiße!

Nachdem ich das Teil wieder gerade stehen hatte, erst einmal den Seitenständer raus und das Schloss entfernen. Schadensbilanz: Ein Blinker hing auf halb acht, und im Tank hatte ich eine klitzekleine Delle. Vor Wut über das Schloss und mich selbst drehte ich mir erst mal eine und setzte mich in die Herbstsonne, bis ich mich halbwegs beruhigt hatte. Irgendwann dachte ich: »Okay, auf ein Neues!«

Jetzt lief auch alles perfekt – dachte ich zumindest. Nach nicht einmal fünf Minuten fuhr ich auf einer kleinen Nebenstraße leicht bergauf in Richtung einer

Kreuzung mit der Hauptstraße. Dort musste ich anhalten, um mich einordnen zu können. Was ich dabei nicht mitbekam: Die Straßenkehrer waren schon fleißig gewesen und hatten das nasse Herbstlaub von den flankierenden Bäumen an den Straßenrand gekehrt. Ich fuhr langsam an die Kreuzung, und da von links Autos kamen, musste ich stoppen. Weil ich nach rechts abbiegen musste, rechtes Bein raus und anhalten. Und – zack! – mein Fuß rutschte auf dem nassen Laub weg, und ich legte mich wieder auf die Fresse und wurde von meinem Mopped begraben. Sofort schoss mir die Schlagzeile »Hells Angel legt sich beim Anhalten wie ein Idiot aufs Maul« durch den Kopf. War schließlich für alle zu sehen, ich hatte ja meine Kutte an.

Wenn ihr glaubt, die Story wäre jetzt zu Ende – ne, es kam noch schlimmer. Auf der anderen Seite der Kreuzung war ein Kiosk, ein Treffpunkt für Trinker und Ähnliche. Da sah ich, noch immer unter dem Mopped, wie sich ein Rollstuhlfahrer, der meinen Abflug wohl beobachtet hatte, in meine Richtung aufmachte. Todesmutig stürzte er sich mit seinem Rolli auf die Hauptstraße. Die Autos hupten wie bekloppt, was ihn aber nicht sonderlich beeindruckte. Da schoss mir die nächste Schlagzeile durch den Kopf: »Doofer Hells Angel wird von Rollstuhlfahrer gerettet«. Das durfte nicht sein. Ich zerrte und zog an mir und an dem Bike herum und versuchte, irgendwie wieder auf die Beine zu kommen. Mein Blick immer auf den Rollstuhlfahrer gerichtet, der unaufhaltsam näher kam.

Mittlerweile rief er mir sogar zu: »Keine Angst, junger Mann, ich helfe Ihnen!« Ich dachte mir so: »Ha, keine Angst. Wenn der wüsste!« Ich entwickelte vor lauter Panik, dass er mich doch noch erreicht, Bärenkräfte und wuchtete das Bike endlich hoch. Und das trotz Standschwäche, denn das nasse Laub klebte nun mittlerweile in nicht geringer Menge auch an mir und war immer noch unter meinen Füßen. Kurz bevor Mister Ersthelfer bei mir ankam, schmiss ich den Motor an. Jetzt nur noch Gang reinhauen und nichts wie weg! Mein Weg führte mich direkt wieder nach Hause. Ich hatte die Schnauze voll!

Bilanz: Zehn Kilometer gefahren, zwei Mal aufs Maul gelegt, Mopped mit Delle, Blinker ab und mehr als miese Laune. Und was habe ich daraus gelernt? Null Komma nichts! Das blöde Schloss habe ich noch mehrmals vergessen, bis ich es endlich abgeschafft habe. Die Kreuzung befahre ich immer noch, auch im Herbst. Aber ob ich mich da noch einmal hingelegt habe, verrate ich nicht.

Affenarme hoch!

Es gibt bei den Hells Angels auch noch eine weitere Kategorie von Bikes, die sogenannten Chopper. Das sind unter anderem sogenannte Old-School-Bikes, die in den USA in den 50er Jahren kreiert wurden. Wer den Filmklassiker *Easy Rider* kennt, kennt auch die klassische Chopper.

Ihre optischen Merkmale waren eine längere und steilere Vordergabel als die von gewöhnlichen Bikes und ein kleinerer Tank als üblich, sehr oft in der bekannten Eierform, von den Amis als Peanut-Style (Erdnuss) bezeichnet, oder in Form eines Sargs, auch sehr beliebt und weit verbreitet. Ebenfalls typisch war der Lenker in U-Form mit Griffen an den offenen Enden, umgangssprachlich bei Bikern »Ape-Hanger« (Affenhänger) genannt. Es gibt sie mittlerweile in einer Länge von 30 Zentimetern bis über einen Meter.

An diesem Punkt treten wieder die Hells Angels auf den Plan. Nicht alles, was vielleicht gut aussieht an einem Motorrad, ist auch bequem oder lässt sich gut fahren. Wie ich bereits bei den dicken Hinterrädern beschrieben habe, übertreiben die Hells Angels wie bei allem, auch bei den Choppern, allerdings auch manche normalen Biker. Die Jungs nehmen nicht nur eine lange Gabel, nein, sie verbauen extralange Gabeln: je länger, desto besser. Drei Meter und mehr sind da keine Seltenheit. Bei den Lenkern, den Ape-Hangern, wird an Größe auch nicht gespart. Die Grenze bei den Lenkern setzt nur die anatomische Armlänge des Fahrers, ganz nach dem Motto: Je höher die Arme gestreckt werden müssen, um die Lenkerenden mit Gasgriff, Brems- und Kupplungshebel zu erreichen – wohlgemerkt in möglichst aufrechter Sitzhaltung, um dem Ganzen ein noch imposanteres Aussehen zu geben –, desto besser.

Aber auch bei den Ape-Hangern steckt wie immer

der Teufel im Detail, genauso wie bei den kleinen Tanks. Denn sie haben nur ein Spritvolumen von wenigen Litern, was die Reichweite natürlich enorm einschränkt. Das stört die Hells Angels aber vor allem in Deutschland nicht besonders; bis zur Eisdiele reicht es sicher. Bei den sowieso überwiegend kurzen Fahrtstrecken sind zusätzliche Tankstopps nach 50 bis 70 Kilometern mit solchen Choppern aber auch aus einem anderen Grund recht willkommen. Ich erkläre gleich, warum.

Der Fahrkomfort der Bikes mit extralangen Gabeln ist jenseits von Gut und Böse. Solche Chopper haben einen Wendekreis eines mittelgroßen Lidl-Parkplatzes; Kurvenfahren ist nur bei sehr groß gezogenem Radius möglich. Das bedeutet enge Kurven mit Gegenverkehr sind nicht fahrbar, ohne einen Frontalzusammenstoß mit dem Gegenverkehr zu riskieren. Ihr könnt es mir glauben: Die Kurven müssen bei einer Fahrt von den Jungs sehr gut geplant werden, sonst gibt es ein Fiasko mit Absteigen und Mopped durch die Kurve rangieren. Sieht echt scheiße aus, habe ich aber schon mehrmals gesehen. Peinlich ...

Wenn ihr glaubt, das waren jetzt alle Probleme, die Hells Angels mit ihren Bikes haben – weit gefehlt. Jetzt kommt für mich der eigentliche Höhepunkt des Ganzen! Ich selbst habe schon auf so einem Mopped mit Ape-Hangern gesessen und kann aus erster Hand einen Erfahrungsbericht liefern.

Wenn du also auf solch einem Bike sitzt, hast du eine Körperhaltung, die zunächst recht komfortabel erscheint. Der Schwerpunkt beim Fahren liegt sehr hoch, was zunächst kein Problem ist, aber nach relativ kurzer Zeit aufgrund der Sitzhaltung und des Gegenwinds doch recht unbequem wird, denn du streckst die Arme, je nach Höhe des Lenkers, fast senkrecht in die Luft, und schon bald stellst du fest, dass die Blutzirkulation in den Armen mehr und mehr nachlässt. Zuerst beginnen die Hände zu kribbeln, später verlierst du das Gefühl in den Händen fast vollständig. Das muss jetzt kompensiert werden. Beim linken Arm ist das kein großes Problem, denn den kann man recht entspannt während der Fahrt zwischendurch nach unten nehmen und ausschütteln, bis die Blutversorgung wieder halbwegs gewährleistet ist, und ihn dann wieder nach oben an den Griff nehmen.

Bei der rechten Hand sieht die Sache aber ganz anders aus. Nimmst du da zur Erholung und ungestörten Blutversorgung den Arm herunter, wird das Bike schlagartig langsamer, weil du ja kein Gas mehr geben kannst – sehr zur Freude deines Kumpels hinter dir, der sofort bremsen muss, um nicht aufzufahren. Um solche Kollisionen zu vermeiden, gibt es nur zwei Möglichkeiten: entweder den Arm nur ganz kurz herunternehmen, was aber für dich keinen großen Effekt erzielt, oder du nimmst die linke Hand auf die rechte Lenkerseite, um weiter Gas zu geben. Dieses Manöver erfordert aber, wie ihr euch wohl denken könnt, großes akrobatisches Geschick, denn an dieser Stelle kommt jetzt der Gegenwind ins Spiel: Haltet mal während einer Autofahrt bei nur fünfzig Klamotten den Arm aus dem Fenster, dann wisst ihr, was ich meine. Ist gar nicht so einfach, bei so unterschiedlichen Luftwiderständen auf Dauer die Balance zu halten. Vom Feingefühl der linken Hand am rechten Gasgriff ganz zu schweigen.

Wenn ihr also auf irgendeiner Strecke mal Bikes mit Ape-Hanger vor euch habt, ein Tipp von mir: Nicht überholen, sondern einfach mal eine Weile gemütlich hinterherfahren, beobachten und amüsieren. Lohnt sich garantiert!

Hells Angels, macht unbedingt weiter so! Motzt eure »Super Bikes« auf und belustigt uns mit euren Fahrkünsten.

Schneller, weiter, teurer

Zu meiner Zeit bei den Bones gab es schon einen clubeigenen Motorrad-Dragster, auch Drag-Bike genannt, für Beschleunigungsrennen. Mit solchen Motorrädern werden Viertelmeilen-Rennen gefahren, und allein für diesen Zweck werden sie gebaut. Ein Dragster ist also eine reine Rennmaschine, die eine hohe Beschleunigung und ein hohes Tempo für einen kurzen Zeitraum erreichen soll. Die kerzengerade Rennbahn, auf der solche Beschleunigungsrennen gefahren werden, nennt man übrigens Drag-Strip.

Unser Bones-Dragster war recht erfolgreich, schnitt bei den Rennen gut ab. Als 1999 der Zusammenschluss von den Bones und den Hells Angels vollzogen wurde, musste natürlich ein neuer, adäquater Dragster an den Start. Ganz klar: Es sollte eine neue Maschine her. Dafür wurde ein eigenes Dragster-Team gegründet, das bestens mit Geld und Equipment ausgestattet wurde. Es gab einige Anfangsschwierigkeiten, weil jeder seinen Senf dazugeben wollte, aber nach und nach kam das Team in die Puschen. Doch schon bei den ersten Testfahrten stellte sich heraus: Eine solche Rennmaschine zu bauen ist gar nicht so leicht, vor allem wenn man nicht über das nötige Wissen verfügt. Viel Geld zu haben nützt da recht wenig.

Trotzdem waren sich die Jungs schnell einig, dass sie nur mit den allerbesten Teilen aus den USA Erfolg haben würden. Das mit den Teilen stimmte ja – nur muss man sich eben auch mit der Technik äußerst gut auskennen. Es wurden also Reisen in die USA gestartet zu dortigen Dragster-Herstellern und Firmen, die Spezialteile herstellen wie Motoren, Rahmen, Felgen, Getriebe und so weiter, und es wurde eingekauft, was das Zeug hielt. Als die Teile endlich da waren, ging es um deren Zusammenbau und Abstimmung, was sich als ziemlich kompliziert erweisen sollte. Aber mit ungebrochenem Enthusiasmus wurde gebaut und geschraubt – und wieder ging es zum Testen auf die Piste. Das Ergebnis: jede Menge herber Rückschläge. Mal platzte der Motor, ab und an zerlegte sich das Getriebe in seine Bestandteile, oder die Kupplung segnete das Zeitliche. Und nach jedem Rückschlag fielen natürlich wieder enorme Kosten für Ersatzteile und Reisen an. Deshalb wurde ein eigener Werkstattwagen angeschafft, ausgestattet vom Feinsten, da könnte jedes professionelle Rennteam neidisch werden. Bei all diesem sorglosen Herumwerkeln kamen mir so langsam Zweifel, ob das Ding jemals eine Ziellinie überfahren würde. Na ja, die Hoffnung stirbt schließlich zuletzt.

Dann kam der erste große Renntag – und tatsächlich erreichte unser Dragster unbeschadet die Ziellinie. Nach dem Blick auf die Rennzeitanzeige gab es allerdings keinen Grund zur Freude: letzter Platz. Was für eine Enttäuschung! Aber die Jungs blieben optimistisch. Sie stellten nach dem Rennen alles wieder auf Anfang. Ihrer Meinung nach lag es am Renngerät, also musste ein noch besserer Dragster an den Start, einer mit noch besseren Teilen. »Besser« steht hier übrigens für »noch teurer«.

Es folgte eine weitere Einkaufstour, und man werkelte und bastelte auf Teufel komm raus, von Selbstzweifeln keine Spur. Die Erkenntnis, dass vielleicht nicht nur das Wollen nicht ausreichte, sondern auch das Können, und das Talent des Fahrers eine wesentliche oder, besser gesagt, die entscheidende Voraussetzung für den Erfolg sein könnte, fiel den Hells Angels im Dragster-Team nicht ein. Es kam, wie es kommen musste: Auch die neue, aufgerüstete Maschine belegte bei den Rennen immer nur die hinteren Plätze – wenn das Teil überhaupt mal problemlos lief.

Stur wurde weitergebastelt. Dann kam der Tag, als die neueste, jetzt hoffentlich erfolgreiche Maschine bei einem Dragster-Race vorgestellt werden sollte, das als Rahmenprogramm bei einem normalen Motorradrennen stattfand. Das wollte ich mir auf keinen Fall entgehen lassen! Ich stand unmittelbar daneben, als in einer Rennpause das Dragster-Team die Maschine anzulassen versuchte, um ein paar Meter zu fahren. Nach mehreren vergeblichen Startversuchen sprang die Höllenmaschine endlich an, und wir konnten zumindest mal hören, wie die zwei Zylinder ohrenbetäubend losballerten. Nach kurzer Zeit und ein wenig Herumrollen, fünf Meter vor, wieder zurück, fünf Meter vor, wurde der Dragster wegen drohender Motorüberhitzung ausgestellt. Zugegeben, das Ganze hatte sich schon recht imposant angehört.

Doch wenige Sekunden nach dem Ausstellen sahen wir, wie kleine Flammen zwischen Motor und Tank aufzüngelten – getankt wurde Nitro-Methanol, ein hochexplosiver Sprit. Nach vielen Warnrufen unsererseits bekam auch das Dragster–Team mit, dass seine immens teure Rennmaschine brannte, und man wollte hektisch löschen. Die Flammen waren mittlerweile schon recht groß, doch leider mussten wir und das Team feststellen, dass bei all dem Riesenaufwand von Kosten, Zeit und Nerven alles vorhanden und griffbereit war – nur kein Feuerlöscher. Ob das Team überhaupt einen besaß, weiß ich nicht. Die Flammen wurden größer, und wir mussten zusehen, wie unser Dragster in der Zeit abbrannte, bis clubfremde Leute Feuerlöscher heranschleppten. Der Schaum und das Pulver aus den Löschern bedeckten jetzt die traurige Dragster-Leiche.

Jedes andere Team würde sich spätestens jetzt mal fragen, ob es für ein solches Unterfangen geeignet ist. Nicht so die Hells Angels, speziell das Dragster-Team. Frei nach dem Motto: Von so etwas lassen wir uns nicht unterkriegen! Ich hatte aber mittlerweile große Bedenken, was das Projekt Dragster anging.

Der abgebrannte Dragster wurde also wieder aufgebaut. Eigentlich total irrsinnig, denn im Prinzip kann man so etwas nicht mehr aufbauen, sondern am besten wäre eine neue Maschine. Aber den Hells Angels fehlte zu diesem Zeitpunkt diese Erkenntnis. Man bestellte neue Teile, und die Reparatur lief auf vollen Touren. Es gab ständig Probleme und Rückschläge, nichts passte mehr so richtig zusammen, was eigentlich kein Wunder war. Das Ergebnis war, dass der Wiederaufbau doppelt so teuer kam wie gleich eine neue Maschine.

So sieht ein Sieger aus

Immerhin, dieser Dragster war technisch einwandfrei und das Beste, was auf der Rennstrecke am Start war. Das Blöde war nur, dass erst jetzt klarwurde: Die anderen Dragster-Fahrer waren unserem Rennfahrer um Längen voraus.

So langsam wurde es mir zu bunt. Irgendwer musste diesem Treiben ein Ende setzen. Da ich selbst früher Motorradrennen gefahren war, tat es mir schon leid, gegen das Dragster-Racing-Team vorgehen zu müssen. Aber was sein muss, muss sein: Das Projekt war ja ein Fass ohne Boden. Auf dem nächsten Officers-Meeting Germany machte ich daher meinem Ärger Luft und stellte die Aktion in Frage.

Zunächst suchte man in den eigenen Reihen nach einem besser geeigneten Piloten, aber das schlug fehl, denn die Bewerber waren allesamt talentfrei. Das A und O bei einer Rennmaschine ist aber nun einmal der Fahrer. Da hilft es auch nicht, wenn man sich dazu berufen fühlt, denn als Rennfahrer braucht man wirklich sehr viel Talent, um auf die vordersten Plätze zu fahren. Das ist genauso, als käme ich plötzlich auf die Idee, feinste Stickarbeiten auszuführen oder Skispringer zu werden. Na ja, das Ergebnis war, dass wir das Dragster-Team auflösten und alles komplett verkauften. Für wie viel, kriege ich heute nicht mehr zusammen; der Verlust war jedenfalls immens – insgesamt ein teurer Spaß.

Wettlauf der Eitelkeiten

Ähnlich eitel wie bei ihren Bikes führen sich die Hells Angels auf, wenn es um die Charterfotos geht. Das sind Fotos von jedem Charter der Welt, auf denen immer alle aktuellen Member des jeweiligen Charters abgebildet sein sollen, was – wie ihr gleich sehen werdet – gar nicht so leicht einzuhalten ist. Die Hells Angels führen bei der Aktualisierung der Charterfotos schon seit über 60 Jahren einen Wettlauf mit sich selbst, den sie nie gewinnen werden. Aber sprechen wir zuerst über die Entstehung der Fotos.

Um die Charterfotos richtig in Szene zu setzen, werden keine Kosten und Mühen gescheut. Das fängt schon mit der Suche nach einer passenden, außergewöhnlichen Location an, schließlich muss auch der Bildhintergrund stimmen. Das geht nicht von heute auf morgen, da ist richtig Recherche nötig. Ist die richtige Location gefunden, zum Beispiel eine Burg oder eine andere imposante Sehenswürdigkeit, Flugzeuge im Hintergrund oder auch Rennstrecken, muss selbstverständlich ein professioneller Fotograf her. Genehmigungen für die Locations werden eingeholt, und wenn nötig, werden die Örtlichkeiten für das Shooting gemietet.

Dann hübschen sich die Member für ihren großen Auftritt so richtig auf: Die Moppeds werden geputzt und geschrubbt, bis sich die Schwämme auflösen. Je nach Übereinkunft der Member werden saubere

Klamotten angezogen, die Kutte auf Vordermann gebracht, was eigentlich unnötig ist, da die meisten sowieso keine echten Gebrauchsspuren aufweisen. Dann geht es noch mal frisch zum Haircutter, wo die Haare und Bärtchen, falls vorhanden, akkurat gekürzt und in Form gebracht werden. Bei Fotos im Sommer gehen einige schon Wochen vor dem Shooting in die Muckibude, um sich so richtig aufzupumpen, was sich bei kurzärmeligen Shirts unter der Kutte optisch natürlich immer gut macht. Wenn sie dann das endgültige Okay ihrer Bräute bekommen haben, geht es mit dem Mopped ab zum Shooting – natürlich nicht auf die Straße, sondern auf den Anhänger. Das Teil darf schließlich keine Mücken auf dem Scheinwerfer haben, ist doch gerade erst frisch geputzt!

Vor Ort geht es dann um die Aufstellung der Gruppe. Die vordere Reihe ist natürlich die beste: Wer dort steht, sieht am wichtigsten aus. Da jeder dort stehen will, gibt es schon mal das eine oder andere Gerangel und kleinere Diskussionen. Wenn man sich endlich sortiert und geeinigt hat, wird möglichst grimmig geguckt, verschränkte Arme mit dicken Muckis machen sich immer gut. Sind die Fotos nach unzähligen Aufnahmen endlich im Kasten, geht es selbstzufrieden zurück ins Clubhaus, wo man ausgelassen feiert, was man doch für ein toller Hecht im Karpfenteich ist.

Das lief früher noch ganz anders ab. Bei alten Charterfotos aus der Anfangszeit hat man sich einfach irgendwo mit den Bikes hingestellt, und ein Bekannter, der eine Knipse hatte, schoss dann einfach ein Foto.

Das reichte völlig aus, war ohne großen Aufwand erledigt, und man konnte schnell wieder mit dem Mopped durch die Gegend düsen. Heute aber ist die Selbstdarstellung das A und O.

Jetzt kommt aber die eigentliche Gemeinheit an der Sache: Die Charterfotos müssen, wie schon erwähnt, immer auf dem aktuellen Stand sein. Das heißt, scheidet ein Member aus, muss ein aktuelles Foto an alle anderen Charter geschickt werden. Zuerst behalf man sich einfach damit, das Gesicht des jeweiligen Members zu schwärzen, aber bei dem Kommen und Gehen bei vielen Chartern, gerade in Deutschland, ist es nicht selten, dass auf Charterfotos die Hälfte der Member schwarze Köpfe haben. Und damit nicht der Eindruck entsteht, es gäbe Farbige im Club (das ist schließlich laut World-Rules verboten, wie ihr wisst), muss wieder ein neues Bild gemacht werden. Jetzt natürlich mit noch größerem Aufwand, es soll ja nicht langweilig aussehen. Also alles wieder zurück auf Start, und die Prozedur beginnt von neuem.

Da aber nicht nur ständig Member das Charter verlassen, sondern auch stets neue Mitglieder dazukommen, nimmt die Odyssee Charterfoto kein Ende. Denn mit jedem neuen Member wird wieder ein aktuelles Foto fällig, das an alle anderen Charter geschickt werden muss. Es geht also alles von vorne los, mit allem Drum und Dran: Location suchen, Bike aufpolieren, Muckis aufpumpen, anreisen, gefühlte Ewigkeiten posen, bis endlich das aktuelle Foto im Kasten ist. Bis zum nächsten Neuzugang …

Die Aktualisierung ist aber nur ein Problem, das mit den Charterfotos einhergeht. In jedem Clubhaus gibt es eine sogenannte Wall of Pictures, an die die Charterfotos aus aller Welt gehängt werden. Und der Platz dort ist natürlich begrenzt. Aufgrund der heftigen Expansion kommen aber immer mehr Charterfotos dazu; vor allem in Deutschland schießen die Charter wie die Pilze aus dem Boden. Jetzt ist natürlich die Frage: Welches Charterfoto hängt man ab, um für das eines neuen Charters Platz zu schaffen? Denn jeder Member erwartet, im Clubhaus eines anderen Charters bei einem Besuch selbstverständlich auch sein eigenes Charterfoto vorzufinden, und fühlt sich mächtig auf den Schlips getreten, wenn das nicht der Fall ist.

Daher kommt es sehr oft zu einer Art Bäumchenwechsle-dich-Spiel in den Clubhäusern. In vielen Fällen weiß man schließlich vorab, dass ein Member eines anderen Charters zu Besuch kommt. Also werden die Fotos je nach Bedarf ausgetauscht. Klappt nicht immer, aber meistens. Aber wie das Leben so spielt, gibt es auch unangekündigte Besuche. Das ist natürlich richtig fies. Jetzt heißt es blitzschnell reagieren, ein x-beliebiges Charterfoto von der Wand reißen, im Eiltempo das passende Charterfoto finden und aufhängen. Die Wall of Pictures wird zum Alptraum, also eher zu einer Wall of Horror.

Mein Tipp an dieser Stelle: Warum nicht einfach die Clubhäuser vergrößern? Lagerhallen sollten sich doch prima eignen, um all die Charterfotos unterzubringen.

DER MOTOR HEISST MONEY

Früher galt bei den Hells Angels der Leitgedanke: »Einer für alle, alle für einen.« Aber das gilt bei vielen Membern längst nicht mehr. »Money ist der Motor« trifft es heutzutage wohl eher. Es geht eben immer ums Geschäft, um alles, womit sich Kohle machen lässt. Viele Member hierzulande und weltweit betreiben Drogen-, Waffen- oder Menschenhandel, andere verdienen an Prostitution oder Schutzgelderpressungen ordentlich mit. Manche gehen bei ihren Machenschaften sogar über Leichen. Hört sich alles nicht gerade nach romantischer Easy-Rider-Mentalität an, oder?

Hells Angels Inc.

Womit verdienen Hells Angels ihr Geld? Zu ihren zentralen Geschäftsfeldern zählt vor allem das Prostitutionsgewerbe, welches mittlerweile einen großen Teil aller Einnahmen der deutschen Hells Angels ausmacht. Mit dem Zusammenschluss des Bones MC 1999, der von allen sogenannten Outlaw-Clubs die Nummer eins im deutschen Rotlichtmilieu war, vereinigte sich dieser nun mit der Nummer zwei im Hurengeschäft. Die Hells Angels hatten damit die absolute Vormachtstellung erlangt, und sie beherrschen mittlerweile das gesamte Milieu. Diese Vorherrschaft wird ihnen niemand mehr nehmen können, außer vielleicht die Polizeibehörden. Die Frage ist nur, ob sie das wollen, denn eigentlich läuft es recht ruhig in dieser Szene. Wenn da nur nicht die große Gewalt wäre und die Bandidos den Hells Angels nicht das Revier streitig machen würden.

Zu den Einnahmen aus dem Rotlichtmilieu kommen, sozusagen als Zuverdienst, Schutzgelderpressung, gewaltsame Übernahmen clubfremder Bordelle, Kämpfe um den Straßenstrich, Drogeneinfuhr und -ausfuhr beziehungsweise die Weiterleitung von Drogen aller Art, im Speziellen Kokain und Marihuana.

Bei einer Großrazzia im März 2012 gegen Hells Angels in Düsseldorf und Umgebung wurde beispielsweise bei einer Unterstützertruppe der Hells Angels eine riesige Marihuana-Plantage entdeckt. Die größte, die jemals in Nordrhein-Westfalen gefunden wurde, mit etwa 4000 Pflanzen auf zwei Etagen, unter anderem wurden auch vier asiatische Erntehelfer festgenommen.

Eine geschätzte Jahresernte von etwa 1,8 Tonnen bringt einen Verkaufserlös von rund 7,2 Millionen Euro. Die Rechnung sieht wie folgt aus: 4000 Pflanzen à 150 Gramm ergeben 600 Kilo, bei drei Ernten pro Jahr sind das 1800 Kilo. Ein Kilo Marihuana erzielt im Verkauf mindestens 4000 Euro. 4000 Euro mal 1800 ergibt 7 200 000 Euro. Das muss man sich mal auf der Zunge zergehen lassen; sieben Millionen zweihunderttausend Euro pro Jahr – und das von einer einzigen Plantage.

Wie man unschwer erkennen kann, sind bei Hells Angels doch große Mengen an Geldern aus illegalen Einnahmen vorhanden, und es stellt sich die Frage: wohin damit? Auf ein Girokonto einzahlen geht ja schlecht – und jetzt kommt die Unterstützung durch andere Hells-Angels-Charter ins Spiel, zum Beispiel durch die Schweizer: Die Hells Angels bringen selbst oder über Mittelsmänner die Kohle in die Schweiz, wo sie von Schweizer Brüdern auf Scheingeschäftskonten eingezahlt werden oder in Schließfächern lagern. Über die Bordelle kann auch ein großer Teil des Geldes gewaschen werden. Praktisch, dass man dort sozusagen Marktführer ist, oder?

Geldwäsche ist das eine, weltweit gibt es aber auch noch sogenannte Bunkerkohle, die in speziellen Erddepots lagert. Dazu werden große, wasserdichte Plastikbehälter benutzt, die auf Grundstücken, vielleicht von Oma, Opa, Tante oder Onkel, vergraben werden und für schnell benötigtes Geld genutzt werden.

Die Einfuhr von Waffen über Osteuropa und das ehemalige Jugoslawien und deren Verkauf sind zwar nicht das Supergeschäft, aber dennoch nützlich, um sich in Szenekreisen zu etablieren. Nach dem Motto: »Bei uns bekommst du alles, du brauchst nicht woanders hinzugehen.«

Schutzgelderpressung ist eine nette und relativ sichere Einnahmequelle, denn den Opfern ist bestens bekannt, mit wem sie es zu tun haben und wozu die

Hells Angels fähig sind. Daher gehen die Opfer nur äußerst selten zur Polizei. Mir sind weltweit nur drei Menschen bekannt, die an die Öffentlichkeit gegangen sind – und einer von ihnen lebt nicht mehr.

Alle genannten Geschäftsfelder werden weltweit von Hells Angels betrieben, jeweils mit unterschiedlichen Schwerpunkten. Fangen wir mal mit Europa an und reisen anschließend in die weite Welt:

Holland: In Holland ist der Drogenhandel, vor allem mit Kokain, die große Nummer. Im ganzen Norden besetzen Aufputschmittel wie Speed und die Herstellung von Ecstasy und Ice den ersten Platz, unmittelbar danach folgt das Kokaingeschäft. Zuhälterei kommt recht selten vor.

Großbritannien: Auch in England sind Hells Angels intensiv mit Drogeneinfuhr und -handel im eigenen Land beschäftigt.

Italien: Bei den Italienern liegt der Schwerpunkt ebenfalls auf dem Drogenhandel sowie auf der Erpressung von Schutzgeldern.

Spanien: Wie in Italien Drogenhandel und Schutzgelderpressung. Die Hells Angels in Spanien, auf den Balearen und den kanarischen Inseln treiben ihre Expansion schon seit einigen Jahren mit großem Tempo voran. Da muss man sich schon fragen, was dahintersteckt: Haben spanische Motorradfreunde plötzlich festgestellt, dass sie gerne bei den Hells Angels mitmachen wollen, um bei Lagerfeuerromantik ihrem Hobby zu frönen? Ganz sicher nicht, denn es geht auch hier um den Ausbau der Vormachtstellung einer kriminellen Vereinigung. Die Expansion in Spanien war schon zu meiner Zeit bei den Hells Angels Thema. Es gab klare Vorgaben dazu: Die Hells Angels in Spanien sollten vor allem die Urlaubshochburgen in ihre Gewalt bekommen – was bis heute tadellos geklappt hat. In den großen Touri-Zentren haben die Hells Angels großen Einfluss auf die Diskotheken- und vor allem die Türsteherszene genommen, was wiederum den Drogenabsatz ankurbelt und die Rekrutierung von Mädels für clubeigene und clubgesteuerte Bordelle erleichtert. Auch im gesamten Gastronomiebereich ist einiges an Schutzgeldeinnahmen zu verbuchen, Tendenz steigend. Darüber hinaus betreiben Hells Angels vor Ort unter anderem Spielkasinos, Motorradwerkstätten, Tattoo-Shops und Sicherheitsunternehmen. Das Geld fließt also in Strömen in die Kassen der Hells Angels. Aktuell werden die Pläne für bevorstehende Neugründungen von Chartern seitens der Hells Angels streng geheim gehalten, damit die spanische Polizei nicht schon im Vorfeld tätig werden kann, um deren Gründung womöglich zu verhindern.

Portugal: Portugal bemüht sich im Huren- und Drogenmarkt.

Frankreich: Die Franzosen sind verstärkt im Drogenmilieu tätig.

Griechenland: Hier spült der Hurenmarkt das meiste Geld in die Kassen.

Schweiz und Österreich: In den beiden Alpenländern gibt es vergleichsweise wenig Gewalt. Die Geschäfte laufen mehr im Verborgenen ab.

Osteuropa: Russland und andere Länder in Osteuropa haben sich auf den Transport von Drogen, deren Beschaffung und Weiterleitung spezialisiert und den Nachschub von Mädels für deutsche Bordelle bestens organisiert.
Nordamerika: In den USA steht der Drogenhandel an erster Stelle, Zuhälterei und Rotlichtmilieu gibt es dort so gut wie gar nicht.
Südamerika: In den karibischen und südamerikanischen Ländern sind Hells Angels recht groß und gut organisiert im Kokainhandel im Geschäft.
Südafrika: Die südafrikanischen Hells Angels haben es am schwersten. Ich würde es mal so beschreiben: Sie ähneln einer Straßengang, allerdings mit relativ geringen Einnahmen, wenn man sie mit anderen Ländern vergleicht. Raub, Erpressung, Drogenhandel, Prostitution sind hier für viele das Business.
Down-under: Australien ist das Hells-Angels-Land der Marihuana-Dealer und aller anderen Sorten von Drogen. Ähnlich sieht es in Neuseeland aus.

Wie man sieht, sind die Hells Angels weltweit sehr gut aufgestellt, eng vernetzt und äußerst gut organisiert. Ihre Macht wächst unaufhaltsam, und sie breiten sich aus wie Parasiten.

Kasse machen mit Fanartikeln

Die Hells Angels in Deutschland betreiben aber auch ganz legale Geschäfte, zum Beispiel den Handel mit sogenannter Support-Ware. Das Ganze teilt sich im Grunde in drei Felder: der Handel mit Merchandising-Artikeln »Support 81«, Charter-Support-Artikel und »Original-81«-Support-Artikel.

Bei den Merchandising-Artikeln »Support 81« geht es los bei T-Shirts, Sweatshirts, Hosen, Jacken, Trägershirts über Bauchtaschen, Jogging-Mode und Käppis bis hin zu Gürteln, Feuerzeugen, Uhren und jeder Menge anderem Kram. Auf allen Gegenständen steht »Support 81«, wobei die 8 für den achten Buchstaben des Alphabets steht, also das H, und die 1 für das A, ergibt zusammen HA für Hells Angels. Das muss so sein, denn der ausgeschriebene Name »Hells Angels« und das Clubzeichen, der Dead-Head, sind ausschließlich den Membern weltweit vorbehalten. Da würden die Markenrechtler der Hells Angels wahrscheinlich Amok laufen, wenn jemand diese Wortmarke verwendet. Die Artikel, die frei verkäuflich sind, werden noch gepimpt mit Totenköpfen, Tattoo-Mustern, Flammen, Fäusten, Schwertern, Bikes, Kanonen und allem, was man sich nur denken kann und das irgendwie mit Rockern zu tun haben könnte. Für diese Klamotten und Ware gibt es jedes Jahr einen offiziellen Fotokatalog, aus dem man sie bestellen kann.

Über diese Support-Ware mit der 81 können die Sympathisanten der Hells Angels klar Stellung beziehen und anderen Bikern zeigen, mit wem sie sich identifizieren. Aber Achtung: Das Tragen solcher Sachen kann sehr schnell nach hinten losgehen, wenn der Träger zufällig und ohne böse Absicht in ein von anderen Clubs beanspruchtes Revier kommt – was durchaus mal passieren kann. Das kommt bei denen dann natürlich nicht gut an, wenn sie die Hells Angels nicht leiden können. Mit etwas Glück gibt der Träger nur die Klamotte ab und darf sich verziehen, oft genug kommt er aber an einem blauen Auge oder Ähnlichem nicht vorbei.

Support-Ware für Fans

Fast jedes Charter in Deutschland vertreibt auch seine eigenen Support-Artikel, zum Beispiel selbst kreiert mit dem Schriftzug »Support 81 Kassel«. So unterscheiden sich die Sachen von den einheitlichen Supportartikeln deutschlandweit.

Und dann gibt es noch die »Original-81«-Support-Artikel. Darunter fallen so Dinge wie zum Beispiel eine breite Palette von alkoholischen Getränken – Bier,

Wodka, Rum, Whisky, Weinbrand, Hot-Shots und so weiter – sowie eigene Zigarettenmarken. Es gibt aber auch Aufkleber, Tischaufsteller und sogar Kühlschränke – natürlich auf Wunsch befüllt. Man kann also, wenn man möchte, seine ganze Bar mit diesen Artikeln ausstatten. In diesem Geschäft ist das Charter Hannover ganz groß. In den Anfangszeiten seiner eigenen Linie versuchte Hannover die anderen Charter zu überreden, diese Alkoholika in den Clubhäusern und auf Veranstaltungen zu verkaufen. Das klappte nur bedingt, ist heute allerdings bis auf Bier überall vertreten. In den Anfangszeiten versuchten die Blödmänner eine Zwangsabnahme von mindestens fünf Paletten Bier pro Charter durchzusetzen, plus diverse Abnahme von Schnäpsen. Das stieß bei mir, wie ihr euch denken könnt, nicht gerade auf helle Begeisterung und verursachte einen mittelschweren Zuckersturz. Zum einen weil das Zeug, das sie uns da andrehen wollten, kein Bier, sondern eine erbärmliche Plörre war, und zum anderen, weil es aus Hannover kam. Bei mir im Clubhaus gab es jedenfalls von dem Mist nicht ein Gläschen, weder Bier noch Schnaps oder die üblen Lungentorpedos.

Einige wenige Supermärkte hatten 2010 für ein paar Tage die Original-81-Alkoholika im Sortiment – aber nur so lange, bis sie nach Medienberichten erfuhren, welche Verbrecherorganisation, nämlich die Hells Angels, dahinterstecke. Umgehend flogen alle Artikel wieder aus dem Regal. Absoluten Respekt! Endlich mal Leute, in diesem Fall die Marktleiter, die Rückgrat bewiesen haben. »Wenn die ›Hells Angels‹ mit ihren

Produkten bereits den Schritt in die großen Supermarktketten geschafft haben, dann ist ihnen der Schritt aus der Schattenwirtschaft gelungen«, meinte damals sogar der Vorsitzende des Bunds deutscher Kriminalbeamter in einem Interview.

Diese ganze Vermarktungsschiene, außer dem Zeug von Hannover, gibt es weltweit in jedem Land. In den USA kommt noch die private eigene Vermarktung von Sonny Barger, dem Oberhäuptling der Hells Angels, dazu: Er verkauft Shirts für Männlein und Weiblein, Kalender, Kappen und Mützen, Mädchenschlüpfer und Wein – unter seinem Namen in Verbindung mit den Hells Angels. Im Internet sind auch Sonny-Barger-Saucen und ähnliche Leckereien zu finden.

Aber zurück zu den Einnahmen der Hells Angels aus den drei genannten Merchandising-Feldern. Ein bestimmter Prozentsatz des Gewinns, etwa zwischen fünfzehn und dreißig Prozent vom Nettoerlös, geht an die Amerikaner, besser gesagt, *sollte* an die USA gehen. Denn bis 2007 ist zumindest aus Deutschland kein müder Cent geflossen. Natürlich mahnten die Amerikaner jedes Jahr die Zahlungen an, aber das juckte die deutschen Hells Angels nicht sonderlich. Wie ich von meinen Informanten erfahren habe, ist das bis heute so geblieben. Ich bin mal gespannt, wann die Amis sich ihr Geld holen kommen. Wahrscheinlich aber doch nie, denn das sind im Grunde wirklich Peanuts. Aber ich selbst kenne genügend US-Member, die die Deutschen hassen wie die Pest – und die werden bestimmt nicht lockerlassen.

Film ab!

Irgendwann, so um 2005 oder 2006, bekamen alle Hells Angels aus den USA eine Mail zur Abstimmung geschickt mit sinngemäß folgendem Inhalt: Dear Brothers, wir haben in den Staaten ein lukratives Angebot von einer großen Filmgesellschaft bekommen, die einen Hells-Angels-Film als Spielfilm drehen wollen. Nicht mit uns als Darstellern, sondern mit professionellen Schauspielern. Da die Darsteller unsere Kutten im Film tragen sollten, brauchten die Amis unsere Zustimmung. Uns wurde versichert, dass die Schauspieler die Kutten nur im Beisein von echten Hells-Angels-Membern unmittelbar vor der Szene bekommen und nach Drehende sofort zurückgeben sollten.

Wenige Worte, aber mit großer Brisanz, denn jetzt brach rund um den Globus eine Riesendiskussion zum Für und Wider los. Jedes Charter mailte mit anderen und diskutierte über das Projekt. Das größte Hindernis für eine Zustimmung zu dem Vorhaben war schlicht und einfach die Tatsache, dass kein Clubfremder und Nicht-Member die Clubinsignien tragen darf. Wie schon gesagt: Mit ihren Kutten sind die Hells Angels ziemlich eigen. Außerdem wurde darüber diskutiert, dass die Rocker durch Schauspieler ersetzt werden sollten; das sei schließlich nicht authentisch. Also wurde dem Ganzen mit einer knappen Mehrheit schließlich eine Absage erteilt. Ich gehörte auch zu denen, die mit Nein stimmten.

Nicht lange danach kam eine weitere Anfrage aus den USA. Diesmal ging es um einen Hells-Angel-Zeichentrickfilm. Das muss man einfach mal kurz so auf sich wirken lassen: Ein Zeichentrickfilm! Über die Hells Angels! Diesmal also mit gezeichneten Hells-Angels-Insignien, immerhin hätten dann alle Member ihre Kutten bei sich behalten können. Trotzdem ging die Abstimmung wesentlich schneller: Es gab keine große Diskussion, sondern eine überaus große Ablehnung.

Keines der Vorhaben wurde in die Tat umgesetzt.

Auf Fernseh-Dokus, die es über Hells Angels gibt oder geben soll, haben die Hells Angels keinen Einfluss; die werden einfach gedreht. Viele der gezeigten Szenen werden sowieso entweder versteckt gefilmt oder nachgestellt. Anders sieht es aus, wenn eine TV-Dokumentation von Hells Angels eines Landes selbst in Auftrag gegeben wird, also so eine Art Image-Film entstehen soll. In dem Fall wird weltweit darüber abgestimmt.

Mittlerweile steht ein neues Gerücht im Raum, nämlich dass es eine Verfilmung von Sonny Bargers Autobiographie geben soll. Jeff Bridges wird derzeit als Kandidat für die Hauptrolle gehandelt. Wann der Film in die Kinos kommen soll, steht aber bisher wohl noch nicht genau fest. Mal sehen, was daraus wird.

Zahltag

Bei einer Clubhausparty im Ruhrpott erzählten mir zwei Hells Angels eine unglaubliche Geschichte. Sie kannten einen älteren Herrn, der eine Sammlung von historischen Feuerwehrautos und Gerätschaften besaß. Die Sammlung hatte er sich über viele Jahre zusammengekauft, und sie war sein Ein und Alles.

Nun kamen die Hells Angels ins Spiel. Während eines längeren Urlaubs, von dem die Hells Angels Kenntnis erlangt hatten, beschlossen sie, dem alten Mann die Fahrzeuge zu stehlen. Sie wussten auch, wo der Opa die Papiere aufbewahrte. Also brachen sie ein und stahlen mehrere Fahrzeuge und Gerätschaften aus der Sammlung, inklusive Papiere für die Autos. Außerdem bauten sie noch einige Drehleitern auseinander und verkauften die Aluteile und anderes an einen Buntmetallhändler. Dieser Diebstahl wurde nie aufgeklärt. Der Opa war am Boden zerstört, als er feststellen musste, dass ein Teil seiner Sammlung fehlte und andere Teile unwiederbringlich verloren waren.

Mit Kleinkriminalität solcher und ähnlicher Art hält man sich bei den Hells Angels allerdings nicht sonderlich auf. Bei mir hätte früher jeder, der einer Oma die Handtasche klaut, dicke Backen gekriegt und wäre aus dem Club geflogen.

Ein weiteres Einnahmefeld der Hells Angels sind die sogenannten Nadelgelder. Das sind »Abgaben« von Tattoo-Läden in Hells-Angels-Einzugsgebieten –

in den meisten Fällen in bar, aber auch in Form von Sachleistungen wie etwa kostenlosen Tattoos oder dem Verkauf von Support-Waren. In Berlin wurde einem Zahlungsunwilligen mal ein geschlachtetes Schaf mit Fell vor seinen Tattoo-Laden gelegt, als Warnung. Viele der Tattoo-Läden zahlen jedoch gern und freiwillig, weil sie sich Vorteile erhoffen oder zumindest keine Nachteile erwarten. Teilnehmende bei dieser Art von Geschäft können als Gegenleistung theoretisch sicher sein, dass kein weiterer Tattoo-Laden in ihrer Nähe aufmacht – es sei denn, auch der Neue bezahlt. Es gibt auch einige Läden, die nicht bezahlen, aber die haben meistens persönlich gute Kontakte zu den Hells Angels.

Natürlich gibt es auch Tätowierer, die für rivalisierende Clubs wie die Bandidos arbeiten. Die Tattoo-Läden, die für die Hells Angels arbeiten, sind oft schon an ihrer Ladenschrift im Schaufenster zu erkennen. Denn sie ist rot und ähnelt der Hells-Angels-Originalschrift, der Western Style Special. Oft sind auch am Türeingang oder im Inneren Aufkleber mit Support 81 angebracht. Nicht wenige verkaufen auch in einer Ecke des Ladens Support-81-Artikel wie Bauchtaschen, Gürtel, Shirts und allerlei Klimbim. Es gibt natürlich auch ein paar Läden, bei denen nicht zu erkennen ist, dass sie an die Hells Angels bezahlen. Ich nenne sie mal die Unwilligen. Da es auch einige Tätowierer unter den Hells Angels selbst gibt und sie alle eigene Läden betreiben, gibt es somit eine recht bunte Gemengelage im Tattoo-Geschäft.

Auch andere lassen die Schutzgeld-Kasse der Hells Angels klingeln. Außer den Tätowierern sind es noch Diskothekenbetreiber, die den Löwenanteil berappen. Viele Türsteher in Deutschland gehören entweder zu den Hells Angels oder zu den Bandidos. Schutzgelderpressungen bei Restaurants oder Ähnlichem sind in Deutschland eher selten, so etwas kommt eigentlich nur bei persönlichen Fehden vor, die dann auf diese Weise ausgetragen werden. Hells Angels sind außerdem ziemlich gute Geldeintreiber, also im Inkasso-Geschäft tätig.

Wenn Hells Angels ein bestimmter Club oder ein Bordell gefällt, dann »überreden« sie den aktuellen Pächter eben, dass es doch besser wäre, den Laden ihnen zu überlassen. Da wird schon einmal etwas Detektivarbeit geleistet, um herauszufinden, wie das Umfeld ist, welche Vermögenswerte und Geldmittel vorhanden sind et cetera – als Grundlage für ein »freundliches Gespräch«. Man muss schließlich vorbereitet sein.

Gegen entsprechende Bezahlung wird man tätig. Da hatte zum Beispiel ein Busunternehmer nagelneue Reisebusse angeschafft, natürlich als Finanzkauf. Eigentlich eine todsichere Sache, denn er stand mit eigenen Bussen als Subunternehmer bei einem großen Veranstalter von Busreisen unter Vertrag. Doch am Ende wurde er von seinem Auftraggeber gar nicht so ausgelastet, wie vertraglich vereinbart war. Der Unternehmer war verzweifelt. Ein Hells-Angel-Member besuchte also irgendwann den Reiseveranstalter – ein Freundschaftsdienst sozusagen –, übermittelte eine Geldforderung in Höhe von 300 000 Euro und gab ihm eine Woche Bedenkzeit. Der Reiseveranstalter jedoch zahlte nicht. Irgendwann nach Ablauf des Ultimatums brannte bedauerlicherweise einer seiner Busse aus. Kurz darauf schaute wieder ein Hells Angel vorbei, um sich nach dem aktuellen Stand zu erkundigen, aber der Unternehmer hatte wohl immer noch nicht über den »Finanzierungsvorschlag« nachgedacht. Kurze Zeit später brannte ein weiterer Bus. Blöder Zufall, was? Wieder tauchte ein Hells Angel vor Ort auf – und dieses Mal wurden alle Zahlungsmodalitäten besprochen und geregelt. Das Brandrisiko bei den Bussen sank rapide auf null. Solche und ähnliche Aktionen führt man aber nie mit Kutte durch – das Charter ist nie damit in Verbindung zu bringen.

Um einen Standpunkt klarzumachen, kommt es manchmal auch zu kurzzeitigen Entführungen – meist schmort der Gekidnappte dann ein paar Stunden im Kastenwagen. Glaubt mir, dem geht der Arsch auf Grundeis! Aber zum Tagesgeschäft zählt so etwas nicht. Das große Geld wird an anderer Stelle gemacht.

Girls, girls, girls

Hells Angels in Deutschland und anderen Ländern nehmen durchaus rege an der Einschleusung von Mädels nach Deutschland teil und sind auch an der Logistik beteiligt.

Woher kommen die Mädchen? Vorwiegend aus der Ukraine, Moldawien und Rumänien. Sie werden unter dem Vorwand angelockt, in Deutschland könne man jede Menge Geld verdienen, zum Beispiel als Kindermädchen, Köchin, Altenpflegerin oder Haushälterin. Das ist für die bettelarmen Mädels und Frauen Anreiz genug, denn in ihren Ländern sieht ihre Zukunft nicht gerade rosig aus. Ganz im Gegenteil, sie sind oft genug zur Armut, manchmal sogar zur Obdachlosigkeit verdammt, und so gelingt es sehr leicht, sie mit der Aussicht auf eine blühende Zukunft in die Falle zu locken. Die Mittelsmänner vor Ort versprechen ihnen alles, und wenn nur ein Fünkchen Interesse gezeigt wird, fahren die meist gleich mit ihnen nach Hause, wo sie ein paar Habseligkeiten zusammenpacken und ihren Pass mitnehmen sollen, falls sie einen haben. Es geht aber auch ohne Papiere, dann bekommen sie halt gefälschte Dokumente und werden am nächsten Tag zu Hause abgeholt. Meist ist unter den Schleppern noch eine Frau, um den Mädels ein wenig Sicherheit vorzugaukeln.

Sobald die Frauen im Fahrzeug sitzen, werden ihnen als Erstes die Papiere abgenommen, und ihre Reise ins noch größere Elend nimmt ihren Lauf. Auf Umwegen geht es über Bukarest nach Zypern und weiter nach Norden in den türkischen Teil der Insel. Dort werden sie auf türkische Bordelle verteilt, die alle außerhalb von Ortschaften auf freie Plätze gebaut sind. Das sind recht schäbige Clubs, wo die Frauen und Mädchen überwiegend Türken zu Willen sein müssen. Vorher wurden sie mit Schlägen und Gewaltdrohungen gegen ihre Familienmitglieder gefügig gemacht. Diese Bordelle sind rund um die Uhr bewacht. Hohe Zäune mit Stacheldraht umgeben alles, und Wachpersonal sichert zusätzlich das ganze Areal ab. Es wird also sichergestellt, dass niemand von hier entkommen kann. In solchen türkischen Puffs auf Zypern werden die Mädchen mit Alkohol und Drogen, die ständig vorrätig sind, bei der Stange gehalten, und sie müssen rund um die Uhr ihre Freier bedienen. Griechische Hells Angels übernehmen von hier aus ihre »Ware« und transportieren und verteilen sie zum Teil in Griechenland selbst, zum Teil wird die Weiterreise nach Deutschland, Holland, in die Schweiz, nach Skandinavien und in viele andere Länder organisiert.

Jedes Mädchen kann glücklich sein, wenn es bei einer Razzia erwischt und wieder nach Hause geschickt wird. Dann können die jungen Frauen in ihr altes Leben zurückkehren, das trotz großer Armut meiner Meinung nach besser ist. Denn sie haben da vielleicht die Chance auf ein einigermaßen menschenwürdiges Leben, das es in der Zwangsprostitution nicht gibt.

Doch jetzt beginnt erst die eigentliche Tragödie des widerlichen Treibens der Hells Angels und anderer Menschenhändler: Von ihren Familien werden sie, wenn sie erzählen, was ihnen wirklich widerfahren ist, zum großen Teil ausgestoßen. Deswegen lassen sich die allermeisten irgendwelche Geschichten für ihren Verbleib im Ausland einfallen. Oft erzählen sie auch gar nicht, dass sie im Ausland waren. Sie können auch andere Mädels nicht davor warnen, denn dann käme ja alles heraus. Vielen bleibt in ihrer höchsten Not nichts anderes übrig, als sich wieder auf so ein Angebot einzulassen, mit dem Fünkchen Hoffnung, dass es dieses Mal besser laufen wird. Hier schließt sich der Teufelskreis zum weiteren Martyrium – und das alles nur wegen Armut, Ahnungslosigkeit und Scham.

Die Hells Angels machen dabei fette Gewinne mit den Körpern dieser Mädchen. Einige Mädchen wissen sich oft genug nicht anders zu helfen und nehmen sich das Leben, weil das der einzige Weg ist, um ihren Häschern zu entkommen. Mich widert das alles an. Wer von euch *Höllenritt* gelesen hat, weiß, dass ich selbst viele Jahre lang Zuhälter, Bordellbetreiber und Wirtschafter war. Aber ich kann mich dafür verbürgen, dass alle meine Mädels, die für mich angeschafft haben oder in meinen Puffs gearbeitet haben, es aus freien Stücken getan haben. Ich finde daran auch nichts Verwerfliches, das ist ein Job wie jeder andere – nur besser bezahlt.

Luden-Leben

Liebe Leser, jetzt unternehmen wir einen kleinen Ausflug ins Zuhältergeschäft, der in direktem Zusammenhang mit den Hells Angels steht, ohne weiteres aber auch ohne Hells Angels so oder so ähnlich abgelaufen sein könnte. Denn auch bei den Luden gibt es Regeln und ungeschriebene Gesetze, an die man sich besser halten sollte, oder man bezahlt Lehrgeld. Immer wieder gibt es aber Leute, die glauben, für sie gelten andere Regeln.

Zur Situation: Außer mir gab es bei den Hells Angels natürlich noch weitere Zuhälter – und auch einige Möchtegern-Luden. Diese Geschichte handelt von zwei solchen Gestalten. Die besagten Hells Angels wollten an das große Geld – ich nenne die beiden mal Kiefer und Joe. Kiefer war schon ein paar Jahre im Milieu tätig. Seine Mädchen waren meist drogenabhängig und wurden von ihm mit Koks versorgt, um sie bei der Stange zu halten. Joe wurde von Kiefer in die Zuhälterei eingewiesen, was ihn veranlasste, sich auf die Suche nach einem Girl zu machen. Er poussierte ein Mädchen aus Tschechien, das für ihn anschaffen ging.

Irgendwann kamen Kiefer und Joe auf die Idee, zwei Mädels in einen Club nach Süddeutschland zu bringen. Denn sie hatten den Plan, den Clubbetreiber abzuzocken. Die beiden Mädels machten es sich mit dem Puffbetreiber im Whirlpool des Clubs gemütlich und tranken ein paar Gläschen Puffbrause. Und es kam, wie es kommen musste: Der Kerl konnte seine Griffel nicht bei sich lassen – die Mädels waren ohnehin instruiert worden, genau das zu provozieren. Und so sprang eine von ihnen, als das Gegrapsche losging, wie verabredet aus dem Pool und rief mit ihrem Handy – das natürlich sofort zur Hand war – ihren Typen an und brüllte am Telefon wie am Spieß. Der Puffbetreiber wusste sofort, was er falsch gemacht hatte, und wollte sie aufhalten, was die Zweite gleich mittels Handy-Video festhielt. Eigentlich hätte er es besser wissen müssen. Man lässt sich einfach nicht mit den Girls anderer Zuhälter ein. Aber wenn sämtliches Blut in den Pimmel gepumpt wird, bleibt in der Birne nicht mehr viel übrig, um zu denken. Dumm gelaufen.

Kiefer und sein genialer Geschäftspartner hielten sich zu dieser Zeit bei uns in Kassel auf. Sie saßen gerade in unserem Clubhaus herum, als der Anruf von Kiefers Mädchen kam. Ich muss schon sagen: grandioses Zeitmanagement. Nach einigem Hin und Her und Sätzen wie »Wir kommen sofort da runter!« beendete Kiefer das Telefonat und berichtete uns die Geschichte. Allerdings »vergaß« er dabei zu erwähnen, dass alles ein abgekartetes Spiel war. Ich bot natürlich sofort an, mit ihnen zu fahren, was aber er und Joe nicht wollten. Ich denke heute, sie hatten Schiss, dass ich ihre linke Aktion sofort durchschauen würde, und so fuhren sie allein gen Süden. Wir verabredeten, dass wir im Clubhaus warten würden, bis sie wieder zurück wären. Nach etlichen Stunden kamen Kiefer und Joe wieder im Clubhaus an – ohne die Mädels. Sie erzählten uns, dass sie sich den Typen zur Brust genommen und je 10 000 Euro Strafgeld gefordert hätten, welches dieser in den nächsten Tagen zur Abholung bereitstellen sollte. So weit, so gut.

Am folgenden Samstag hatte ich ein Officers-Meeting in Frankfurt, wo mich der Vize-Präsident des Charters vom Ort des Geschehens ansprach und mir erzählte, dass der Clubbetreiber ein alter Freud von ihm sei und eine SEK-Einheit ihr Clubhaus stürmen wollte, um die Hells Angels, die ihn so malträtiert hatten, zu verhaften. Denn der Puffbetreiber war zur Schmiere gerannt, weil er das Ganze nicht einordnen konnte. Warum sollten Hells Angels, zu denen er beste Beziehungen pflegte, ihn jetzt plötzlich überfallen? Da der Vize-Präsident beste Beziehungen in Polizeikreise hatte, konnte er das Schlimmste gerade noch verhindern. Als Vertreter seines Charters verlangte er aber nun Aufklärung. Und da die Sache nun einmal von Kassel aus gestartet worden war, hing ich mit drin.

Ich rief sofort die Trottel an, die noch immer bei uns herumhingen, und beorderte sie unverzüglich nach Frankfurt. Keiner der beiden wollte kommen. Ihnen ging der Arsch auf Grundeis, weil sie genau wussten, dass ihre Aktion aufgeflogen war. Der eine sagte mir am Telefon, er hätte kein Fahrzeug, um zu kommen. Was ich ihm antwortete, möchte ich jetzt nicht wörtlich wiedergeben. Sagen wir, ich war nicht gerade begeistert von der lahmen Ausrede. Der andere erzählte mir, er hätte einen wichtigen Geschäftstermin, den er unmöglich absagen könnte. Jetzt platzte mir der Kragen endgültig, und ich sagte ihm klipp und klar: »Wenn du nicht in zwei Stunden in Frankfurt bist, schneide ich dir die Eier ab und nagle sie im Clubhaus an die Wand!« Ihr könnt mir glauben, die beiden legten eine weltrekordverdächtige Zeit von Kassel nach Frankfurt hin. Als sie da waren, wurde ich während des Meetings davon unterrichtet, ließ es für kurze Zeit unterbrechen und machte mich mit dem Vize-Präsidenten auf den Weg zu den beiden Vollpfosten.

Wir saßen nun alle in einem kleinen separaten Raum, und die zwei Member hätten sich vor Angst fast in die Hose geschissen. Da mein Amtskollege geladen war wie eine Kanone, forderte ich Kiefer und Joe auf, uns endlich die ganze Geschichte zu erzählen, was sie unter Zögern und Herumdrucksen auch taten. Nachdem die beiden ausgepackt hatten, musste noch entschieden werden, wie wir damit umgehen sollten. »Uli, wir haben nur zwei Möglichkeiten«, meinte der Vize-Präsident. »Entweder nehme ich die zwei mit nach Süden und kläre die Sache in meinem Charter, und dann hast du die beiden von der Hacke. Oder die zwei bezahlen ein fettes Strafgeld in unsere Kasse und lassen sich niemals wieder bei uns sehen, und die Angelegenheit bleibt unter uns.« Da das Meeting wartete, musste ich schnell entscheiden und wählte die zweite Lösung.

Als das Officers-Meeting beendet war, setzten der Vize-Präsident und ich uns noch einmal zusammen und berieten über die Höhe der Zahlung. Er veranschlagte pro Kopf fünftausend Euro. Das hielt ich für angemessen, schließlich ging es auch um meinen Ruf im Milieu. Ich bürgte für die Summe und sicherte ihm zu, dass er sein Geld von mir persönlich innerhalb der nächsten zwei Wochen bekommen würde. Als ich mich nach diesem Gespräch wieder auf den Weg nach Kassel machte, beorderte ich noch während der Fahrt alle Member ins Clubhaus.

Dort angekommen, erzählte ich ihnen die ganze Geschichte, denn wir mussten noch eine interne Regelung finden, wie mit unseren »lieben Gästen« umzugehen war. Die beiden Jungs hatten immerhin gegen bestehende Regeln verstoßen. Jeder Lude aus dem Club, der ein Mädchen in einen Laden in einer anderen Stadt bringt, muss das örtliche Charter oder, wenn es keines gibt, das nächstgelegene Charter davon unterrichten und dessen Zustimmung einholen. Und wer nicht hören will, muss eben fühlen. Was genau wir uns für die Jungs überlegt haben, bleibt unter Verschluss. Jedenfalls sind Kiefer und Joe keine Member mehr bei den Hells Angels, und das Geld konnte ich noch vor Ablauf der Frist von zwei Wochen persönlich übergeben.

Koks, Kanonen und Co.

Kokain ist seit vielen Jahren auf dem Vormarsch und in allen Kreisen der Gesellschaft weiter verbreitet, als die meisten glauben. Die Liste der User ist endlos lang. Dazu gehören unter anderem Richter, Staatsanwälte, Politiker, Polizisten, Musiker, Journalisten, Schauspieler, Models, Lehrer, Banker, Manager, Jugendliche, Studenten, Rechtsanwälte, Ärzte und viele mehr. Koks durchzieht alle gesellschaftlichen Schichten. Selbst im Bundestag wurden schon Kokainreste auf den Toiletten der Abgeordneten gefunden. Die Nachfrage nach dem weißen Pulver wächst stetig, zumal die User ihren Konsum ständig erhöhen müssen, um den gewohnten Kick beizubehalten.

Das ist das größte Geschäft der Welt mit gesichertem Absatzmarkt, was natürlich auch den Hells Angels nicht verborgen geblieben ist. Der große Anreiz des Drogengeschäfts: Es lassen sich Riesengewinne erzielen. Hinzu kommt, dass fast alle Konsumenten durch ihre Lieferanten bestechlich sind. Wenn jemand erst einmal von Kokain abhängig ist, was sehr schnell geht, wird er in vielen Fällen lebenslang ein guter Kunde bleiben, was den Absatz auf lange Sicht für die Hells Angels sichert. Koks verkauft sich unabhängig von der wirtschaftlichen Lage wie warme Semmeln. Beim Bordellbetrieb sieht es in Krisenzeiten schon anders aus: Aufs Ficken kann man schon mal verzichten, um Geld zu sparen. Nicht so beim Koksen, denn als Konsument brauchst du dein Dope immer.

Nach außen propagieren die Hells Angels immer, dass das Dealen mit harten Drogen verboten sei. Doch die Wahrheit sieht ganz anders aus, das kann ich euch als langjähriger Member in der Entscheidungsebene versichern. Allerdings wird nur selten eine große Menge Kokain bei Hells Angels gefunden – und falls doch, geht es gleich um mehrere Kilos bis hin zu mehreren Tonnen. Wie kommt das? Das liegt daran, dass ihr Beziehungsnetz sehr groß ist und die Betroffenen aus Angst kaum gegen die Hells Angels aussagen. Die internationalen Kontakte deutscher Hells Angels mit ihresgleichen sind enorm hilfreich bei der Beschaffung der Drogen, und ihr überaus großes Heer an Unterstützern spielt eine nicht minder große Rolle bei der Verteilung.

Was Hells Angels über ihre Verbindung zu Kokain erzählen, ist absoluter Bullshit. Auch der eigene Konsum von nicht gerade wenigen Membern ist recht groß, wie die eine oder andere Geschichte in diesem Buch zeigt. Doch das sollte, jedenfalls theoretisch, nicht so sein, weil alle Konsumenten sehr schnell den Überblick verlieren und das Geschäft mit dem Kokain gefährden. Aber es ist eben so: Der beste Kunde eines Dealers ist er selbst. Dazu eine kurze Episode, die sich bei einem Besuch in einem dänischen Charter ereignet hat.

Spitzki und ich wollten zu einer Party eines schwedischen Charters, mit dem wir eng verbunden waren. Da Schweden von Kassel nicht so weit entfernt ist, ging es ohne Gepäck auf dem Mopped mit Vollgas ab auf die Piste. Als wir ankamen, war die Party schon so richtig in Fahrt. Natürlich wurden wir von einigen Membern sehr herzlich begrüßt – uns verband eine gemeinsame Aktion, über die ich leider nichts schreiben kann.

Wir betraten das Clubhaus, diesmal allerdings – und das war neu – durch den Hintereingang, also durch die Garage. Von dort aus kam man in einen kleinen Raum, in dem Werkzeuge, Ersatzteile und Sonstiges gelagert wurden. Da hielt der schwedische Bruder an und hantierte an einem dünnen Strick, den man kaum sah. Dieser Strick führte an der Decke über ein Wasserrohr, und am anderen Ende hing ein roter Fünf-Liter-Plastikeimer, wahrscheinlich für Tropfwasser, so vermutete ich zunächst. Doch dann ließ der schwedische Member den Eimer herunter, wir nahmen ihn entgegen – und ich staunte nicht schlecht: Er war zu einem Drittel mit weißem Pulver gefüllt.

Spitzki fielen fast die Augen aus dem Kopf. Der Schwede zwinkerte uns zu und meinte, das wäre im Moment das beste Koks auf dem Markt. Wenn wir wollten, könnten wir uns jederzeit bedienen. Das ließ sich Spitzki natürlich nicht zweimal sagen und holte an Ort und Stelle eine fette Messerspitze voll aus dem Eimer und knüppelte sich das Zeug in den Rüssel. Kurz darauf erweiterten sich seine Pupillen auf Untertassen-Niveau, und er meinte nur noch: »Gut, gut, das ist ja die Granate!« Der Bruder lachte nur, und wir zogen durchs Clubhaus. Die Girls vor Ort hatten allerbeste Laune. Da ich durch vorangegangene Besuche im dortigen Charter bereits einige der Mädels kannte, dauerte es nicht lange, bis auch ich beziehungsweise wir gemeinsam allerbeste Laune hatten. Sah so aus, als würden wir es heute mal wieder so richtig krachen lassen.

Nach einer Weile gingen wir in den Member-Raum. Den gibt es in jedem Charter weltweit, und er darf nur von Hells-Angels-Membern und von Prospects, die zum Bedienen abkommandiert sind, betreten werden. Da saß – wie immer – eine größere Runde von Membern; die Party war bereits voll im Gange. Viele dieser Member, etwa 30 aus verschiedenen skandinavischen Chartern, kannten wir schon seit Jahren, also gab es wieder ein großes Hallo.

Auf einem riesigen Holztisch im Member-Raum lag ein großer runder Spiegel mit – ich schätze mal – 80 bis 100 Gramm weißem Pulver. Zig Joints lagen daneben, alles natürlich zur freien Verfügung. Ein sehr guter Freund von Spitzki und mir meinte: »Spitzki, do you want a sniff?«, deutete auf das Pulver und zeigte mit dem Daumen mehrmals nach oben. Schon war Spitzki wieselflink am Tisch und legte sich eine dicke Line zurecht. Er nahm einen abgeschnittenen dicken Strohhalm und zog sich das Pulver in den Rüssel. Nachdem das Zeug oben war, sprang er plötzlich von einem Bein aufs andere, seine Augen tränten, er rieb sich wie ein Irrer den Gewürzkolben und die Stirn und schrie: »Oh man, what's that?!« Es war »special speed from Sweden«, wie ihm ein Member schließlich erklärte. Spitzki turnte immer noch zwischen den Stühlen herum wic Rumpelstilzchen. Mittlerweile hatte er sich mehrere Blätter Zewa geangelt und versuchte, die Reste des Zeugs wieder aus der Nase zu bekommen. Die anderen grölten und schlugen sich vor Lachen auf die Schenkel.

Als sich Spitzki nach geraumer Zeit wieder halbwegs eingekriegt hatte, fragte er den Bruder, der das Daumen-hoch-Zeichen gemacht hatte, warum er ihm nicht gesagt hätte, dass das Speed war. Er antwortete: »Habe ich doch! Ich habe den Daumen nach oben gemacht.« Die anderen Member erklärten uns dann, dass Daumen nach oben Speed bedeutet und Daumen nach unten Koks. Gut, nun wussten wir also über die Besonderheit der skandinavischen Zeichensprache in Sachen Drogen

Bescheid – und Spitzki wird es sicher sein Leben lang nicht vergessen. Zur Erklärung: Kokain prickelt ein bisschen in der Nase, aber Speed brennt richtig heftig im Kolben; es riecht anders, schmeckt anders und wirkt auch anders. Spitzki war jedenfalls noch stundenlang ziemlich aufgedreht, ähnlich wie ein Duracell-Hase, denn zum Speed kam ja noch jede Menge Koks.

Irgendwann mischte ich mich im Clubhaus unters Partyvolk und traf dabei eine dänische Puppe, die ich schon öfter auf Partys gesehen hatte. Und auch diesmal verbrachten wir zusammen wieder ein paar tolle Stunden. Übrigens: Nicht alle Däninnen haben blondes Haar – Mika hatte volles, glattes, pechschwarzes Haar. In meinen Augen ist sie eine echt scharfe Puppe, und was wir alles so zusammen gemacht haben, überlasse ich euren Vorstellungen.

Aber zurück zu den Rockergeschäften. Dass Hells Angels mit der Mafia weltweit kooperieren, ist ja längst bekannt. Mittlerweile ist eine erhöhte Produktion von Amphetaminen und Partydrogen zu beobachten. Diese Drogen lassen sich einfach und billig und ohne großen Aufwand herstellen. In geheimen Laboren, die sich überall befinden können, werden diese Substanzen fast ohne Risiko produziert. Die italienische Mafia ist schon lange in diesem Geschäft tätig, denn die Gewinnspannen sind groß. Das ist natürlich den Hells Angels nicht entgangen. Deshalb mischen viele Charter in diesem einträglichen Geschäft auch mit und versorgen ihr Einzugsgebiet.

Die großen Vorteile von synthetischen Drogen sind

ganz klar: Sie können zielgerichtet und dem Markt angepasst hergestellt werden. Es bestehen auch keine großen Probleme mit der Vorratshaltung. Die Produktion kann in kürzester Zeit erhöht oder verringert werden. Altbewährte Schmuggelrouten können genutzt und die Verstecke, die sonst für andere Drogen verwendet werden, eins zu eins übernommen werden. Das sichert eine flächendeckende Versorgung von Hells-Angels-Kunden überall.

Der Drogentransport ist die große Nummer für zahlreiche Hells Angels, denn sie besitzen das notwendige Know-how, das vielen anderen fehlt. Und sie haben noch einen weiteren Vorzug: Sie halten dicht, selbst wenn mal etwas schiefgeht. Verrat ist also so gut wie ausgeschlossen. Die Vertriebswege in Deutschland an andere Abnehmer oder die Umleitung in andere Länder sind somit hundertprozentig gesichert. Und das imposante Auftreten der Hells Angels hat auch einen nützlichen Effekt auf die Verkäufer: Sie halten ebenfalls die Klappe, wenn sie von den Bullen geschnappt werden. Zumindest eher, als wenn sie von Luigi an der Ecke gekauft haben, den sie womöglich verpfeifen. Mit den Hells Angels jedoch will niemand Stress. Am Straßenverkauf selbst beteiligen sich die Rocker allerdings so gut wie nicht, sie agieren also mehr oder weniger als Logistikunternehmen. Angehörige rivalisierender Clubs sind ebenfalls dick im Koksgeschäft vertreten, aber noch haben die Hells Angels die Nase vorn im Drogenmilieu. Mal sehen, wie lange das so bleibt.

Heroin spielte früher bei Chartergeschäften in den

USA eine große Rolle, inklusive Eigenkonsum. Das ist heute nur noch selten der Fall – und in Deutschland so gut wie nie. Zu Woodstock-Zeiten waren Heroin und Kokain noch sehr beliebt und hip; jeder nahm das Zeug. Aber das hat sich stark geändert, und die Hells Angels folgten mit ihren Drogengeschäften dem Markttrend. Heute laufen Speed, Koks und nach wie vor Marihuana recht gut.

Ohne Waffen geht heute fast nichts. Man braucht sie allein schon für den Eigenbedarf. Und Waffen für andere zu besorgen ist überhaupt kein Problem. Da gibt es alles, sogar Panzerfäuste, wenn es sein muss. Das läuft dann über Finnen, die ihrerseits das Zeug in Russland beziehen. Sogar Flugabwehrraketen sind zum Teil dabei, das muss man sich mal vorstellen!

Waffenarsenale werden in Clubhäusern gebunkert und auf Vorrat gehalten, damit man immer gut vorbereitet ist. Man weiß ja nie, wann man so eine Kanone mal brauchen kann. Es gibt sogar einige Länder, in denen Waffen obligatorisch sind, zum Beispiel Brasilien. Die Member dort sind bis an die Zähne bewaffnet – und müssen es auch sein. Aber davon erzähle ich euch später mehr.

Von einer anderen Geschichte will ich euch aber schon jetzt berichten. Vor vielen Jahren machte ich mich vor Weihnachten auf die Socken gen Norden zu einer großen X-Mas-Party. Als ich auf dem Clubgelände ankam, lief die Party schon auf vollen Touren. Es waren viele Hells-Angels-Member anwesend, aber auch eine große Schar von »normalen« Freunden des

Clubs, denn die Veranstaltung war öffentlich und für jeden Hells-Angels-Anhänger zugänglich.

Gegen ein Uhr nachts, als ich zum Pinkeln das Clubhaus verließ und den unteren Teil des Parkplatzes aufsuchte – Zutritt nur für Hells Angels –, bekam ich zufällig mit, wie einige Member des Charters einen Kleinbus mit russischem Kennzeichen entluden. Neugierig ging ich zu meinen Brüdern und fragte, was sie da machten. »Uli, brauchst du eine neue Maschinenpistole?«, meinte einer zu mir. »Vielleicht, lass mal sehen«, antwortete ich. Er machte dann einen Karton auf, zeigte mir eine in Tücher gewickelte nagelneue Skorpion-Maschinenpistole und meinte: »Die kannste auch mit Schalldämpfer haben«, und zeigte mir eine andere Maschinenpistole mit Schalldämpfer. Auf meine Frage nach dem Preis antwortete er: »Ohne Dämpfer 2500 Euro, mit Dämpfer glatte 3000«. 20 Stück hätte er da, verriet er. Er erkundigte sich noch, ob ich Koks brauchte: In einer halben Stunde hätte er 40 Kilo zur Verfügung, für 25 000 Euro pro Kilo, beste Ware natürlich. Doch ich winkte ab und ging zurück ins Clubhaus. Ich nehme stark an, dass sich das Koks ebenfalls schon im Transporter befand. Ich kaufte von ihm jedenfalls weder Waffen noch Kokain, zumal wir in Kassel mit Waffen bereits gut versorgt waren.

Mit unserem Waffenarsenal leisteten sich ein paar Member vor sehr vielen Jahren einmal eine coole Geschichte. Vor einer Bike-Tour liefen unsere Vorbereitungen – wie immer – auf Hochtouren. Dazu gehörte auch die Wartung der Bikes, was für die Kasseler immer eine echte Herausforderung war. Dem einen fiel dann überraschend ein, dass er noch zum TÜV musste, bei einem anderen war der Reifen arschglatt, und beim Nächsten sollte ein Ölwechsel gemacht werden. Aber ich selbst war auch kein Unschuldslamm, denn der mit den arschglatten Reifen war ich.

Einem unserer Superkokser passte es mal wieder gar nicht in den Kram, dass er mit dem Bike fahren sollte. Denn während der Fahrt konnte er ja seinen Rüssel nicht ins Tütchen halten, und mit Moppedfahren hatte er sowieso nicht viel am Hut. Also kamen er und ein weiterer Koks-Member zu mir und tischten mir zwei ganz tolle Geschichten auf: Der eine meinte, er könne doch den Bus fahren, weil der Prospect, der ihn fahren sollte, nicht so gut mit einem Diesel klarkäme und beim Schalten die Gänge immer so krachten. Der andere erzählte mir, dass er beim Augenarzt gewesen war und dieser ihm verboten hatte, Motorrad zu fahren: Sonst würde sich seine Bindehaut, die er sich angeblich beim Schweißen etwas verblitzt hatte, noch mehr entzünden.

Ich hörte mir ihre Ausreden recht gelassen an, denn mit so etwas hatte ich ja schon gerechnet, und sagte: »Kommt Jungs, wir besprechen das mal im Member-Raum.« Da alle anderen unser Gespräch mitbekommen hatten, warteten sie schon voller Freude darauf, was jetzt wohl kommen würde, vor allem die Prospects. Im Member-Raum fragte ich die beiden, ob das ihr Ernst sei und wie lange sie an ihren hirnrissigen Geschichten gebastelt hätten. Beide taten recht unschuldig, doch mir platzte der Kragen: »Wollt ihr mich verarschen?

Mir ist scheißegal, ob der Bus abbrennt oder auseinanderbricht. Und wenn der Motor unten rausfällt, würde mich das auch nicht interessieren! Und du, Triefauge, solange du keinen Blindenhund dabeihast, kannst du gefälligst auch Motorrad fahren. Und das wirst du auch!«

Aber ich bot den beiden auch eine Alternative zum Motorradfahren an: Ich würde sie für drei Monate suspendieren. Das hieß, sie würden während dieser Zeit ohne ihre Kutte herumlaufen. Ich gab ihnen zehn Minuten Bedenkzeit, verließ den Member-Raum und setzte mich vor dem Clubhaus in die Sonne. Alle anderen beobachteten mich natürlich genau. Als meine beiden Pappenheimer aus dem Clubhaus kamen, setzten sie sich zu mir und meinten, sie würden jetzt doch mit dem Mopped fahren. Triefauge sagte noch, wenn das Auge schlimmer würde, müsse er eben nach dem Run zum Augenarzt. Und Mister Superkoks gab auch noch seinen Senf dazu: Wenn der Bus kaputtginge, müsste man eben eine Reparatur in Kauf nehmen. Ich quittierte das Ganze mit einem knappen »Geht doch«, weil ich es echt leid war, mich immer wieder mit solchem Kinderkram beschäftigen zu müssen.

Am Abend vor der Abfahrt feierten wir noch eine kleine Party im Clubhaus mit allem Drum und Dran. Gegen Mitternacht verabschiedete ich mich und trug den Prospects auf, darauf zu achten, dass unsere Member nicht zu lange feierten, denn um Punkt zehn Uhr war Abfahrt. Mit einem Fünkchen Hoffnung, dass alles glattgehen würde, fuhr ich nach Hause.

Gegen fünf Uhr morgens klingelte mein Telefon. Recht verschlafen ging ich ran und hatte einen echt aufgeregten Prospect an der Strippe. »Uli, du musst so schnell wie möglich ins Clubhaus kommen, die drehen hier durch und schießen Löcher in die Wände!« Im Hintergrund hörte ich tatsächlich Schüsse. Jetzt war ich schlagartig hellwach und wollte natürlich Genaueres wissen, aber der Prospect sagte nur: »Uli, komm einfach so schnell es geht, sonst brauchen wir hier noch einen Krankenwagen!« Eigentlich bin ich ja ein ausgesprochener Morgenmuffel, und frühes Aufstehen liegt mir gar nicht, aber ihr glaubt nicht, wie schnell ich an diesem Morgen in meinen Klamotten war, auf dem Bike saß und zum Clubhaus raste.

Vor dem Clubhaus wartete der Prospect schon auf mich und meinte, wir sollten lieber hinten reingehen, der Vordereingang sei zu gefährlich. Als wir das Clubhaus durch den Hintereingang betraten, hörte ich erneut Schüsse. Da ich ja immer noch nicht genau wusste, was los war, ging ich vorsichtig nach vorne ins Clubhaus. Was ich dort sah, war unglaublich: Es roch nach Pulver, und die Sicht war leicht vernebelt. Auf einem Tisch lag ein kleiner Berg Munition, auf dem Boden überall verstreut etliche Hülsen. Die Prospects waren hinter der Theke in Deckung gegangen, und ein paar meiner Brüder standen mit Kanonen in der Hand neben dem Kamin. Einer lud die Pumpgun durch und schoss auf den Nagelklotz, den sie vor die Eingangstüre gestellt hatten.

Jetzt musste ich mir etwas einfallen lassen, um mir

Aufmerksamkeit zu verschaffen – und das gelang mir eindrucksvoll: Der Typ mit der Pumpgun hörte auf zu schießen, und ich konnte die Musikanlage ausschalten. Einen Prospect, den ich zwar nicht sehen konnte, aber hinter der Theke vermutete, beauftragte ich damit, alle Kanonen einzusammeln und auf den Tisch zu legen. Meinen Brüdern rief ich nur zu: »Los, alle in den Member-Raum!« Einer meinte noch: »Komm, Uli, baller doch auch ein bisschen rum.« Ich war sprachlos, was bei mir äußerst selten vorkommt, und dachte nur: Gut, dass die Kanone leer ist.

Erst jetzt fiel mir auf, dass auch zwei dänische Member anwesend waren. Und im Member-Raum entdeckte ich, was die irrwitzige Aktion wahrscheinlich ausgelöst hatte: ein Tablett voller Koks, überall Küchenpapierrollen, abgeschnittene Strohhalme und zusammengerollte Geldscheine, dazu noch etliche Flaschen Bier, Wodka, Cola, Bitter Lemon und ein Eiskübel mit geschmolzenen Eiswürfeln. Alle saßen bedröppelt da, keiner sprach ein Wort. Ich sagte zu ihnen, dass ich gleich zurückkäme und erst einmal die Prospects fragen würde, was hier abgegangen sei. Außerdem wollte ich mir das Ausmaß der Schäden anschauen.

Die Bilanz der Verwüstung: An der Wand ein getöteter Geldspielautomat, völlig durchlöchert, seine Eingeweide verstreut auf dem Boden. Im Automat steckten die Reste einer Sitzbank. Reste? Das Ding sah aus, als wenn es aufgeplatzt wäre, und war als Sitzbank kaum mehr zu erkennen. In unserer Eingangstür aus Stahl waren etliche Löcher, man konnte nach draußen durchgucken. Auch zwei Klotüren waren völlig durchlöchert. Dann war da noch ein elektronischer Dart-Automat, der jetzt so aussah wie sein Bruder, der Geldspielautomat, nur ohne Sitzbank. Eine Unmenge Scherben, die wohl in ihrem früheren Leben einmal Schnapsflaschen gewesen waren. Eine Klimaanlage in der Wand, die sich wahrscheinlich selbst erschossen hatte, und zu guter Letzt ein Motorradhelm, der verdammte Ähnlichkeit mit meinem alten hatte. Genau konnte ich das aber nicht mehr erkennen, weil auch er mehrere Kugeln abbekommen hatte. Ich stand da, als hätte mir jemand brühwarm ans Bein gepinkelt, doch plötzlich musste ich grinsen und fing sogar an zu lachen – aber nur kurz, bis ich die ungläubigen Gesichter unserer Prospects sah. »So, Jungs, nun erzählt mir mal, was hier los war.«

Folgendes war passiert: Ungefähr eine Stunde nachdem ich weg war, kamen zwei Dänen ins Clubhaus zu Besuch. Sie packten einen recht stattlichen Vorrat an Koks aus, und alle feierten, soffen, koksten, rauchten und wurden immer ausgelassener. Dann holte ein Kasseler Member eine Pumpgun aus der Küche, und sie fingen an, auf den Nagelklotz zu schießen. Zuvor hatten sie noch die Musikanlage aufgedreht, damit man draußen nichts hörte. Und urplötzlich hatten gleich mehrere zugedröhnte Member irgendwelche Kanonen, die im Clubhaus lagerten, in der Hand und beteiligten sich daran, dem Nagelklotz den Garaus zu machen. Das wurde wohl recht schnell langweilig. Einer gab dann den Geldspielautomaten zur Hinrichtung frei, der aber nicht lange durchhielt, woraufhin sie eine alte Sitzbank in das Gehäuse stopften. Als auch die erledigt war, musste Kollege Dart-Automat ebenfalls dran glauben. Sobald auch er niedergestreckt war, beauftragten sie einen Prospect damit, meinen alten Helm aus der Garage zu holen. Er und einige leere Flaschen waren die nächsten Opfer. »Und die Löcher in der Tür?«, wollte ich wissen, Ach, da hätten sie eben danebengeschossen. Der Nagelklotz war wohl nicht so leicht zu treffen mit ihren benebelten Hirnen.

Nachdem ich mir das alles angehört hatte, gab ich den Prospects erste Anweisungen. Erstens, sie sollten Stahlbleche holen, die hinter dem Clubhaus lagen, und die Eingangstür in Ordnung bringen – zumindest so weit, dass man von außen keine Löcher mehr sah. Als Nächstes sollten sie ein Feuer machen, alle »Leichenreste« verbrennen und danach wenigstens halbwegs klar Schiff machen. Sollte die Schmiere doch noch kommen, sollten sie die Bullen auf gar keinen Fall auf das Clubhausgelände lassen. Einen Prospect beauftragte ich damit, sofort alle Kanonen und Patronen, egal ob voll oder leer, einzusammeln, in sein Auto zu packen und die Kiste weit weg vom Clubhaus in einer Seitenstraße zu parken.

Danach ging ich zurück in den Member-Raum, wo die Jungs noch immer saßen wie die Unschuldslämmer. Nun wollte ich von ihnen wissen, was abgelaufen sei, und sagte zu den Dänen, sie sollten sich erst einmal raushalten. Die Informationen kamen ziemlich zäh, aber im Großen und Ganzen bestätigten die Jungs nach einigem Winden und Herumdrucksen den Ablauf, wie ihn die Prospects mir beschrieben hatten. Die beiden Dänen nickten nur mit den Köpfen wie Wackeldackel auf der Hutablage.

»Und wer von euch ist auf die Idee gekommen, meinen Helm zu holen? Ihr habt euch bestimmt dabei vorgestellt, dass meine Rübe noch im Helm stecken würde, was? Aber lasst mal, ich will eigentlich gar nicht wissen, wer das war. Irgendwann wird es mir derjenige, der das verbockt hat, schon erzählen. Im Prinzip ist das hier ja ganz okay, aber ihr wisst ja, dass wir in ein paar Stunden abfahren wollen.« Mir war bewusst, dass kein Appell an ihre Vernunft die Großhirnrinde der Jungs erreichen würde, jedenfalls nicht in ihrem derzeitigen Zustand, und ich wollte sie auch nicht vor den Dänen bloßstellen. Den Dänen versicherte ich noch, sie sollten sich keine Gedanken machen, ich würde nicht mit ihren Präsidenten darüber reden, worüber sie sichtlich erleichtert waren.

Auf meine Frage, was wir jetzt machen sollten, kam kein Vorschlag. Alle waren über meine Reaktion erstaunt, froh und verwundert. »Kommt, lasst uns jetzt den Prospects beim Aufräumen helfen, danach setzen wir uns mit ihnen zusammen, feiern noch ein bisschen und verschieben die Abfahrt einfach ein paar Stunden nach hinten. Es ist ja keine Weltreise.« So machten wir es auch und brachen gegen Mittag auf. Die Prospects brauchten übrigens nach unserer Rückkehr eine ganze Woche, um das Clubhaus nach der Ballerei wieder auf Vordermann zu bringen.

REVIER ABSTECKEN

Bei den Hells Angels gibt es manche Konflikte und Auseinandersetzungen – mit anderen Clubs und auch untereinander. Aber ganz sicher gibt es keinen Debattierclub, in dem alles sachlich ausdiskutiert wird und sich jeder seinen Frust von der Seele reden darf. Die Engländer zum Beispiel machen irgendwie immer Stress, egal ob beim Fußball oder bei den Hells Angels: Sie sind immer auf Krawall gebürstet.

Als Straßenkämpfer machen einem solche Fights aber eigentlich sogar Spaß. Ehrlich, ich habe mir auch immer die Großen als Gegner ausgesucht. Ich wollte mich messen, für mich waren Schlägereien immer auch ein Wettkampf. Wie auf dem World-Run in Spanien: Da machten mich ein paar Member von der Seite an, was in einer üblen Hauerei endete. Wir schlugen uns gegenseitig richtig die Schädel ein. Als das geklärt war, gingen wir gemeinsam an die Bar etwas trinken. Wie es genau zu der Schlägerei kam und was davor und danach passierte, erzähle ich später noch ausführlich.

Viele der Geschichten, von denen ich euch bisher so berichtet habe, zeigen deutlich, wie groß die Gewaltbereitschaft der Hells Angels ist und dass meist nach dem Motto vorgegangen wird: »Erst schlagen, dann fragen.«

Clubauflösung auf die harte Tour

Irgendwann in meinen frühen Anfangszeiten, irgendwo in Deutschland, wurde ein Motorradclub gewaltsam aufgelöst. Zum besseren Verständnis, »aufgelöst« bedeutet, dass die Hells Angels einen normalen Motorradclub, der nicht so will wie sie, schließen. Manchmal werden den Mitgliedern dabei die Kutten abgenommen, das Clubhaus wird geschlossen und ihnen wird verboten, sich einem anderen Club anzuschließen. Am besten machen sie das alles freiwillig. Wenn nicht, wie in diesem Fall, geht man halt mit Gewalt vor. Ich muss dazusagen, dass ich an dieser Aktion nicht persönlich beteiligt war; sie ist mir aber sehr genau bekannt. Fürs bessere Verständnis und damit alles ein bisschen lebendiger wird, schreibe ich die Geschichte aber so, als wäre ich vor Ort gewesen.

Ich nenne den besagten Motorradclub mal Riding Black Bulls. Dieser Club wollte sich nicht eindeutig mit allem Drum und Dran zu den Hells Angels bekennen und auf Besuche bei den verfeindeten Bandidos verzichten. Unserer Meinung nach sollten sie jedoch nur die Hells Angels supporten. Alles gute Zureden nutzte nichts, sie wollten frei entscheiden, auf welche Party sie fahren, und Kontakte pflegen, zu wem sie wollten. Auch auf ihren eigenen Veranstaltungen wollten sie niemandem die Teilnahme verwehren, egal ob die Gäste mit den Hells Angels klarkamen oder eher mit den Bandidos. Das ging aus Sicht der Hells Angels gar nicht, und deshalb entschloss man sich wie in vielen anderen Fällen, den Club besser zu schließen.

Das betreffende Hells-Angels-Charter fragte also bei mir an, ob wir ihnen helfen könnten, die Riding Black Bulls zu überfallen – auch um damit ein Zeichen für alle anderen Motorradclubs in der Region zu setzen. Da ich schon mehrfach Negatives über diesen Club gehört hatte, willigte ich ein. Es kam zu einem Treffen zwischen unseren beiden Chartern, um Näheres über den Ablauf der gewaltsamen Clubschließung zu besprechen. Dabei erfuhren wir, dass der Club über Waffen verfügte und sich eventuell mehr als gewohnt wehren könnte. Wir sprachen über die Örtlichkeiten, An- und Abfahrtswege und verteilten die Rollen: wer das Grundstück sichern, wer die Autos fahren, wer in das Clubhaus eindringen und wer sich als Vorauskommando zuerst im Clubhaus umsehen sollte. Als Vorauskommando suchten wir uns einen Supporter aus Kassel aus.

Am Tag unserer geplanten »feindlichen Übernahme« war bei den Riding Black Bulls ein Clubabend geplant. Um nicht erkannt zu werden, zogen wir neutrale Klamotten an. Kurz vor dem Clubhaus überklebten wir die Nummernschilder unserer Autos mit alten vom Schrottplatz. Unser Spion hatte uns zuvor telefonisch mitgeteilt, wer und wie viele Leute sich im Clubhaus aufhielten und dass keine Kameras das Clubhaus absicherten, was unser unerkanntes Auftreten und Verschwinden wesentlich erleichtern würde. Wir hatten abgesprochen, sofort auf die Clubmitglieder loszugehen, ohne groß zu diskutieren. Zwei Mann von uns sollten alle, die nicht zum Club gehören, sofort aus dem Clubhaus werfen. Die Partygäste sollten von zwei weiteren Membern draußen in Schach gehalten werden, bis wir im Clubhaus alles klargemacht hatten.

Wir kamen mit vier Autos und einem Transporter vorgefahren und legten sofort los. Als ich als Siebter oder Achter das Clubhaus betrat, kamen mir schon einige Besucher entgegen, die draußen von den anderen sofort in eine Ecke gedrängt wurden. Drinnen ging es schon richtig zur Sache: Auf alle Clubmitglieder wurde übelst eingedroschen. Zu meiner Verwunderung verteidigten sich die Jungs wirklich gut und teilten ihrerseits ordentlich aus. Unser Spannmaxe und ein weiterer passten wie die Füchse auf, dass keiner von dem Club eine Kanone rausholte. Vergeblich, denn plötzlich zog doch einer unserer Gegner eine Waffe hinter der Theke hervor. Aber einer unserer Member bemerkte das noch vor mir und schlug ihn nieder. Autsch, das hatte gesessen! Der Typ fiel vornüber auf die Theke und bekam noch einige Schläge verpasst. Nach wenigen Minuten war der Spuk zu Ende, und wir rückten ab – nicht ohne dem einen oder anderen zum Abschied noch ein paar reinzuhauen. Die beiden Member, die die Gäste in Schach hielten, hatten von allen schon ein paar Handyfotos geschossen und ihnen eingebläut, dass sie am besten nichts gesehen oder gehört hätten. Denn wenn sie der Bullerei irgendetwas über die Aktion erzählen wollten, würden wir sie anhand der Fotos finden und auf jeden Fall besuchen kommen. Das Beste wäre also, wenn sie sich sofort von hier verpissten.

Wir spurteten anschließend zu unseren Autos und verließen den Ort des Geschehens. Nach etwa 100 Metern hielten wir kurz an, um die alten Nummernschilder abzuziehen, danach ging es weiter. Gleich in der darauffolgenden Woche lösten sich die Riding Black Bulls auf.

Ein anderes Beispiel für gewaltsame Lösungen: Wir hatten um die Jahrtausendwende in Kassel Probleme mit den Bandidos, die ich sehr schnell unter Kontrolle bringen konnte, was wiederum die Bandidos veranlasste, mich aufs Äußerste zu provozieren. Jetzt wollte ich die Sache ein für alle Mal klären und besprach mit meinen Brüdern die Situation und meinen Lösungsvorschlag: sich mit den Bandidos treffen und sie mit den Provokationen konfrontieren, eventuell mit anschließender Hauerei. Der Vorschlag erhielt breite Zustimmung, allerdings wollten die anderen mich nicht mitnehmen, damit – galant ausgedrückt – das Üble nicht noch übler würde. Ich kann schon recht böse werden, wenn man mich provoziert – Bad Boy eben. Ich sah das ein, bestand aber darauf, dass die drei zu der Zeit aktuellen Prospects an der »Aussprache« mit den Bandidos teilnahmen.

Mir wurde erst im Nachhinein berichtet, wie die Sache abgelaufen war. Zielgerichtet statteten sich die Jungs mit dem nötigen Equipment aus: kugelsicheren Westen, Schlagstöcken, Handschuhen und Ähnlichem. Einer bekam einen Revolver Kaliber 38 Marke Astra in die Hand gedrückt und sollte an einer Ecke des Treffpunkts die Aktion absichern. Im Falle einer Schießerei wäre er der Mann am Drücker gewesen. Mich erstaunte das Vertrauen meiner Brüder in den Prospect. Die Aktion lief wie geplant, nur der Prospect mit der Kanone bekam nichts mit. Oder besser: Er wollte nichts mitbekommen, wie mir die Member später erzählten. Er hatte sich hinter eine noch weiter von dem Szenario gelegene Hausecke gestellt, von der aus er keine freie Sicht auf die Örtlichkeit hatte. Trotzdem wurde die Sache eindeutig zu unseren Gunsten und sehr zu unserem Wohlgefallen geklärt.

Eigentlich hätte ich den Muffengänger nach der Aktion sofort aus unserem Charter entfernen sollen. Warum ich das nicht tat, weiß ich nicht. Das war keine meiner Sternstunden, denn er ist immer noch Member und – noch schlimmer – war an dem Raubüberfall auf mich beteiligt.

Ein paar Worte an die ganz normalen Motorradfahrer: Ich weiß sehr wohl, dass ihr von den Hells Angels bei der Ausübung eures Hobbys gestört werdet. Sei es, dass ihr nicht durch bestimmte Gegenden fahren könnt oder dass euch die Deppen eure Clubfahnen und Symbole verbieten, euch auflösen oder anderweitig bedrohen. Ihr werdet genötigt, zum Teil mit Hilfe eurer eigenen Leute, die sich davon Vorteile versprechen, in die jeweiligen Clubs überzutreten. Ihr müsst auf euren kleinen, tollen Partys mit den großen Wölfen heulen, sonst gibt es gar keine Partys mehr. Die größeren Motorradclubs, die nicht den sogenannten großen Vier angehören, ereilt das gleiche Schicksal: Irgendwann werden sie gezwungen, sich klar zu einem Club zu bekennen beziehungsweise überzutreten. Viele machen aus Angst oder auch aus Liebe zu ihrem Hobby mit und nehmen das Ganze einfach so hin, ohne aufzumucken.

Ich kann euch nur raten: Kriegt eure Ärsche hoch und redet euch die Sache nicht schön! Wehrt euch dagegen, dass ihr kaputtgemacht werdet. Verinnerlicht nicht die Denkweise der kriminellen Clubs und seid stolz darauf, dagegen zu sein. Hört auf, nach oben zu buckeln und nach unten zu treten. Kommt aus eurer Opferrolle heraus und zeigt Rückgrat! Ihr fahrt Motorrad des Motorradfahrens wegen. Nur ihr seid die wahren Biker, die Deutschland so bunt bereichern, nicht die Verbrecherclubs. Die können euch nicht das Wasser reichen, was Fahrspaß, Fahrkönnen und Gemeinschaft angeht. Seid stolz auf das, was ihr könnt und erreicht habt, und lasst euch nicht von irgendwelchen Idioten euer faszinierendes Hobby zerstören.

Und vor allen Dingen: Gebt euch nicht der Illusion hin, dass alles besser wird, wenn ihr bei denen mitmischt. Das Gegenteil ist der Fall, und ihr bekommt über kurz oder lang die Eier abgeschnitten. Wenn ihr euch nicht traut, weil ihr Angst vor Sanktionen habt, schreibt mir. Ich sammle alle Informationen und arbeite daran, euch zu helfen.

Solche Überfalle sind leider absolut keine Einzelaktionen, sondern gehören zum Alltag der Hells Angels, mit teilweise noch viel übleren Folgen für die Betroffenen – und zwar nicht nur in Deutschland, sondern überall, wo es Hells Angels gibt. Sprich: weltweit. Betroffen sind nicht nur Motorradclubs, sondern auch Bars, Bordelle, Diskotheken, Kasinos und so weiter. Entweder man ist für die Hells Angels oder gegen sie. Nicht selten entscheidet das über Sein oder Nichtsein, Leben und Tod.

Special Deals

Vor langer Zeit, irgendwann im Frühling, klingelte mein Handy. Es war schon weit nach Mitternacht, und ich saß an der abendlichen Abrechnung im Wirtschafterraum vom Puff. Ich war etwas überrascht, denn der Anrufer war ein Bruder aus Genua, den ich erst wenige Tage zuvor in Amsterdam getroffen hatte. Nach der üblichen Begrüßung und etwas Smalltalk fragte ich ihn, was denn los sei, denn grundlos würde er ja bestimmt nicht so spät beziehungsweise so früh anrufen.

Er meinte dann: »Uli, ich habe für dich und den Club ein lukratives Geschäft. Kannst du zu mir nach Genua kommen? Dann erzähle ich dir, worum es geht. Am Telefon können wir nicht darüber reden.« Ich sagte zu, und wir verabredeten uns für das nächste Wochenende. Zufälligerweise sollte an dem Wochenende in Genua auch eine große Party steigen, die ich dann mitnehmen wollte. Ich habe keine Ahnung mehr, was der Anlass für die Party war, vielleicht eine Anniversary-Feier oder eine Clubhaus-Einweihung, ist auch nicht weiter wichtig.

Ich fuhr nachts, um den Schweizer Zöllnern nicht unnötig in die Arme zu laufen. Die Zollstationen in und um Basel waren mir bestens bekannt, und ich nahm einen Übergang, der eigentlich gar keiner ist und im Grunde nur von den Pendlern im Umland genutzt wird. Über den war ich schon öfter in die Schweiz eingereist. Nie standen da irgendwelche Zöllner, und ich baute darauf, dass nachts dort niemand kontrollieren würde.

Ihr werdet euch jetzt sicher fragen, warum ich nachts einen abgelegenen Übergang wählte und nicht den großen direkt an der Autobahn. Ganz klar: Wo auch immer ich an einer Grenze kontrolliert werde, ziehen sich diese Aktionen recht lange hin. Sobald die Grenzbeamten meine Personalien in den Computer eingeben, wird erst einmal zur Kanone gegriffen, und es werden vorsichtshalber etliche Kollegen geholt. Dann werde ich sehr gründlich untersucht – und natürlich auch mein Fahrzeug. Meist wird unter anderem ein Waffensuchhund eingesetzt, danach kommt der vierbeinige Kollege von der Drogentruppe. Auch die Hobby-Heimwerker der grünen Trachtentruppe müssen jetzt zeigen, was sie so draufhaben, denn die vielen Kurse im Baumarkt sollen ja nicht umsonst gewesen sein. Besonders beliebt ist der Einsatz von Schraubendreher, Kreuzschlitz und Taschenlampe; bei den Schweizer Freunden darf natürlich das sagenumwobene »Multifunktionsmesser« nicht fehlen. Auch die Technikfreaks unter ihnen wollen zum Zuge kommen: Ihre winzigen Kameras pfriemeln sie in die kleinsten Zwischenräume. Jeder Chefarzt der Chirurgie wäre neidisch auf diese Ausrüstung. Und welchen Ehrgeiz manche von ihnen dabei an den Tag legen, ist schon recht amüsant. Auch in puncto Körperbeherrschung und Gelenkigkeit wollen sie sich gegenseitig übertreffen. Wie sie sich verbiegen und verrenken, um an die entlegensten Orte zu gelangen – rekordverdächtig! Ich habe schon längst meinen inneren Frieden mit solchen Aktionen gemacht und denke mir: Na ja, man gibt halt alles, um beim Vorgesetzten im Falle einer anstehenden Beförderung eine rektale Entzückung zu erreichen. Solche Gedanken zaubern mir immer wieder ein Schmunzeln ins Gesicht.

In die Schweiz konnte ich zum Glück unbemerkt und ganz galant einreisen. Ein Tipp von mir: Wenn ihr nachts durch die Schweiz fahrt, solltet ihr vorher unbedingt tanken. Denn die Schweizer, die ja als recht gelassenes Völkchen bekannt sind, wollen nicht unbedingt nachts an den sowieso dünn gesäten Tankstellen arbeiten und machen die Dinger deshalb einfach abends dicht.

So weit, so gut. An der italienischen Grenze angekommen, fing genau das an, was ich schon so oft erlebt hatte – dachte ich zumindest. Aber die kleinen Italiener, die ja schon aufgrund ihres recht mickrigen Körperbaus eigentlich für verwinkelte Untersuchungen bestens geeignet sind, verzichteten auf diesen Teil der Prozedur. Sehr gut! Irgendwann durfte ich weiterfahren. Ohne weitere Probleme kam ich recht früh in Genua an und suchte mir erst einmal ein kleines Café, um in

Unterwegs in Bella Italia

aller Ruhe zu frühstücken und ein paar herrliche Tassen Espresso zu genießen. Nach geraumer Zeit setzte ich meinen Weg zum Clubhaus fort.

Dort angekommen, wurde ich nett begrüßt und gefragt, ob ich etwas brauche: zu essen, zu trinken, zu rauchen, zu koksen. Ich ging nach draußen, setzte mich in die Sonne und relaxte ein, zwei Stündchen. Nach und nach gesellten sich mehrere Member und Prospects zu mir, und gegen Mittag kam auch Luigi, der Member, der mich einige Tage zuvor in Kassel angerufen hatte. Wir begrüßten uns und rauchten erst einmal eine. Nach einem kleinen Plausch fragte ich Luigi, was nun los sei und welches Geschäft er für mich habe.

Er redete sofort etwas leiser. »Uli, lass uns mal nach hinten in den Member-Raum gehen«, sagte er, »da können wir uns ungestört unterhalten.« Ein Prospect fragte, ob wir etwas benötigen würden, und Luigi orderte Getränke und etwas zu essen. Nach kurzer Zeit kamen zwei Prospects mit Schinken, Brot, Oliven, Bier, Cola und einer Kanne Kaffee und stellten die Sachen auf den Tisch. Luigi bläute ihnen ein, dass keiner in den Member-Raum dürfte, solange wir noch drin wären. Als sie vor der Tür Wache bezogen, sagte er: »Uli, wie ich dir schon am Telefon erzählt habe, habe ich einen guten Job für dich. Du kannst dabei 50 000 Öcken verdienen.« Ich antwortete: »Na, das hört sich ja schon einmal nicht schlecht an. Worum geht es denn?« Er brauche einen absolut zuverlässigen Bruder, erfuhr ich, denn es müsse jemand umgelegt werden. Warum er das nicht selbst mache, wollte ich wissen. Er sei zu nah dran, daher sei es besser, wenn der Auftrag von jemandem aus dem Ausland übernommen würde. Jetzt war ich natürlich neugierig, worum oder besser um wen es ging.

Luigi fing an zu erzählen: Es handelte sich um einen alten Mann, der ziemlich reich und seit vielen Jahren sehr krank war. Er wohnte in einem ziemlich großen alten Haus, das ihm gehörte, mit acht oder zehn weiteren Luxuswohnungen. Nun wollte der Sohnemann den verhassten Vater unter die Erde bringen, um endlich mit seinen Geschwistern das Erbe anzutreten. Eine Bedingung war auch an den Auftrag geknüpft: Der Sohn wollte nicht, dass sein Vater nur einfach nur erschossen, erstochen oder erschlagen würde. Nein, der Täter sollte dem Alten ganz langsam die Gurgel zudrücken.

Spätestens an der Stelle war für mich klar: Das mache ich nicht, keine Chance. Ich habe ja wirklich schon vieles im Leben getan, aber ein Mord kommt für mich nicht in Frage. Um nicht mein Gesicht zu verlieren, hörte ich weiter zu. Luigi erklärte mir, er und seine Leute würden sich um alles Weitere kümmern, beispielsweise den Kontakt zum Auftraggeber, wenn ich wollte – was ich aber sofort ablehnte. Auch für den Transport könnten sie sorgen, doch auch dieses Angebot schlug ich aus und sagte: »Wenn überhaupt, dann würde ich mich selbst um alles kümmern.« Niemand, weder jemand aus dem Club noch der Auftraggeber, dürfte je etwas von mir erfahren. Luigi versicherte, dass ich mich hundertprozentig darauf verlassen könne und er mit seinem Leben dafür bürge. Weiterhin bot er mir bei Zusage sofort 20 000 Euro an, den Rest nach Erledigung. Um mir die Entscheidung zu erleichtern, wollte er mir das betreffende Haus schon einmal zeigen. Dann könne ich es mir ja überlegen. Ich willigte ein.

Ich erklärte Luigi, dass wir nicht mit unseren Hells-Angels-Kutten und -Shirts dorthin fahren könnten. Also rief er die Prospects herein und beauftragte sie damit, zwei neutrale T-Shirts zu besorgen. In der Zwischenzeit gesellten wir uns zu den anderen. Nach ungefähr einer Stunde kamen die zwei Prospects mit den Sachen in einer Tüte zurück.

Kurz darauf saßen wir in einem Auto mit römischen Nummernschildern. Nach fünf Minuten hielten wir an und packten die Kutten und Hells-Angels-Shirts in den Kofferraum. Luigi passte das neue Shirt ganz gut, meines war leider ungefähr drei Nummern zu klein. Egal, ich zwängte mich in das Teil und sah aus wie ein Böklunder Würstchen im zarten Saitling. Wäre die ganze Aktion nicht so ernst gewesen, hätte ich laut loslachen können – der Aufzug war ein richtiger Schenkelklopfer. Dann ging die Fahrt weiter.

Nach endlosem Herumkurven durch die City meinte Luigi zu mir: »Da vorne, das große Haus, da wohnt er, ich glaube im zweiten Stock. Er bewohnt die ganze Etage.« Langsam fuhr er um das Haus, und ich sah mir im Vorbeifahren die Hütte an. Er wendete und fuhr noch einmal vorbei. Danach fuhr er die Seitenstraßen ab, damit ich mir ein besseres Bild vom Umfeld machen konnte. Das war für ihn garantiert nicht die erste derartige »Sightseeing-Tour«, schließlich hatte er ausgezeichnete Kontakte zur Mafia. Auf der Rückfahrt redeten wir kaum und rauchten erst einmal eine. Fast hätten wir vergessen, uns wieder umzuziehen. Da ich große Probleme damit hatte, wieder aus der viel zu kleinen Pelle herauszukommen, riss ich das T-Shirt einfach vom Hals her auf und war froh, endlich wieder meine eigenen Klamotten anzuziehen.

Wieder im Clubhaus und ein oder zwei eiskalte Heineken später, fragte mich Luigi leise: »Na Uli, was meinst du? Übernimmst du den Job?« Da ich die Frage schon erwartet hatte, antwortete ich ihm, dass ich mir das noch einmal durch den Kopf gehen lassen müsse und mich innerhalb einer Woche bei ihm melden würde. Damit war alles gesagt. Nach einer ausgiebig durchzechten Partynacht machte ich mich am nächsten Tag gegen Mittag wieder auf den Weg nach Kassel – problemlos ohne eine einzige Kontrolle. Während meiner gesamten Heimfahrt grübelte ich über das Geschehene nach. Zwei Tage später rief ich Luigi an und blies das Ganze ab.

Wie sollte ich mit den Geschehnissen umgehen? Diese Frage beschäftigte mich. Es gab nur zwei Möglichkeiten: entweder die ganze Angelegenheit vergessen oder meine Brüder bei der Bullerei verraten. Doch Verrat kam für mich überhaupt nicht in Frage. Also blieb mir nur, die Geschichte zu vergessen. Besonders wohl fühlte ich mich dabei allerdings nicht, weil mir der alte Mann immer wieder durch den Kopf geisterte. Kurze Zeit später erhielt ich einen Brief von Luigi. Er schrieb, dass sich die Angelegenheit zwischenzeitlich von selbst geregelt hatte: Der Opa sei kurz nach meinem Besuch ins Krankenhaus gekommen und habe – angeblich aufgrund einer natürlichen Todesursache – das Zeitliche gesegnet. Ich kann nur sagen, dass mir ein riesiger Stein von der Seele fiel. Ob das nun stimmte, weiß ich nicht. Ich glaube aber, dass es die Wahrheit ist. Und ich will es auch glauben.

Das war nur eine Geschichte zum Thema Hells Angels und Auftragsmord. Für mich kam das nie in Frage.

Schnelle Eingreiftruppe

Nicht alles wollen oder können die Hells Angels vor Ort selbst in die Hand nehmen. Dafür existiert eine Art Sondereinsatzkommando: die Nomads, die es weltweit gibt. Allerdings besaßen die Nomads in den frühen Anfangszeiten kein eigenes Clubhaus, sondern fuhren – wie Nomaden eben – in der Weltgeschichte herum und kamen bei Bedarf in einem Hells-Angels-Charter unter. Wie ich euch in *Höllenritt* schon erzählt habe, sind fast alle Nomads mittlerweile sesshaft geworden, die deutschen Nomads beispielsweise in Berlin.

Man ruft die Nomads, wenn es irgendwo richtig brenzlig wird und ein Problem auftaucht, das vom betroffenen Charter selbst nicht gelöst werden kann – einfach weil die Member zu bekannt sind und es daher schlecht wäre, wenn sie selbst in Aktion treten. Klar, man könnte sicher auch ein anderes Charter anrufen, aber manchmal muss es eben extrem schnell gehen. Und genau darauf sind die Nomads vorbereitet. Man kennt sie vor Ort nicht, vor allem wenn sie vielleicht sogar aus einem anderen Land angefordert werden. Sie sind die schnelle Eingreiftruppe. Sie kommen anonym, erledigen den Job schnell und leise – und sind genauso rasch wieder von der Bildfläche verschwunden. Manchmal »erledigen« sie auch etwas für Clubfremde, aber solche Einsätze lassen sie sich teuer bezahlen.

Teure Anwälte für Höllenengel

Was passiert eigentlich, wenn ein Hells-Angels-Member wegen einer mutmaßlichen Straftat verhaftet und vor Gericht gezerrt wird? Für die Bullen und Staatsanwälte ist es richtig schwer, den Hells Angels tatsächlich etwas nachzuweisen. Warum ist das so? Der wichtigste Grund: Die Jungs halten eisern dicht, selbst wenn es zum Beispiel um Auseinandersetzungen mit rivalisierenden Clubs geht. Es gibt keine Zusammenarbeit mit der Bullerei – und mit der Staatsanwaltschaft schon gar nicht. Punkt, aus, basta.

Die *taz* schrieb in einem Interview mit dem Leiter des Berliner Landeskriminalamts Christian Steinof im Juli 2012 von 1532 erfassten Straftaten im Rockermilieu über einen Zeitraum von sieben Jahren von 2004 bis 2011. Dabei seien die Rocker zu insgesamt 387 Jahren Gefängnis verurteilt worden. Die Anwälte sind also nicht immer erfolgreich und können ihre Mandanten nicht aus jeder Scheiße rausboxen. Aber Steinof sprach auch ganz klar die schwierige Situation an: »Da es ein Schweigegelübde – eine Omerta, um den Begriff aus dem mafiösen Bereich zu nehmen – gegenüber der Polizei gibt, wird es auch keinen geben, der uns gegenüber Angaben macht, wer wen mit einem Auftrag losgeschickt hat.«

Jedem Member ist klar: Mit der Polizei zu kooperieren ist eine Todsünde. Er wird rausgeschmissen, und wenn möglich, kriegt er eine Kugel in die Birne.

Das bekommt aktuell auch ein Kronzeuge gegen die Hells Angels, der Präsident eines Supporter-Clubs, zu spüren. Mit seinen Aussagen vor Gericht und seinen Anschuldigungen hat er sich sicher keine Freunde bei den Hells Angels gemacht, denn durch ihn sind über zweihundert Ermittlungen angestoßen worden. Er befindet sich im Zeugenschutz, seit er ausgepackt hat, und vermutet, dass ein Kopfgeld auf ihn ausgesetzt sein könnte. Die Gerichtstermine finden unter höchsten Sicherheitsvorkehrungen statt: Er trägt eine schusssichere Weste, und zusätzlich ist der Zuschauerraum mit Sicherheitsglas abgetrennt. Für seine eigenen Vergehen sitzt er mittlerweile im Gefängnis. Zu vier Jahren und vier Monaten ist er verurteilt worden – wegen schweren Menschenhandels, Zuhälterei und gefährlicher Körperverletzung. Wo er allerdings einsitzt, ist geheim. Er kann nur hoffen, dass das auch so bleibt.

Ein beschuldigter Hells Angel nimmt sich als Erstes einen Anwalt – und zwar einen richtig teuren. Für die Bezahlung ist gesorgt. Hells Angels haben für solche Fälle genügend Geld, um sich die teuersten Anwälte zu leisten. Manche sind sogar recht prominent wie beispielsweise Götz von Fromberg, der spätestens seit dem medienwirksam eingefädelten »Friedensschluss« zwischen Bandidos und Hells Angels im ganzen Land bekannt ist.

Von den Trusts habe ich euch bereits berichtet, aus denen Gerichts- und Anwaltskosten bezahlt werden können. Bei den Hells-Angels-Meetings wird auch über Zahlungen abgestimmt, um Brüdern in anderen

Ländern bei Bedarf finanziell zu helfen. Da greift also die hochgelobte Bruderhilfe. Die Kosten der Anwälte sind also mit hundertprozentiger Sicherheit gedeckt.

Aber nicht nur wenn die Rocker vor Gericht stehen, schalten sich die Anwälte ein. Nein, die Hells Angels nutzen sie auch dazu, selbst Klage einzureichen. Das betrifft unter anderem beschlagnahmte Patches oder Kutten, die per richterlicher Entscheidung wieder zurückgeholt werden sollen, die Einhaltung von Markenrechten und so weiter. Das Frankfurter Charter Westend beispielsweise hat gegen das verhängte Vereinsverbot geklagt – laut *Frankfurter Rundschau* auf über 100 Seiten Klageschrift. Da hat sich der Anwalt richtig ins Zeug gelegt; mittlerweile vertritt er schon Charter im gesamten Bundesgebiet in Sachen Charterverbote. Mal sehen, wie das am Ende ausgeht.

Herzenswünsche der Höllenengel

Lasst uns einmal annehmen, die Hells Angels hätten drei Wünsche frei, wie im Märchen. Was würde sich der größte, ach so harmlose Motorradclub Deutschlands wohl wünschen? Meiner Meinung nach Folgendes:

1. Dass die Hells Angels niemals verboten werden.
2. Dass die Bandidos ein für alle Mal von der Bildfläche verschwinden.

3. Dass ich endlich mein Maul halte und sie am besten meinen gewaltsamen Tod verkünden können.

Zum ersten Wunsch: Seit ewigen Zeiten versuchen Hells Angels mit aller Macht, Raffinesse und guten Anwälten, einem Verbot zu entgehen, denn nichts fürchten sie so sehr wie ein Clubverbot. Das ist für die Jungs schlimmer als die Todesstrafe. Aber in letzter Zeit häufen sich die Verbote – es sei denn, sie sind mit der eigenen Charterauflösung schneller als die Behörden. Auch das kam kürzlich hin und wieder vor. Das Ergebnis ist aber das Gleiche: Das Charter existiert nicht mehr, die ehemaligen Member müssen woanders unterkommen, oder sie gründen ein neues Charter.

Das Verbot des Hamburger Charters anno 1983 konnten die Hells Angels nicht verhindern – ein derber Schlag. Das Verbot konnte übrigens nur durchgesetzt werden, weil die Hamburger Hells Angels so blöd waren, als eingetragener Verein aufzutreten, um die finanziellen Vorteile eines e. V. mitzunehmen und für die Polizei, die in den frühen Jahren von kriminellen Rockerclubs noch so gut wie nichts wusste, als relativ harmlose Truppe zu agieren. Diese Überlegungen gingen für die Hells Angels mächtig in die Hose und erwiesen sich als Rohrkrepierer.

Das Clubverbot in Düsseldorf im Jahr 2000 hinterließ tiefe Risse in der sogenannten Brüderlichkeit. »Einer für alle, alle für einen« – dieser Spruch galt nicht mehr. Noch während der Polizeiermittlungen gegen Düsseldorf liefen, hieß es in ganz Deutschland wohl eher: »Alle gegen ein paar.« Nachdem das Verbot ausgesprochen war, ging die Hatz gegen die Sündenböcke erst richtig los: Drei verloren ihre gesamte Existenz, einer von ihnen sein gutgehendes Geschäft. Einem weiteren wurden sein Erbe und sein Haus abgepresst, andere müssen lebenslang Strafgelder berappen. Zwei haben Stadtverbot inklusive ihrer Familie – und zwar auf Lebenszeit. Und wäre es möglich gewesen, wären vermutlich alle Beteiligten umgelegt worden. Ach ja, einer ist tatsächlich spurlos verschwunden ... Vielleicht unbekannt verzogen? Oder ein extralanger Urlaub? Man weiß es nicht genau.

Das Kieler Clubverbot 2012 löste innerhalb des Clubs enorme Probleme aus, denn damit hatte niemand gerechnet. Es war ein derber Tritt in die Eier, dass es ausgerechnet das Charter Kiel erwischt hat, das bei den anderen immer sehr genau hinschaute und bei der Verurteilung anderer stets an vorderster Front stand. Sie wollten sogar ein Vorgehen gegen die dänischen Charter inszenieren, die sich im grenznahen Gebiet auf deutscher Seite Wohnsitze nahmen, um Steuern beim Kauf von Motorrädern und Autos zu sparen. Warum auch nicht? Für mich war das untragbar, und ich versuchte zu verhindern, dass Kieler Hells Angels Front gegen ihre eigenen Brüder machten – nur weil sie sich in ihrem Kreis von den Dänen gestört fühlten. Das war also die so gepriesene Brüderlichkeit und Hilfe untereinander. Nun ja, die Dänen klatschen jetzt sicher vor Freude in die Hände.

Die Streitereien der anderen Charter über die

Dummheit der Kieler, dass ihre Gewaltaktionen und die Abgabe einiger Einsätze an die Red Devils offen ausgetragen und bekannt wurden, führten beinahe zum Ausschluss aller Beteiligten und konnten nur durch die Hilfe anderer Hells-Angels-Charter – intern »North-Clan« genannt, zu dem alle Charter nördlich von Kassel gezählt werden – verhindert werden. Ich bin mir sicher, dass das eine oder andere Charter des North-Clans noch verboten wird. Gründe, die das rechtlich ermöglichen würden, gibt es sicher genug.

Zum zweiten Wunsch: Wenn die Bandidos von der Bildfläche verschwinden würden, hätte das für die Hells Angels jede Menge Vorteile. Zum einen gäbe es keinen so starken Club mehr, der ihnen die Vormachtstellung in Deutschland streitig machen könnte, was den Bandidos in Einzelfällen in verschiedenen deutschen Städten bereits gelungen ist. Die anderen Clubs, die ähnlich wie die Bandidos gegen die Hells Angels agieren, hätten überhaupt keine Chance mehr und würden sich notgedrungen mit den Hells Angels zusammenschließen. Viele ganz normale Motorradclubs würden oder müssten sich ebenfalls den Hells Angels anschließen – oder von der Bildfläche verschwinden. Eine unaufhaltsame Armee würde entstehen. Die Gefahr, wegen eines Rockerkriegs mit den Bandidos in die Öffentlichkeit zu geraten und somit Ermittlungen gegen sich selbst auszulösen, gäbe es nicht mehr, und ein Clubverbot der Hells Angels wäre erst einmal vom Tisch – die Hells Angels hätten eine große Sorge weniger. Perfekt, besser könnte es doch kaum laufen! Sie hätten in kürzester Zeit die absolute Macht in Deutschland, und nichts und niemand könnte ihre kriminelle Expansion aufhalten.

Zum dritten Wunsch: Sobald diese beiden großen Probleme der Hells Angels durch die Erfüllung der beiden anderen Wünsche aus der Welt geschafft wären, bliebe nur noch ein Wunsch offen, nämlich mein gewaltsames Ableben. Denn ich bin weltweit der Einzige, der ihre Machenschaften und Geheimnisse gnadenlos öffentlich gemacht hat und macht. Je mehr ich von meinem Wissen preisgebe, desto wahrscheinlicher ist es, dass das Misstrauen seitens der Behörden oder der Bevölkerung gegen die Hells Angels wächst – und die Diskussion um ein Verbot hoffentlich nicht so schnell endet.

Ich bin ein Risikofaktor, und der Hass auf mich ist grenzenlos. Doch ich bin ebenso ein ebenbürtiger Gegner, der sich nicht beeindrucken lässt. Und ich werde niemals, vor nichts und niemandem einknicken. Das war in meinem ganzen Leben schon immer so und wird auch immer so sein. Alle bisherigen Versuche, meine Lebenszeit drastisch zu verkürzen, habe ich erfolgreich abgewehrt. Seit meiner frühesten Jugend habe ich keinen Fight verloren – und das wird weiterhin so bleiben. Wer mir Böses will, muss mit allem rechnen, denn eines ist sicher: Ich gebe immer alles doppelt und dreifach zurück. Die Jungs wissen sehr genau, mit wem sie es zu tun haben.

Klar, sie werden weiter versuchen, ihr Vorhaben umzusetzen. Denn sie wollen allen anderen beweisen, was passiert, wenn man den Hells Angels so in die Suppe spuckt wie ich. Alle, die versucht haben, gegen die Hells Angels auszusagen, sind im Zeugenschutz verschwunden, haben sich in die Abhängigkeit der Bullenschergen begeben und ihr Leben und ihre Persönlichkeit an üble Gesellen verkauft. Leben wie ein Wurm und reglementiert von der Bullerei – das war keine Option für mich und wird es nie sein. Mein Motto: Lieber stehend sterben als kniend leben.

WAHRE HÖLLENENGEL

Für mich waren die amerikanischen Hells Angels immer die vorbildlichsten, also diejenigen, die die wahren Werte des Clubs leben. Bei mehreren Gelegenheiten konnte ich mich mit Sonny Barger über die verschiedensten Dinge austauschen. Und genauso wenig wie ich versteht er die Einstellung und Vorgehensweise vieler deutscher Hells Angels.

Sonny Barger und ich

Sonny Barger ist der Urvater der Hells Angels; er hat ihre Geschicke von frühester Zeit bis heute geleitet. Die Hells Angels sind sein Club, und alle ordnen sich ihm unter. Wenn er etwas bestimmt, so gilt das und wird ausgeführt.

Während eines großen internationalen Events der Hells Angels saßen Sonny und ich gegen Mittag zusammen, besprachen verschiedene Clubbelange und redeten über die früheren Zeiten der Hells Angels in den USA. Unter anderem sprachen wir dabei über die innersten Zirkel des Clubs und über die verrückte

Sonny Barger

Situation der Hells Angels in Deutschland. Im Vordergrund stand dabei, wie so oft, das Charter Hannover. Sonny regte sich darüber auf, dass die Member-Zahlen so rasant zunahmen. Er ging so richtig in die Luft, und ich befürchtete schon, dass er mir gleich abkacken würde. Für ihn war es ein absolutes Unding, dass man in so kurzer Zeit so viele zu Membern der Hells Angels machen konnte. Normalerweise wachsen die einzelnen Charter sehr langsam, denn nur so kann man die zukünftigen Member genau kennenlernen, um deren Loyalität zum Club abzuschätzen. Aber in Hannover hatte man das Wachstum aufs Sträflichste in kürzester Zeit vorangetrieben. Es ist einfach unmöglich, mehr als dreißig Member genau zu kennen, und deshalb kann man sich nie sicher sein, dass keine Spitzel, Schwätzer oder Blender dabei sind.

Ein weiterer Punkt, der ihn furchtbar aufregte, war der plötzliche Zusammenschluss von den Bones und den Hells Angels in Deutschland. Da ich selbst bei den Bones war und das Charter Bones MC Kassel sowie das Hells-Angels-Charter Kassel mitbegründet hatte, musste ich mir den Schuh selbst anziehen. Ich konnte seine Bedenken und seinen Ärger sehr gut nachvollziehen, da ich genauso dachte wie er. Denn plötzlich, von jetzt auf gleich, gab es 250 Hells Angels mehr, die von Tuten und Blasen keine Ahnung hatten. Niemals zuvor wurden auf einmal – und dann auch noch ohne die Zustimmung der anderen Länder – so viele Member ohne Probezeit neu aufgenommen. Und tatsächlich: Viele von ihnen machen der Hells-Angels-Welt bis heute nur Ärger.

Für die alten Hells Angels eine untragbare Situation. Sonny sagte mir, dass er, wenn er könnte, jeden Einzelnen der ehemaligen Bones bei den Hells Angels wieder entfernen würde. Das hätte auch mich betroffen, und deshalb protestierte ich, dass es auch einige Ausnahmen gäbe. Er bejahte das zwar, meinte aber, es gäbe nur wenige, die den Club und seine Regeln verstünden und auch danach lebten.

In unserem Gespräch interessierten mich natürlich auch die früheren Zeiten der Hells Angels in Amerika sehr, bevor die weltweite Expansion anfing – die in den letzten Jahren von Deutschland ausgehend aufs Extremste fortgeführt wurde. Sonny erzählte mir, dass die Jahre von 1968 bis 1978 die wohl schlechtesten in der Historie der Hells Angels waren, denn der Drogenkonsum fast aller Member steigerte sich damals immens. Er selbst konsumierte zu dieser Zeit neben Marihuana auch harte Drogen. Der Heroinkonsum und die damit einhergehenden Geschäfte insgesamt breiteten sich innerhalb der Hells Angels recht schnell aus. Sonny meinte, in einer stillen Stunde, als er mal nicht high war, kam ihm der Gedanke, dass das verdammte Heroin den ganzen Club zerstören würde, wenn alles unverändert weiterginge. So kam der Ausdruck »Eighty Six« zustande. »Eight« steht für H, den achten Buchstaben des Alphabets, als Synonym für Heroin, und »Six« für den sechsten Buchstaben, das F, als Synonym für »forbidden«, also »verboten«.

In einer Krisensitzung in Texas beschloss man, gegen den Konsum von Heroin in den eigenen Reihen strikt vorzugehen und ihn mit drastischsten Konsequenzen zu bestrafen. Es dauerte mehrere Jahre, bis fast alle die Hände von dem Dreckszeug ließen. Noch heute werden hin und wieder Member aus aller Welt mit dem sogenannten 86er-Paragraphen belegt. Das bedeutet für den Betreffenden: keine Kutte mehr, keine Posten mehr und strengste Beobachtung durch die anderen Member. Bei einem Rückfall drohen Schläge der anderen Member und andere Arten der Disziplinierung.

Als Sonny glaubte, der Spuk des Heroingebrauchs

bei den Hells Angels sei so gut wie zu Ende, erfuhr er, dass ein Charter während seiner Bemühungen, Heroin aus den Clubs zu verbannen, unbeeindruckt weiter konsumierte, weiter dealte und darüber hinaus auch andere Hells-Angels-Member mit Heroin versorgte – zum eigenen Gebrauch und zum Weiterverkauf. Leute, ich habe ja schon oft mit Sonny Barger zusammengesessen, aber so wie in diesem Moment, als er mir das erzählte, habe ich ihn nie gesehen oder erlebt. Der Mann stand meiner Meinung nach kurz vor dem Herzinfarkt, so sehr regte er sich bei der Story auf.

Nachdem er damals von der Sache erfahren hatte, setzte er sich sofort auf sein Bike und fuhr zusammen mit zwei weiteren Brüdern aus seinem Charter zu dem betreffenden Charter. Dort angekommen, so erzählte er mir, sei er auf der Stelle ins Clubhaus gegangen, wo der Präsident des Charters gerade hinter der Theke stand. Mit dem habe er die Angelegenheit dann an Ort und Stelle auf seine Art geklärt. Sonny Barger und die zwei anderen hätten für den kommenden Abend ein Treffen aller Member des Charters einberufen und zunächst das Clubhaus verlassen. Am nächsten Abend sei er dann mit seinem Charter zum besagten Clubhaus zurückgekehrt und habe die Vorkommnisse vollständig bereinigt. Die in die Machenschaften verstrickten Member seien unter üblen Schlägen aus dem Club vertrieben worden.

Wir saßen noch ein paar Stunden zusammen, andere Member gesellten sich zu uns, und ich hörte noch so einige andere spannende Geschichten. Ich muss sagen, dass ich persönlich Sonny Barger sehr mag: Der Mann ist mir sympathisch. Für mich ist er ein grundehrlicher Hells Angel, ein bodenständiger Typ, und wie er den Hells-Angels-Weg geht, ist ganz nach meinem Geschmack. Er ist Biker durch und durch, fährt quer durch Amerika mit seiner Harley und lebt den Mythos des Easy Riders wirklich – trotz schwerer Krankheit. Er verstellt sich nicht, er sagt dir ins Gesicht, was er von dir hält. Vieles, was bei den Hells Angels in Deutschland passiert, geht ihm gegen den Strich – und das sagt er auch frei heraus, genauso wie ich.

Die totale Blamage

Beim World-Run in den USA in Cody, Wyoming, kam es zu dem in meinen Augen wohl peinlichsten Auftritt deutscher Hells Angels aller Zeiten. Die Hells Angels Germany fielen in den USA ja ohnehin schon immer durch ihre äußerst geringe Teilnehmerzahl bei Events in Amerika und in anderen Ländern der Welt negativ auf. Das veranlasste nach fast jedem World-Run viele Länder, an erster Stelle natürlich die USA, von Deutschland eine Erklärung für dieses Verhalten zu fordern. Die deutschen Hells Angels redeten sich dabei meist mit ihren vielen Auseinandersetzungen mit den Bandidos raus und erzählten, dass fast alle Charter mit ihren Membern vor Ort bleiben mussten, um ihr Territorium zu verteidigen, was natürlich großer Bullshit war und an sich schon peinlich ist. Doch selbst diesen konnten die deutschen Jungs tatsächlich noch toppen.

Am Samstagnachmittag, dem eigentlichen Höhepunkt jedes Runs, versammelten sich fast alle Member auf dem Run-Platz, um auf das obligatorische World-Run-Foto zu kommen. Das war und ist für jeden Teilnehmer im Grunde eine Ehre. Ich saß gerade in einer geselligen Runde mit verschiedenen Membern, als sich ein Cabriolet penetrant hupend seinen Weg durch die Moppeds und eng gedrängten Member bahnte. Dass überhaupt ein Auto auf dem Run-Platz herumgurkte, war an sich schon ein No-Go. Daher war ich, genauso wie die umstehenden Member, ziemlich verwundert – und extrem genervt und verärgert von dem albernen Gehupe.

Doch als ich dann die Jungs sah, die den Wagen fuhren, ließ mir das die Halsschlagader mal wieder auf Fingerdicke anschwellen. Am Steuer saß der fette Präsident eines deutschen Charters; an die beiden anderen Gesellen kann ich mich heute nicht mehr erinnern. Dafür umso genauer an ihren peinlichen Auftritt: Alle drei hatten dicke Goldketten umgehängt, stellten fette Golduhren an den Handgelenken zur Schau, trugen weiße Unterhemden, Fahrer und Beifahrer hatten ihre Kutten über die Kopfstützen gehängt, und der dritte im Bunde saß wie Graf Koks auf dem zusammengefalteten Verdeck. Die drei machten auf dicke Welle, auf Superzuhälter. Vor Wut, Ärger und Peinlichkeit ging mir so der Gedanke durch den Kopf, den drei Hirnis einfach in die Rübe zu schießen – und da war ich ganz sicher nicht der Einzige, was ich an den angewiderten Gesichtern der anderen Hells Angels deutlich ablesen konnte.

Zum besseren Verständnis: In Deutschland ist es durchaus üblich, dass sich die Zuhälter mit Goldketten und fetten Uhren präsentieren, um so ihren Status und Erfolg nach außen zu demonstrieren. Die kleinen oder nicht so erfolgreichen Luden tragen zum Beispiel eine Stahl-Rolex oder Breitling und dünnere Ketten um den Hals. Die größeren und erfolgreicheren haben eine alte goldene Rolex, die schon durch viele Ludenhände gegangen ist, und dicke Goldketten. Und die ganz großen Jungs im Geschäft besitzen neue goldene Rolex und zum Teil mit Brillanten besetzte, noch dickere Goldketten. Man zeigt also, was man hat. Dazu kommen noch dicke, teure Autos, die meist geleast sind. Aber egal: Keiner fährt einen Smart oder etwas in der Art.

In den USA hingegen gibt es so gut wie keine Zuhälter, jedenfalls nicht so wie in Deutschland. Keiner von den Luden in Amerika trägt sein Business öffentlich nach außen, weil unter anderem in den USA die Zuhälterei, wie sie in Deutschland betrieben wird, fast komplett verboten ist und von den Behörden strikt bekämpft wird. Nur die schwarzen Zuhälter, Pimps genannt, und Drogendealer behängen sich wie die Pfingstochsen und sind dadurch sehr auffällig, tragen außergewöhnliche Klamotten oder bunte Hüte, um sich zur Schau zu stellen. Da unter anderem in den USA immer noch Rassendiskriminierung großgeschrieben wird, will sich kein weißer Ami-Zuhälter mit den Pimps auf eine Stufe stellen.

Diese drei Idioten hatten das alles aber nicht bedacht oder gewusst oder was weiß ich. Sie wollten mit ihrem peinlichen Aufzug wahrscheinlich den Amerikanern zeigen, was die deutschen Hells Angels so haben. Dumm nur, dass das in den USA überhaupt nichts zählte. Und so fuhren die drei Vollpfosten beim größten Meeting der Hells Angels, zu dem alle mit dem Bike kommen, lieber mit ihrem dicken Auto vor. Warum sie sich kein Mopped mieteten oder die Bikes nahmen, die jedem ausländischen Hells Angel von den Gastgebern zur Verfügung gestellt wurden? Ich habe keinen blassen Schimmer. Vielleicht konnten sie nicht besonders Mopped fahren, was mich nicht wundern würde, und meinten, mit einem solchen Auto könnten sie imposanter auftreten. Wie dem auch sei, der Schuss ging jedenfalls gewaltig nach hinten los. Die Nummer kam bei allen anwesenden Membern so schlecht an, dass sich die drei recht bald wieder mit ihrem Karren verpissten – und das war gut so! Sonst hätten die wahrscheinlich später irgendwann mit ihren nackten fetten Ärschen auf einer Kaktee gesessen – oder Schlimmeres.

Als ich wieder zurück in Deutschland war, beschwerten sich die amerikanischen Hells Angels per E-Mail über diesen unmöglichen Auftritt und teilten Deutschland mit, dass diese Member in den USA nicht mehr erwünscht seien. Zusätzlich zu dem peinlichen Auftritt seien die drei Member ohnehin nur in der Gegend herumgefahren, statt an Gesprächen teilzunehmen, und hätten auch noch eine Shopping-Tour drangehängt, mehrere Harleys gekauft und nach Deutschland importiert, was dem Ganzen noch die Krone aufsetzte.

Maulkorb

Wie man sieht, machen sich einige Hells Angels in Übersee mit ihrem Verhalten nicht gerade beliebt. Aber ganz nach dem Motto »Schlimmer geht immer« haben sich einige der deutschen Hells Angels vor einigen Jahres etwas ganz Grandioses einfallen lassen. Was war los?

Das Ganze passierte auf einem Germany-Meeting, bei dem die Präsidenten und Vize-Präsidenten der deutschen Charter vertreten waren. Das war ein recht ungewöhnliches Treffen, denn diesmal wurde nicht einmal Protokoll geführt, und es war alles geheimer als geheim. Dass diese Geheimhaltungsbemühungen griffen, halte ich aber für mehr als unwahrscheinlich, wenn man bedenkt, dass mich ein Präsident anrief, um zu fragen, ob ich ihm den Treffpunkt mailen könne. Leicht verwundert über dieses Ausmaß an Blödheit fragte ich ihn, ob er noch alle Tassen im Schrank hätte, mich so etwas am Telefon zu fragen – zumal wir abgemacht hatten, absolutes Stillschweigen über das ganze Meeting zu bewahren. Selbst die anderen Officers und Member sollten nichts davon wissen. Ich sagte ihm, er solle seinen Arsch gefälligst zum nächstgelegenen Charter bewegen und dort nachfragen, und beendete das Gespräch mit ein paar unschönen Worten.

Zurück zum geheimen Treffen. Komischerweise leitete nicht das ausrichtende Charter das Meeting, sondern in diesem Fall ergriff ein anderes Charter das Wort – was mich zu diesem Zeitpunkt echt wunderte, denn eigentlich war das unüblich. Dann kam folgende Ansage: Heute gäbe es nur einen Tagesordnungspunkt zu besprechen, nämlich ein Redeverbot für deutsche Member, die in die Vereinigten Staaten reisten, und bei Gelegenheiten, wenn US-Member nach Deutschland zu Besuch kämen, oder Treffen, an denen auch die amerikanischen Member teilnähmen.

Ich dachte, ich bin auf der falschen Veranstaltung, und fragte mich, was die sich da wieder Idiotisches ausgedacht hatten. Der Redner fuhr fort, dass sich wiederholt Schwierigkeiten zwischen Deutschland und den USA ergeben hätten, weil deutsche Member zu offen Details über deutsche Vorhaben ausgeplaudert und so den Amerikanern zu tiefe Einblicke in die deutschen Hells-Angels-Machenschaften gewährt hätten. Und auf einige deutsche Aktionen hatten die Amerikaner ja äußerst allergisch reagiert, zum Beispiel bei der Sache mit Schoko-Schorsch, über die ich euch schon in *Höllenritt* berichtet habe. Jedenfalls, so wurde verkündet, hätten sich einige Charter bereits im Vorfeld darüber geeinigt, dass allen deutschen Hells Angels ein Redeverbot über sämtliche Interna des Clubs in Deutschland gegenüber den Amis erteilt werden solle.

Jetzt bekam ich endgültig Schnappatmung und fingerdicke Halsschlagadern. Als ich wieder normal Luft holen konnte, sprang ich auf und fragte, welche Superblödmänner das denn ausgeklügelt hätten und ob es neuerdings üblich sei, schon vor einem Meeting mit wohlwollenden Chartern Verabredungen zu treffen. Der Sprecher erwiderte, das sei ein Sonderfall. Das war mir absolut unverständlich. Aber die Zeiten hatten sich geändert; wie es schien, hatte man neuerdings vor seinen Brüdern Geheimnisse.

Wie ich nun mal so bin, gab ich meine Meinung zum Thema Redeverbot zum Besten: Es könne ja wohl nicht angehen, dass sich viele Charter im Vorfeld absprächen und bei den Meetings dann andere Charter zustimmen würden, auch wenn sie anderer Meinung seien, nur weil sie nicht anecken wollten. Und wenn die deutschen Hells Angels so großen Schiss vor den Amis hätten, könne man die Dinge doch richtigstellen, sollte es irgendwelche Missverständnisse geben oder gegeben haben. Es könne ja wohl nicht sein, dass die Hells Angels in Deutschland – nur um besser vor den anderen dazustehen – idiotische Aktionen vor den anderen Brüdern verheimlichten. Die deutschen Hells Angels hätten nach dem Zusammenschluss mit dem Bones MC sowieso kein gutes Standing in den USA. So ein Maulkorb würde da wohl kaum zur Besserung der Situation beitragen.

Wie sollten denn in Zukunft die Gespräche zwischen deutschen und amerikanischen Brüdern aussehen? Bei jedem Zusammentreffen würde schließlich auch über die aktuellen und vergangenen Aktivitäten gesprochen – und zwar beiderseits. Was sollten die deutschen Hells Angels denn sagen, wenn sie US-Member träfen und sich unterhielten? »No comment« – oder sich haarsträubende Ausreden ausdenken oder am Ende sogar Lügengeschichten erfinden? Diesem idiotischen Antrag wollte ich nicht zustimmen und mich auch dann nicht daran halten, falls er bei den anderen durchging. Ich lasse mir von niemandem den Mund verbieten.

Ich war selten so angepisst wie auf diesem Meeting. Zum Schluss sagte ich noch, dass ich das Ergebnis der Abstimmung meinen Membern zwar mitteilen, es aber ihnen alleine überlassen würde, wie sie das Ganze handhaben wollten. Zu meiner großen Überraschung gab es jetzt keinen Tumult oder Ähnliches, im Gegenteil. Nach kurzer Zeit kam es zur Abstimmung, und bis auf zwei Charter stimmten alle anderen dem Maulkorb-Antrag zu. Das Meeting wurde beendet.

Noch auf der Fahrt nach Hause rief ich alle unsere Member an und beorderte sie ins Clubhaus. Als ich dort ankam, waren schon alle vollzählig, und ich erzählte ihnen von dem Meeting. Die Reaktion war für mich sehr enttäuschend: Etwa die Hälfte fand die Maulkorb-Idee auf Anhieb gut, und den Rest störte der Beschluss nicht besonders. Ich für meinen Teil habe mein Wort gehalten und bei allen Treffen mit US-Membern oder Hells Angels aus anderen Ländern immer über alles offen geredet.

ROCKER AROUND THE WORLD

Jetzt nehme ich euch mit auf einen Streifzug durch die Hells-Angels-Welt. Wie schon gesagt: Ich selbst war viel unterwegs, habe versucht, so viele World- und Euro-Runs mitzumachen wie möglich. Eine Liste mit den Euro- und World-Runs der letzten zehn Jahre findet ihr im Anhang.

Daneben findet jedes Jahr auch der Poker-Run statt, Zutritt nur für Hells Angels. Hier wird teilweise um extrem hohe Summen gepokert. Ich habe selbst einmal an so einer Veranstaltung teilgenommen – und wegen mangelnden Poker-Könnens, gepaart mit jeder Menge Pech im Spiel, eine ordentliche Stange Geld verloren. Aber was soll's, aus Erfahrung wird man klug. Diese Aktion brachte mir die Erkenntnis, dass ich wohl besser die Finger vom Glücksspiel lassen sollte, und daran halte ich mich auch. Die Hardcore-Poker-Freunde unter den Hells Angels treffen sich sogar einmal im Monat bei Round-the-World-Poker-Veranstaltungen. Dabei reisen sie von Land zu Land und zocken an geheimen Orten um das richtig große Geld. Mir ist ein Member aus Kanada persönlich bekannt, der bei einem einzigen Pokerspiel satte 400 000 Dollar verloren hat. Na ja, wem's Spaß macht …

Bei meinen Brüdern auf der ganzen Welt habe ich

viel erlebt und auch viel erfahren – unter anderem eben auch von ihren illegalen Geschäften. Ihr glaubt gar nicht, was ich da alles gesehen und gehört habe! Einige der Geschichten will ich mit euch teilen, damit ihr einen noch besseren Einblick in die Rockerszene bekommt. Fangen wir am besten in Europa an, bevor wir über den großen Teich nach Brasilien springen.

Der Prinz von Linz

Während meiner Anfangszeit bei den Hells Angels wollte ich mehr über meine österreichischen Brüder und deren Geschäfte erfahren. Und wie der Zufall es so wollte, traf ich bei irgendeiner Hells-Angels-Veranstaltung den Prinzen von Linz, einen altgedienten österreichischen Hells-Angels-Member der ersten Stunde. Wir unterhielten uns, soweit ich mich erinnern kann, auf einer Party bei einer netten Strip-Show über die Geschäfte.

Er erzählte mir, dass er mit seinem gesamten Charter und mehr oder weniger allen anderen österreichischen Chartern den Kokainmarkt im Land fast gänzlich unter Kontrolle habe. Ich wollte wissen, ob es keine Probleme mit anderen Gruppierungen gäbe, was er verneinte. Sie würden überwiegend – für gutes Geld – die Musikszene und die Schickeria versorgen. Schlagartig fiel mir dabei der Song »Schickeria« von der Spider Murphy Gang ein, übrigens ein supergeiler Song. Auch einige Kokainskandale der sogenannten besseren Gesellschaft spukten mir im Kopf herum. Er berichtete mir, dass sie stark in diesem Business mit der Schickeria kooperierten und ausgezeichnete Kontakte nach Italien hätten.

Ich fragte ihn auch, wie das Hurengeschäft in Österreich so liefe. Er meinte, dass nur einige andere Hells Angels in dem Gewerbe tätig seien, aber alles würde sich in Grenzen halten. Aber wenn ich wollte, würde er mich mit den betreffenden Membern gern zusammenbringen. Waffengeschäfte hingegen würden in Österreich so gut wie gar nicht stattfinden, das wäre für sie nicht besonders lukrativ. Bisher fielen die österreichischen Charter also insgesamt nicht besonders auf.

Im Juni 2012 richteten die österreichischen Hells Angels sogar den World-Run aus. Beachtlich, beachtlich. Schließlich ist der World-Run das größte Treffen aller Hells Angels weltweit, das in jährlichem Wechsel jeweils in Europa und den USA stattfindet. Es ist das größte unter Ausschluss der Öffentlichkeit stattfindende Treffen von Verbrechern. Hier kommen Mörder, Totschläger, Drogenschmuggler und -dealer, Waffenhändler, Menschenhändler, Erpresser, Zuhälter und Betreiber aller nur erdenklichen Arten der Schwerkriminalität zusammen, um zu feiern und um ihre gemeinsamen Aktivitäten in der organisierten Kriminalität zu intensivieren und zu koordinieren. Hier werden alle Arten der Zusammenarbeit und neue Geschäftsfelder abgesprochen. Das gibt es bei keiner Mafia, Camorra,

'Ndrangheta, den Russen, Triaden oder anderen bekannten und unbekannten Verbrecherorganisationen. Nur die Hells Angels nehmen sich das Recht auf eine solche Veranstaltung heraus, um derart aufzumarschieren und sich in der Halböffentlichkeit zu versammeln. Sei es drum, 2012 war für die österreichischen Hells Angels als Ausrichter des World-Runs endlich die größte Zeit in ihrer Clubgeschichte gekommen.

Der World-Run fand in Unterpremstätten in der Nähe von Graz statt. Die Polizei sprach von 1800 bis 1900 Teilnehmern aus aller Welt. Das ist eine ziemlich beachtliche Zahl, vor allem wenn man bedenkt, dass der größte Teil Verbrecher sind. Da ist es eigentlich verwunderlich, wenn nicht viel mehr passiert als eine zerstörte Kneipe nach einer Hauerei, ein paar kleinere und größere Schlägereien mit Einheimischen und unter Membern. Ein Hells Angel, der mit internationalem Haftbefehl gesucht wurde, wurde vor dem World-Run-Gelände festgenommen. Es gab ein paar Verletzte bei Schlägereien und einen Waffenfund. Der Bevölkerung aber wurden die »Unannehmlichkeiten« mit über zwei Millionen Euro Einnahmen versüßt.

Momentan gibt es in unserem Nachbarland sechs Hells-Angels-Charter: Nomads Austria, Vienna, Vorarlberg, Tyrol, Styria und Carinthia. Nicht gerade viel, vor allem wenn man bedenkt, dass diese wenigen Charter dazu auserkoren wurden, das größte Hells-Angels-Event weltweit auszurichten. Wenn man aber die Hintergründe kennt, wird die Sache klarer. Seit vielen Jahren werden die Österreicher von deutschen Hells

Angels dazu gedrängt, nach deutschem Vorbild auch in ihrem Land zu expandieren, was aber vonseiten der österreichischen Hells Angels nie angestrebt wurde. Sie waren zufrieden mit sich und ihrem Dasein, gingen es gemütlich an – wie viele »normale« Österreicher auch.

Das hat sich neuerdings drastisch geändert. Nun ist es für Österreich mit dem Müßiggang zu Ende, denn Berliner Hells Angels haben beschlossen, in Österreich die Clubgeschäfte voranzutreiben. Der Beginn für die Zeitenwende läuft bereits in Salzburg: Dort haben die Berliner Hells Angels mittlerweile mindestens zwei Bordelle übernommen und weiten ihre Aktivitäten stetig aus. Auch soll in Salzburg ein neues Charter eröffnet werden, in Kooperation mit einem österreichischen und einem deutschen Charter. Nach einer geeigneten Clubhaus-Location wird bereits gesucht. Es sollen schon mehrere Verhandlungen über zwei Immobilien stattgefunden haben.

Damit werden die Machtbestrebungen deutscher Hells Angels jetzt nach Österreich getragen, mit all ihren brutalen Folgen. Für die deutschen Hells Angels ist in der Heimat keine größere Expansion mehr zu erwarten – weil sie einerseits bis in die Provinz vertreten sind und andererseits einige Charter mittlerweile verboten wurden. Also, ab nach Österreich, da geht noch was! Auch in anderen österreichischen Städten, die bisher verschont geblieben sind, werden immer öfter Hells Angels gesehen. Eine sehr interessante Entwicklung aus meiner Sicht – und eine gefährliche für die Österreicher.

Mit diesem Hintergrundwissen ist jetzt wohl verständlich, warum Österreich der Ausrichter des World-Runs wurde. Es war eine Art Anstoß, die österreichischen Hells Angels aufzuwerten und anzuspornen, die neuesten Entwicklungen zu unterstützen und voranzutreiben, und auch ein Zeichen der Österreicher an den Rest der Welt: Wir legen jetzt los!

Die braven Schweizer

Auch in der Schweiz sind die Hells Angels angekommen und haben sich still und leise ausgebreitet. Angefangen haben die Schweizer Hells Angels im Jahre 1970 in Zürich, das erste Charter auf dem europäischen Festland, es folgten Geneve, St. Gallen, Riverside, Overland, Riviera, Basel. Das hört sich zunächst nicht besonders üppig an, wenn man aber bedenkt, wie klein die Schweiz ist, ist es schon beachtlich, dass die kriminelle Rockerszene sich so ausbreiten konnte – und sich auch weiter ausbreiten wird.

Seit einigen Jahren versuchen auch andere Motorradclubs in der Schweiz Fuß zu fassen, um ihre kriminellen Geschäfte dort nach Hells-Angels-Vorbild aufzunehmen. Besonders hervorgetreten ist dabei der Outlaws MC, der sich Ende 2011 mit Hells Angels aus der Schweiz eine Großschlägerei lieferte. Der Konflikt ging von Hells Angels aus – was die Hells Angels zwar abstreiten, aber von offizieller Seite der Polizei und anderen bestätigt wird. Wer auch immer angefangen hat, Fakt ist jedenfalls: Es wurde scharf geschossen, Fahrzeuge wurden zertrümmert, Menschen bedroht und schwer verletzt. Aber noch schwerwiegender als Waffeneinsatz, Körperverletzungen und Sachbeschädigung ist die Tatsache, dass der Rockerkrieg, der seit Jahren in Deutschland und überall auf der Welt, wo es Hells Angels gibt, tobt, nun auch in der Schweiz angekommen ist – und auf offener Straße ausgetragen wird.

Das wird in den nächsten Jahren noch viel intensiver werden, dagegen waren die jüngsten Vorkommnisse nur Geplänkel. Die Bemühungen anderer ausländischer Motorradclubs, sich in der Schweiz anzusiedeln, verstärken sich immer mehr. Es ist nur eine Frage der Zeit, bis alle Clubs, die in der Szene das Sagen haben – oder haben wollen –, in dem kleinen Land angekommen sind und ihre Revierkämpfe gewalttätig dort austragen.

Der Öffentlichkeit in der Schweiz sind die Hells Angels bisher noch nicht sonderlich aufgefallen – im Gegensatz zu Deutschland, wo sich zumindest in letzter Zeit die Berichterstattung wieder häuft. Die Hells Angels Schweiz waren in der Vergangenheit, ähnlich wie die Hells Angels Österreich, stets peinlich darauf bedacht, im Untergrund zu bleiben und den Ball flach zu halten, um keine allzu großen öffentlichen Diskussionen über den Club auszulösen. Nichtsdestotrotz spielen die schweizerischen Charter in der Hells-Angels-Welt und bei deren illegalen Geschäften eine nicht gerade geringe Rolle.

Dass Schweizer Member seit vielen Jahren die illegalen Gelder aus schmutzigen Geschäften der anderen Länder waschen, anlegen und investieren, ist mittlerweile bekannt. Ebenso, dass ein Teil der Gelder deutscher Hells Angels per Kleintransporter und Motorrad in die Schweiz gebracht wird. Und auch Hells Angels aus anderen Ländern bedienen sich der Logistik, welche Schweizer Hells Angels über viele Jahre aufgebaut haben.

Ohne Hells Angels geht auch in der Tattoo-Szene des Landes wenig. Das bedeutet im Klartext: Es macht besser keiner in der Schweiz einen Tattoo-Laden ohne die Zustimmung des Clubs auf, »Zuwendungen« an die Hells Angels, also Nadelgeld, eingeschlossen. Das Rotlichtmilieu haben die Schweizer Hells Angels ebenfalls fest im Griff, und im grenznahen Drogenhandel nach Deutschland und in andere Länder mischen sie kräftig mit, aber eben ganz im Stillen.

Vor nicht allzu langer Zeit beging der wohl hochrangigste und bekannteste Schweizer Hells-Angels-Member, Indiana Jones, einen großen Fehler und musste schwer dafür büßen. Die Schweiz war Ausrichter des Euro-Runs in Laax 2004. Wie üblich sammelte im Vorfeld das ausrichtende Land von allen europäischen Chartern und Membern Teilnahmegebühren ein – anders ließe sich eine so große, mit Glanz und Gloria behaftete Party gar nicht finanzieren. Wie ihr euch vorstellen könnt, kam eine ordentliche Summe zusammen; bei Teilnahmegebühren zwischen 150 und 350 Euro pro Nase können das schnell mal über 100 000 Euro sein. Und genau diese Gelder hatte Indiana Jones privat auf die Seite geschafft. Was ihn dazu veranlasst hatte, weiß ich bis heute nicht, obwohl ich mich bemüht habe, die Hintergründe zu erfahren. Jedenfalls mussten nun die Schweizer Hells Angels ziemlich kleinlaut den anderen Membern weltweit mitteilen, dass die Kohle für den Euro-Run weg war, und um erneute Zahlung bitten. Die Zeit war zu knapp, um einen alternativen Austragungsort für den Euro-Run zu bestimmen – also alles auf Anfang, Teilnahmegebühr auf ein Neues abdrücken, damit der Euro-Run ausgerichtet werden konnte.

Die Schweizer verbürgten sich natürlich mit allem, was in ihrem Besitz war, selbst mit eventuellen Erbschaften, den anderen Ländern gegenüber, ihnen die bereits gezahlten Gelder zu erstatten. Das Geld wurde auch nach eineinhalb Jahren zurückgezahlt – auf Heller und Pfennig. Von Indiana Jones habe ich allerdings nie wieder etwas gehört oder gesehen. Er ist einfach weg! Kein Einzelfall. Ein schwarzer Fleck mehr auf der vermeintlich unbefleckten weißen Weste der Hells Angels Schweiz.

Schweizer Delikatessen

Liebe Leser in der Schweiz, mit der Geschichte, die jetzt folgt, möchte ich euch auf keinen Fall beleidigen. Sie ist nur ein kleiner Schwank aus meinem Hells-Angels-Leben und genau so passiert.

Ich war auf einer Hells-Angels-Party in Zürich, saß in einer ausgelassenen Runde im Clubhaus, und wir quatschten über dies und das. Nach dem Rauchen einiger Tütchen fragte ich meine Schweizer Brüder, ob es denn stimmen würde, dass in der Schweiz Hundefleisch gegessen wird. Das Gerücht hätte ich schon mehrmals gehört. Erst herrschte für einen Moment Totenstille – dann brach tosendes Gelächter aus, in das alle einstimmten. Da ich aber sehr hartnäckig sein kann, ähnlich wie Fiffi am Kotelettknochen, gab ich keine Ruhe und meinte, sie sollten jetzt mal Butter bei die Fische geben und mit der Wahrheit herausrücken. Ich rechnete fest damit, dass die Jungs mir erzählen würden, dass das alles Gerüchte seien und an der Sache nichts dran wäre.

Aber sehr zu meiner Überraschung fingen sie ziemlich zäh an, mit der Sprache herauszurücken, und erzählten mir dann, dass es früher, vor vielen, vielen Jahren, gang und gäbe gewesen sei, Hunde zu essen, und dass die Not die Leute veranlasst hätte, Hunde, Pferde und alles Mögliche, wo Fleisch dran war, zu futtern. Später, ohne Not, habe man dann aber festgestellt, dass Hundefleisch sehr schmackhaft sei. Es käme sogar heute noch vereinzelt auf den Tisch. Das Ganze schmückten die Schweizer dann zur Belustigung aller Anwesenden noch weiter aus und erzählten, an welcher Rasse besonders viel Fleisch dran sei, und erklärten, Dackel seien besonders zäh. Wir konnten jetzt vor lauter Lachen kaum noch an uns halten. Doch die Schweizer Brüder setzten noch ein paar drauf: dass sie zum Beispiel ab und zu Hundegulasch kochen und dass Schäferhunde am besten schmecken würden, Pudel nicht so toll und Mischlinge irgendwie ein bisschen nach Pilz. Und so ging es dann mit allerlei Rezepten und den besten Beilagen zu Hundefleisch weiter.

Nach all dem Hundefleisch-Gelaber war ich beruhigt und dachte: »Alles klar, Uli, die verarschen dich jetzt aber richtig.« Ich sagte ihnen, dass sie alle Idioten wären und ich kein Wort glauben würde. Da meinte dann einer, dass sie mir das mit den Hunden schon noch beweisen würden, wenn ich das nächste Mal in die Schweiz käme. Ich erwiderte nur: »Ja, ja, schon klar.«

Und dann kam das nächste Mal in der Schweiz, zu einer großen Feier. Als ich auf den Festplatz fuhr und mein Bike parkte, wurde ich von einigen Schweizern mit großem Hallo begrüßt, als hätten sie schon auf mich gewartet. Hatten sie auch. Unter Riesengelächter sagten sie: »Komm, Bad Boy, wir haben etwas für dich organisiert.« Darauf konnte ich mir erst gar keinen Reim machen – meinen vorigen Besuch und die Hundefleisch-Geschichte hatte ich längst vergessen. Also zog ich mit etwa zwanzig Schweizer Membern los Richtung Grillplatz vor der Reithalle.

Kleine Anmerkung: Solltet ihr zartbesaitet sein, überspringt ihr am besten den Rest. Für alle Hartgesottenen: Augen auf und weiterlesen!

Auf dem Grillplatz stand ein Grill, ordentlich mit Holzkohle befeuert, und über dem Rost drehte sich ein Spieß mit einem Zicklein dran. So sah es zumindest auf den ersten Blick aus. Schlagartig erinnerte ich mich aber an die vergangene Clubhaus-Party und unsere Hundefleisch-Diskussion. Der Member von damals kam zu mir und sagte: »So, Uli, wie versprochen, hier hast du deinen Hund.« Ich bin ja in meinem Leben wirklich selten sprachlos gewesen, aber in diesem Moment war ich es. Ich glaube, ich hatte Augen so groß wie Untertassen. Als ich mich kurz danach wieder unter Kontrolle hatte, sagte ich: »Ja klar, ich weiß, wie eine gegrillte Ziege aussieht, sehr witzig.« »Na, dann weißt du ja auch, was für Zähne eine Ziege hat«, meinte er nur. »Schau sie dir doch mal an …« Das machte ich dann auch. Leute, ich hatte selbst Hunde – und das waren Hundezähne, ganz eindeutig. Jetzt stand ich da, kopfschüttelnd, mit hängenden Schultern und hatte das Gefühl, dass mir einer brühwarm ans Bein pisste. Die Jungs grölten und johlten natürlich, was noch mehr Member anlockte. Jetzt musste ich selbst lachen und meinte: »Na, das Gebiss habt ihr aber gut für mich hergerichtet, da habt ihr mächtig gebastelt, sieht richtig echt aus.« Einer antwortete, ich sollte noch einmal genauer nachschauen. Ich ließ mein Messer aufschnappen und untersuchte Kopf, Kiefer und Zähne. Der eklige Befund: Es war ein Hund, hundertprozentig.

Mein Hund Cassius und ich

Bestimmt könnt ihr euch gut vorstellen, was jetzt kam. Im Chor wurde gegrölt: »Essen – essen – essen!« Ob ich tatsächlich ein Stück gegessen habe, verrate ich nicht. Jedenfalls hatten wir noch richtig viel Spaß an dem Abend, auch mit anderen Hells Angels aus dem Ausland. Sehr, sehr spät in der Nacht lag nur noch ein Gerippe auf dem Rost, und ich steckte ihm ein Stöckchen quer in das offene Maul. Wuff!

Liebe Schweizer, seid mir nicht böse: Ihr habt die

beste Schoki, super Käse und tolle Mädels – aber das mit den Hunden, das solltet ihr echt lassen.

Feuer im Land der Froschfresser

Bevor wir unsere Tour nach Frankreich zum Euro-Run 2003 starten konnten, gab es das übliche Genöle und die üblichen Vorbereitungen. Neu war allerdings unser Präsident: Spitzki. Wenige Tage vor der Abfahrt war er Charter-Präsident geworden, nachdem wir den amtierenden Präsidenten aus dem Club geschmissen hatten. Warum und weswegen – dazu verrate ich an dieser Stelle nichts Genaues. Nur so viel: Der Grund war gravierend und sein Rausschmiss mehr als gerechtfertigt. Und da kein anderer Präsident sein wollte, wurde es eben Spitzki. Also machte sich unser Pulk auf den Weg nach Frankreich. Es ging quer durchs Land bis nach Perpignan, kurz vor Spanien. Wir hatten rund zehn Tage für Hin- und Rückfahrt eingeplant.

Der Run-Platz lag irgendwo im Niemandsland an einem ziemlich breiten Kanal, der zum Meer führte. Hier konnte man Wasserski fahren, und manchmal wurden auch Ruderregatten ausgetragen. Wir waren sogar wie geplant am Freitag vor Ort, und es war – eigentlich sehr ungewöhnlich – wenig los und damit jede Menge Platz für uns. Es gab einen großen Campingplatz ohne jeden Schnickschnack, nur die altbekannten Dixi-

Klos – ich glaube, die Dinger verfolgen mich ein Leben lang – und ein kleines Häuschen mit Waschplätzen. Mittig war ein großes rundes ehemaliges Zirkuszelt aufgebaut mit einem anschließenden kleinen Festzelt für das Catering.

Als wir nun unser Zelt unter den gewohnten chaotischen Umständen aufgebaut hatten, wollten wir den Run-Platz erkunden, aber außer dem Zirkuszelt und einigen Getränkeständen gab es tatsächlich nichts zu sehen. Die sehr geringe Teilnahme anderer Charter und Länder sorgte nicht gerade für einen größeren Spaßfaktor. Am Freitagabend spielte eine mittelmäßige Band Mucke, und die Musik aus der Dose war auch nicht viel besser. Schon recht früh am Abend waren deshalb die meisten Member besoffen – kein Wunder, denn etwas anderes als saufen konnte man ja auch kaum. Was mir auffiel: Viele der Froschfresser waren auf LSD und liefen wie Roboter in der Gegend herum. Da sie in dem Zustand nicht mehr wussten, wer oder wo sie waren, und beim Gehen ziemlich unsicher herumschwankten, glänzten einige mit verbalen und feinmotorischen Ausfällen, bei manchen versagte auch die Grobmotorik komplett. Ich möchte nicht wissen, was in deren Birnen so alles abging. Und so kam es, wie es kommen musste: An jeder Ecke gingen unter den Hells Angels wüste Hauereien los, teils auch sehr unfair mit Schlagringen und Totschlägern – und das zwischen Brüdern! Das führte später in allen teilnehmenden Ländern zu wilden Debatten, und die Franzosen wurden später auf einem World-Run für ihre

Ausfälle recht stark angegangen. Sie wurden ermahnt, in Zukunft etwas geschmeidiger zu sein, sonst würden hohe Strafzahlungen auf sie zukommen.

Am Samstagabend gab es das übliche Feuerwerk, jedoch mit dem kleinen, aber feinen Unterschied, dass die Hells Angels France das Feuerwerk selbst veranstalteten, statt einen Feuerwerker zu beauftragen. Woher die Böller, Raketen und Bomben stammten, weiß ich nicht, aber ich nehme an, dass sie sich alles von einem professionellen Feuerwerker besorgt hatten. Am Anfang lief auch alles noch ganz normal, dann feuerte man große Raketen und Böller in den Kanal, was recht gut aussah. Manche Teile explodierten im Wasser mit großer Fontäne wie Wasserbomben im Krieg. Für die Aktion gab es dann seitens der anwesenden Brüder großes Gegröle und Gepfeife – endlich war Action angesagt!

Davon angestachelt, so vermute ich, schossen die Franzmänner die großen Höhenfeuerwerksbombetten in den dem Kanal gegenüberliegenden Berg. Vielleicht hatten sie auch nur die Treibladungen für die Bomben zu gering ausgelegt, so dass sie nicht hoch genug flogen und daher eher versehentlich im Berg landeten. Wie auch immer, die Sache hatte einen Haken: Es war Sommer und knochentrocken, dazu war der Berg auch noch bewaldet. Wir als Zuschauer fanden das recht amüsant, dass ziemlich in unserer Nähe die dicken Dinger explodierten. Wo die Teile einschlugen, gab es eine Explosion in allen Farben, Glitzereffekte, Geknatter, Geheule – und jede Menge Funken. Und kurz danach fing es an zu brennen. Man sollte annehmen, dass nun das Feuerwerk gestoppt wurde, doch weit gefehlt: Jetzt ging's erst richtig ab! Eine Bombe nach der anderen landete im Wald, überall gab es kleine Feuernester. Nicht fünf, nicht zehn, sondern 70 bis 100!

Nach geraumer Zeit hörten wir Feuersirenen in dem gegenüberliegenden Wald und sahen einige Feuerwehrleute, welche die entstandenen Feuer bekämpften. Die Party wurde nun kurzerhand an den Kanal verlegt, samt Mucke und allem anderen. Auf einem Ponton mitten im Kanal tanzten und strippten die Girls. Das Szenario erinnerte mich irgendwie an eine Szene aus dem Film *Apocalypse Now*. Ich saß in einer fröhlichen Runde am Kanal, rauchte eine Tüte und amüsierte mich köstlich.

Um das Treiben der Feuerwehr besser beobachten zu können, richteten alle, die einen Strahler hatten oder starke Taschenlampen, diese auf den Wald. Zusätzlich brachten wir noch die Moppeds und Autos in Stellung, um die Szenerie mit den Scheinwerfern besser ausleuchten zu können. Es kamen ohne Ende Feuerwehrleute angefahren. Mittlerweile hatte der Feuerwerksbeschuss natürlich aufgehört, doch aus einigen der kleinen Feuernester bildeten sich größere, die sich zu einem ausgewachsenen Waldbrand zusammenschlossen. Die Löscharbeiten dauerten, wie ich später von Franzmännern erfuhr, noch fast vier Tage.

Ach ja, unser neuer Präsident war übrigens die gesamte Zeit über verschollen. Erst am Sonntagmorgen wurde er unter unappetitlichen Umständen neben einem Sandhügel gefunden. Später erfuhr ich, dass er LSD genommen hatte – zusätzlich zu Koks und Alkohol – und es den anwesenden Engländern nicht gelungen war, ihn aufzuhalten, als er gackernd wie ein Huhn aus deren Zelt rannte. Was danach folgte, ist uns bis heute nicht bekannt und sein Geheimnis. Aber ich glaube, das will auch keiner wissen … Ich jedenfalls nicht. Wir verfrachteten die Blitzbirne hinten in den Bus, er war kaum ansprechbar. Wieder in Kassel angekommen, musste ich Spitzki – wieder einmal – suspendieren, und er war seinen Posten als Präsident los. Das war wohl die kürzeste Amtszeit eines Präsidenten in der Geschichte der Hells Angels.

Golfen in Prag

Den World-Run in Tschechien wollten wir uns nicht entgehen lassen. Doch bevor wir überhaupt in Prag ankamen, durften wir unsagbar langweilige Stunden mit der Bullerei verplempern, wie das oft der Fall war, wenn sich ein Pulk Biker auf dem Weg zu einem großen Event befand. Aber diese spezielle Episode hebe ich mir für später auf.

Wir hatten schon fast unser Hotel erreicht, als wir wieder in eine Polizeikontrolle gerieten: diesmal eine Handvoll tschechischer Bullen, die von Amerikanern und Deutschen in Zivil unterstützt wurden. Bei der Aktion wurden wir alle ohne Helm fotografiert, inklusive Nahaufnahme unserer Kutten. Die Daten der Bikes wurden aufgenommen, die Jungs von der grünen Truppe waren insbesondere auf die Rahmen- und Motornummern scharf, dann durften wir weiter. Und kaum 200 Meter dahinter wartete – kaum zu fassen – die nächste Kontrolle auf uns, aber die war wenigstens schnell erledigt. Das war gut so, denn an diesem Punkt wurde es auch für die Bullen allmählich gefährlich. Wenn ich unsere Stimmung in der Situation als angefressen beschreibe, ist das mehr als milde ausgedrückt.

Endlich waren wir im Hotel angelangt und schauten uns erst einmal um. Das Gebäude hatte zehn oder zwölf Stockwerke, war uralt und musste früher ein Bunker für internationale Gäste gewesen sein. Die Möbel waren Sechziger-Jahre-Stil der DDR: Nussbaum, abgenutzt. Die Zimmer waren klein, die Betten scheiße, aber wenigstens hatte jeder von uns einen Balkon, dessen Nutzung allerdings genauso bedenklich war wie die des Fahrstuhls. Aber wenn weder der eine noch der andere bisher abgestürzt war, würde das wohl auch in den nächsten zwei Tagen so bleiben, dachte ich mir. Die Zimmer hatten zwar Dusche und Toilette, aber ich verkniff mir, so gut es ging, deren Benutzung – das sah mir alles zu suspekt aus. Ich stellte schnell meine Tasche auf das Bett und ging wieder hinunter in die Lobby, um dort auf die anderen zu warten. Der Empfangsbereich war schon recht voll, denn die Hells Angels hatten fast das ganze Hotel gemietet.

Im Vorfeld wurden wir per Telefon informiert, dass

alle, die etwas Verbotenes einstecken hatten, was bei den Kontrollen bisher nicht gefunden worden war, dieses nicht zum Run-Platz mitbringen sollten. Denn dieser war förmlich umlagert, ähnlich war es ein Jahr später beim World-Run 2006 im amerikanischen Cody, wie in *Höllenritt* beschrieben. Auf der Fahrt vom Hotel zum Run-Platz, der etwa einen Kilometer entfernt war, standen überall Polizeibusse der Tschechen. Was für alte Kisten das waren, weiß ich nicht. Sie sahen aus wie etwas größere VW-Busse, nur in hässlich und uralt. Es gab auch noch weiße Busse mit einem roten Kreuz auf der Seite und Gardinen an den Fenstern und hinten Doppel-Klapptüren. Merkwürdige Typen wuselten da herum mit weißen Mützen auf dem Kopf wie Bäcker, dazu aber weiße Gummistiefel und Gummischürze; dazu einige Frauen – wohl Krankenschwestern – mit Kittelkleid, Schürze und Kniestrümpfen. Das Ganze erinnerte irgendwie an eine Metzgerei oder Schlachterei. Um die Sache noch zu toppen, hatten die Tschechen ein paar alte Panzer aufgeboten. Unbeschreibliche Teile – halb so groß wie die von der Bundeswehr mit einem mickrigen Kanonenrohr, nicht viel größer und länger als mein Bein. Mit den Dingern kann man, außer sie zu verschrotten, nichts, aber auch gar nichts reißen. Ich habe bis heute nicht die leiseste Ahnung, weshalb sie die aufgefahren hatten.

Nachdem ich mein Bike auf dem Run-Platz geparkt hatte, traf ich bei meinem ersten Rundgang sehr viele Brüder aus allen möglichen Ländern, die mir persönlich bekannt waren – und mit allen wollte ich etwas trinken, reden oder einen rauchen. Das ging eine ganze Weile so, bis das Herumlaufen ein wenig mühsam wurde; also setzte ich mich mit einigen Jungs an einen Tisch in unmittelbarer Nähe zum Catering-Zelt. Es gesellten sich immer mehr Member zu uns, und wir hatten eine tolle Nacht. Am Freitag wachte ich gegen Mittag auf einem Biertisch auf, und nach einer Guten-Morgen-Tüte ging ich erst einmal frühstücken. Ich beschränkte mich auf Butterbrötchen, Eier mit Speck, Wasser und O-Saft. Soll ja gesund sein.

Nach diesem ausgiebigen Frühstück stach mir die Golf-Driving-Range ins Auge, und ich erspähte auf dem Rasen einen VW-Käfer mit vergitterten Fenstern und vorne einem großen Gitter in V-Form, der über den Platz düste und mit dem V die Bälle einsammelte und wieder zum Abschlagplatz schob. Da ich noch nie im Leben Golf gespielt hatte, wollte ich es auch einmal ausprobieren. Ich schnappte mir also einen Eimer Bälle und einen Golfschläger, ging zum Abschlag, legte meinen Ball auf einen kleinen Pin, stellte mich, wie ich es im Fernsehen schon gesehen hatte, breitbeinig hin wie ein Profi, zielte ein paarmal auf die Entfernungsschilder – und schlug ab. Doch das Einzige, das ich durch die Luft fliegen sah, war mein Schläger. Der Golfball lag unberührt auf dem Pin. Ich holte den Schläger wieder und versuchte es erneut, auch wieder mit Schmackes. Jetzt flog zwar nicht der Schläger weg, aber der Ball lag noch immer jungfräulich da. Nächster Versuch. Der Schlag ging mit Karacho in die Erde, und ich dachte, mir brechen die Hände ab. Also, auf ein Neues.

Diesmal traf ich den Ball zwar, aber da, wo er hinflog, war rein gar nichts, noch nicht einmal ein Fitzelchen Gras. Der VW fuhr in der Zeit immer noch herum auf der Jagd nach Golfbällen. Ich dachte, das sei doch ein ziemlich großes Ziel, und nahm ihn jetzt aufs Korn. Auf die Idee kamen dann noch andere Hells-Angels-Golfer, wobei einige von ihnen im Gegensatz zu mir sogar noch trafen. Als der Eimer leer war, feuerte ich den Schläger in die Pampa und ging ziemlich gefrustet zum Festzelt. Ich hatte die Schnauze voll vom Golfen.

Ich setzte mich zu irgendwelchen Brüdern, und nach kurzer Zeit war meine Stimmung wieder sehr gut und ausgelassen. Nach geraumer Zeit fragte ich einen tschechischen Prospect, der gerade vorbeikam, wo ich etwas zu rauchen bekäme. Er sagte mir, dass ich nur zu dem weißen Wohnwagen gehen müsste. Gesagt, getan. Als ich die Türe zum Wohnwagen aufmachte, traf mich fast der Schlag: Wer saß da wohl? Na klar, Spitzki und zwei Prager Prospects. »Was machst du denn hier?«, wollte ich wissen, und er antwortete, er helfe nur den Brüdern ein bisschen. »Ja, schon klar Spitzki, der Bock wird zum Gärtner. Also, was kannst du mir denn so anbieten?« Er zeigte mir mehrere Sorten Hasch und Gras, direkt aus Holland und sehr, sehr gut. Des Weiteren noch im Angebot: Kokain, Speed, Pilze und LSD. Dass er es nicht übertreiben solle, sagte ich noch zu Spitzki und zog weiter.

Nicht weit von dem Wohnwagen entfernt war so eine Art gastronomischer Betrieb, aber nirgendwo auf dem ganzen Gelände waren Clubfremde. Ringsherum hatten die Prospects aus aller Welt, weil die Tschechen nicht so viele hatten, uns abgeschirmt. Sie waren abgestellt zum Arbeiten, Bedienen, Kochen, Abwaschen, Müllentsorgen und Am-Zaun-Stehen, um fremde Leute abzuweisen. Auf der Terrasse vor dieser Lokalität waren zwei große Grills aufgebaut, auf denen schon zwei ganze Schweine brutzelten. Perfekt!

Mir fiel auf, dass ein paar Member wie Zombies durch die Gegend liefen, wie Woodstock-Hippies ganz wirr um sich guckten und sich teilweise zu Musik bewegten, wobei das eine nicht zum anderen passte. Etwas später bekam ich mit, dass sie sich LSD reingelötet hatten und daher so ihre Probleme mit sich selbst, ihren Gedanken oder ihrem Blickfeld hatten. Das war äußerst amüsant.

Die Tschechen hatten gegen Mittag ein großes Wohnmobil aufgefahren, davor Sonnenschirme und Stühle. Da postierten sich zehn bis zwölf Mädels, kaum bekleidet, gutaussehend, die ihrem Beruf nachgingen und die Männer beglückten. Nicht weit von dort entfernt setzte ich mich mit ein paar Brüdern hin und beobachtete das Treiben. Auffällig war, dass die Spanier und die Engländer das Wohnmobil recht häufig besuchten.

Gegen Abend ging ich dann ins Festzelt. Da passten etwa 1000 Leute rein, ganz vorne war die Bühne und davor war ein Buffet aufgebaut mit Kuchen und anderen Leckereien. Es wurde bereits ausgiebig gefeiert. Ich zog von einem Tisch zum anderen, bis ich bei meinen holländischen Freunden hängenblieb. Ich fragte, ob es nicht irgendwo leckeres Heineken-Bier gebe. Sie sagten sofort ja, denn sie hatten ihre eigene Kühlanlage mitgebracht. Garry vom Charter Westport rief gleich einen Prospect, der uns ein schönes kaltes Bierchen holte.

Die Party ging weiter, die Stimmung wurde immer besser, die Musik immer lauter und die Tänzerinnen immer ausfallender. Während meiner Laufbahn habe ich ja schon viele Strip-Shows erlebt, auch sehr viele gute, aber ich muss ehrlich sagen: Das, was die Prager Girls da hinlegten, ist das Beste, was ich je gesehen habe. Die Mädels waren ausgesucht hübsch, hatten phantastische Figuren und strippten vom Allerfeinsten – man konnte den Blick kaum abwenden. Das war ein äußerst gutes Rahmenprogramm, und es lief rund um die Uhr. Ins Hotel fuhr ich gar nicht erst zurück – mit dem Mopped wollte ich nicht mehr fahren, und den Shuttle-Service wollte ich nicht nutzen. Also feierte ich mit meinen Brüdern, bis es hell wurde, und legte mich für ein paar Stündchen auf einem Biertisch ab. So lief das ganze Party-Wochenende ab.

Am Sonntagmorgen wachte ich neben meinem Mopped auf, mit einer Wolldecke zugedeckt. Woher die Wolldecke kam, weiß ich nicht mehr so genau, aber woran ich mich genau erinnere, ist das Sahneschnittchen von einem Mädchen, das an meiner Seite lag. Bis auf ein Shirt war sie nackt. Ich hatte zwar meine Hose noch an, aber nur bis zu den Knien. Ich spielte ein bisschen an ihren Nippeln herum, sie wurde wach und grinste nur. Sie kraulte mir dann noch ein bisschen die Nüsse, bis wir uns anzogen und frühstücken gingen. Als meine Begleitung und ich beim Frühstück saßen, fiel mir auf, dass ich sie nicht verstand und sie mich nicht. Nicht einmal Englisch klappte. War aber nicht weiter schlimm, es ging auch so. Irgendwann gab sie mir einen Kuss, erzählte mir irgendetwas und verschwand im Getümmel. Mit dem Shuttle ließ ich mich dann zu unserem Hotel bringen und war gespannt, ob die Jungs da waren – und zu meiner großen Überraschung waren sie schon dabei, sich fertigzumachen.

Das Frühstücksbuffet im Hotel war mehr als grauenvoll. Der Frühstücksraum ein großer, kahler Saal mit Tischen und Stühlen in langen Reihen. An der Essensausgabe standen zwei große Kübel Kaffee, den man mit einer Schöpfkelle in die Tasse manövrieren musste. Und dann war das Gesöff auch noch ungenießbar – da halfen auch Milch und Zucker nicht. Es gab Platten mit Käse unbekannter Herkunft, dessen Ränder sich schon nach oben wölbten, mit undefinierbarer grauer und fettiger Wurst, mit Einweckgläsern mit Marmelade, wahrscheinlich selbst eingekocht, und mit Brot, fingerdick geschnitten, grau und vom Geschmack her wie Pappkarton. Butter gab es ohnehin nicht, nur zitronengelbe Margarine aus einer großen Blechbüchse. Die absolute Krönung aber waren die drei Bedienungen reifen Alters mit Papiertüten auf dem Kopf, die aussahen wie Staubsaugerbeutel, nur in Weiß. Und alle drei Grazien hatten einen Oberlippenbart – eine von ihnen sogar ein kleines Kinnbärtchen. So etwas will man weder vor noch nach dem Frühstück sehen.

War ich froh, dass ich schon gefrühstückt hatte, und das auch noch mit hübscher Begleitung!

Als alle fertig, die Bikes beladen waren und ich mein Motorrad von Run-Platz geholt hatte, verabschiedeten wir uns von den Brüdern in und vor der Lobby und machten uns auf den Heimweg. Die Rückreise verlief im Vergleich zur Anreise ziemlich glatt. Am Clubhaus angekommen, luden wir noch den Bus aus, verstauten das Gepäck und ließen gemeinsam die Tour ausklingen.

Höllentrip zum Bulldog-Bash

Der Bulldog-Bash gehört zu den vier größten Biker-Partys in Europa. Hinter dieser Veranstaltung stehen die Hells Angels England, die ihn auch aus der Taufe gehoben haben. Mit diesem Event, das in England das weitaus größte ist und über das Empire hinaus bei den allermeisten Bikern bekannt ist, finanzieren sich die englischen Charter zu einem nicht unerheblichen Teil.

Ein kurzer Einblick in die Clubsituation in England: Wie in fast allen Ländern der Welt sind auch hier die sogenannten Groß-MCs vertreten, ähnlich wie in Deutschland, nur ist in England der Gremium MC nicht präsent, zumindest noch nicht. Ich denke, das wird auch noch eine geraume Zeit so bleiben. Dadurch ist die Gewichtung der Clubs etwas anders verteilt als in Deutschland. Um Platz 1 wird erbittert zwischen

Outlaws und Hells Angels gekämpft. Die kriminellen Tätigkeiten der Hells Angels England sind gleichzusetzen mit denen in Deutschland. Allerdings bleibt die Presse weitgehend außen vor, in der Öffentlichkeit wird also nicht so viel bekannt. Der Londoner Drogenmarkt, von Kokain und Haschisch über Amphetamine bis hin zu anderen Designerdrogen, ist fest in der Hand von Hells Angels. In der Diskoszene und an den Türen mischen die Hells Angels mit, im Rotlichtmilieu haben sie einen Anteil von etwa 30 bis 40 Prozent.

Irgendwann im Sommer 2000 saß ich entspannt vor meinem Clubhaus bei guter Mucke, einer Ziggi und eisgekühltem Wodka-Lemon bei strahlendem Sonnenschein und beobachtete die Glut auf dem Grill dabei, wie sie ihre Farbe änderte. Da kam mir die Idee, dieses Jahr zum Bulldog-Bash zu fahren und mal die Brüder in England zu besuchen. Von meiner Idee total begeistert, haute ich mir gut gelaunt ein dickes Steak auf den Grill und plante in Gedanken schon die Tour. Da England ein heißes Pflaster für Hells Angels war – wegen der Situation mit den Outlaws, die ungefähr gleich stark waren –, mussten sich ausländische Hells Angels, die England mit dem Bike besuchen wollen, stets anmelden und wurden dann von einer Eskorte begleitet. Da ich mir dachte, dass meine englischen Brüder viel mit dem Bulldog-Bash um die Ohren haben würden und bestimmt nicht scharf darauf wären, sich auch noch um Hells-Angels-Besucher zu kümmern, entschied ich mich, ausnahmsweise doch mit dem Auto zu fahren.

Jetzt lautete die Frage: Wen nehme ich mit? Zwischen Steak wenden, Zigarette rauchen und das Steak mit einem Bierchen begießen, fuhr plötzlich ein Girl mit einer »Mädchen-Harley« vor. Direkt vor dem Clubhaus-Tor hielt sie an und hupte. Die dreiste Aktion beobachtete ich leicht verwundert und spürte, wie sich meine linke Augenbraue skeptisch nach oben zog. Die Kleine machte den Motor nicht aus, sondern hupte sogar noch einmal. Meine Augenbraue wanderte noch weiter nach oben, und ich dachte: »Was glaubt denn die Schnecke, wer sie ist? Denkt die tatsächlich, dass ich mein relaxtes Grillen unterbreche und zum Tor eiere, um zu fragen, was sie will?«

Einige Minuten später stellte sie doch den Motor ab und klappte – recht gekonnt – den Seitenständer raus. Aber das war's dann auch schon von ihrer Seite. Sie blieb sitzen, und ich ignorierte sie weiterhin: Sollte sie doch in der Sonne schmoren, wenn es ihr Spaß machte. Das würde sie ohnehin nicht lange aushalten, denn es war echt heiß. Wie vermutet hatte sie nach ungefähr fünf Minuten in der prallen Sonne die Schnauze voll. Sie stieg vom Bike und nahm ihren Helm ab. Jetzt staunte ich aber nicht schlecht: Sie hatte megakurze Haare, ein hübsches Gesicht und, wie ich durch ihre Lederklamotten annahm, eine zierliche Figur und dicke Hupen.

Sie rief recht leise und piepsig: »Hallo, darf ich Sie mal was fragen?« Da ich auch ein ganz Netter und Charmanter sein kann – bei hübschen Mädels sowieso –, unterbrach ich mein Grillwerk, ging zum Tor und fragte: »Was willste denn?« Sehr zaghaft, schon fast ängstlich, fragte sie, ob sie sich mal mit mir unterhalten könne. Da ich außer Steak grillen und meiner Bulldog-Bash-Planung nichts Besonderes zu tun hatte, ließ ich sie herein und bot ihr einen Platz neben mir und etwas zu trinken an. Sie bejahte und sagte, sie hätte gern eine Cola. Gentlemanlike holte ich ihr eine Coke aus dem Clubhaus und setzte mich zu ihr. Da mein Steak mittlerweile schon mehr als durch war, ließ ich es mir schmecken. Ich beobachtete sie nebenbei und wartete darauf, ob sie denn nun endlich den Mund aufbekäme. Aber da kam nichts, gar nichts. Stumm wie ein Fisch saß sie da und nippte an ihrer Cola.

Das wurde mir dann irgendwann zu blöd, also fragte ich: »Wie heißt du überhaupt, und was willst du denn nun?« Sie piepste: »Ich bin die Chantal, komme aus Zwickau – und ich würde mich gerne mit Ihnen unterhalten.« Ich meinte: »Jetzt hör erst einmal auf herumzupiepsen, ich fresse dich schon nicht. Dann fang mal an.« Aber sie druckste weiter herum, sie wüsste nicht, ob das so richtig sei und so. Da unterbrach ich sie gleich: »Pass mal auf. Erstens, du bist zu mir gekommen. Zweitens hast du es bis aufs Clubgelände geschafft, ohne vergewaltigt zu werden. Also, nun hau mal raus, was du willst!« Jetzt war der Damm endlich gebrochen, und sie fing in einer normalen Tonlage ohne nerviges Gepiepse an, alles Mögliche und Unmögliche über die Hells Angels zu fragen: Wie wir zu Frauen stehen und wie wir sie behandeln. Wie wir unser Geld verdienen, ob wir uns gerne prügeln, welche Bikes wir fahren, ob jeder zu uns kommen kann, um bei uns mitzumachen, und so weiter.

Irgendwann wollte ich sie dann doch auf den Boden der Tatsachen zurückholen und erklärte ihr, ich sei Zuhälter von Beruf. Nun wartete ich gespannt auf ihre Reaktion. Aber sie fand das zu meiner Verwunderung total interessant, und ich sah, wie ihr Hirn ratterte und sie sich die nächsten 500 Fragen zum Thema Zuhälterei überlegte. Das musste ich stoppen. Fragen sind ja schön und gut, aber zu viele oder solche, die ich nicht beantworten mag, sind lästig. Also zeigte ich mich von meiner absolut netten Art und fragte, ob sie sich das Clubhaus mal ansehen wolle. »Oh ja! Das ist ja irre, das hätte ich nie gedacht, du bist aber nett.« Aha, sie war also zum Du übergegangen.

Nun kam bei mir der kleine innere Schweinehund durch, der mir ins Ohr flüsterte: »Uli, mach es ihr nicht zu leicht. Denk auch an dich, vielleicht geht ja was.« Also trübte ich ihre Freude mit der Ansage, dass in unser Clubhaus keine Mädels in Lederjacken dürften. Etwas enttäuscht – so interpretierte ich es jedenfalls zu diesem Zeitpunkt – meinte sie: »Echt? Muss ich mich jetzt komplett ausziehen?« Ich meinte: »Wenn du rein willst, ja.« Schelmisch kam dann: »Na ja, wenn das so ist …«, und sie zog ihre Jacke aus. Danach hob sie das T-Shirt hoch und wollte es sich gerade über den Kopf ziehen – ein wirklich schöner Anblick, ich war hocherfreut. Doch ich stoppte sie: »Halt, war nur ein Scherz, kannst alles anbehalten.« Woraufhin sie sofort das T-Shirt wieder herunterzog. Schade eigentlich! Ich war schon ein bisschen überrascht von ihrer Freizügigkeit, vor allem nach ihrem Herumgepiepse am Anfang, und fragte, ob sie kein Problem damit gehabt hätte, sich komplett auszuziehen. Knochentrocken meinte sie nur: »Nö.«

Also starteten wir die Besichtigung. Ich zeigte ihr so ziemlich alles im Clubhaus und beantwortete auch fast all ihre Fragen. Sie war davon recht angetan, und nach dem zweiten Wodka-Red-Bull wurde sie noch zugänglicher. Irgendwann holte ich ihr Bike aufs Clubgelände und verriegelte das Tor. Bei guter Mucke und weiteren Drinks zog sie bei bester Laune und mit meiner Hilfe das T-Shirt doch noch aus. Sie hatte traumhafte Möpse, die in einem süßen BH versteckt waren. Da die Lederhose und die dicken Boots nun so gar nicht zu dem oberen Outfit passten, zog sie auch die aus und war nur noch mit ihrer Unterwäsche bekleidet. Kurze Zeit später waren wir beide nackt und hatten eine tolle Nacht und einen gigantischen Start in den Tag. Sie kam danach oft in unser Clubhaus und zu unseren Partys. Wir trafen uns auch bei ihr oder mir zu Hause – und selbst heute noch, nach vielen Jahren, haben wir einen guten, freundschaftlichen Kontakt.

Meine Bulldog-Bash-Planung wurde durch sie zwar um einen Tag zurückgeworfen, aber das hatte sich echt gelohnt. Am nächsten Tag fand ohnehin unser wöchentliches Meeting statt, und ich fragte, wer nach England mitfahren wolle. Die Reaktionen waren sehr verhalten, nur Spitzki wollte mit. Also gut, wir waren jetzt zu zweit. Am Wochenende darauf war irgendwo eine Hells-Angels-Party, zu der wir fuhren. Als ich dort von meinem geplanten Besuch beim Bulldog-Bash erzählte, wollten auch einige Member aus anderen Chartern mitfahren. So kamen noch drei weitere dazu. Wir waren jetzt zu fünft, und ich buchte die Flüge und den Leihwagen. Wir trafen uns alle am Flughafen Hannover. Nach großem Bohei zur Begrüßung ging es zum Einchecken, später mit dem Flieger hoch und nach kurzer Zeit auch schon wieder runter. Nach der Landung fing das Chaos an.

Unser Mietwagen, ein Mercedes E-Klasse Kombi, stand bereit. Klappe auf, alle Taschen rein. Nun die Königsfrage: Wer fährt? Vierauge aus Hamburg meinte, er wäre schon mal in England Auto gefahren, und das hätte einigermaßen geklappt. Bei der Aussage »einigermaßen« hätte ich eigentlich schon hellhörig werden sollen. Aber da ich vorher immer nur mit dem Mopped in England unterwegs gewesen war, baute ich auf meinen grenzenlosen Optimismus und setzte mich auf die Beifahrerseite. Das war schon ein komisches Gefühl, links vorne zu sitzen – ohne Lenkrad.

Als nach langen 30 Minuten und weiteren Debatten wie »Mir wird hinten schlecht, da kann ich nichts sehen«, »Hinterm Uli kann ich nur zur Seite rausgucken«, »Da sitze ich auf dem Gurtschloss« und ähnlichem Genöle endlich jeder einen Sitzplatz gefunden hatte, ging es los. Das klappte auch ganz gut – zumindest die ersten, sagen wir mal, 500 Meter. Als sich Vierauge am Steuer dann todesmutig ins Straßengetümmel stürzte, war bald klar, dass »todesmutig« die Aktion nur am Rande beschreiben würde. Das Ganze sah folgendermaßen aus: Bei jedem Schalten musste der Blindfisch erst einmal auf die Schaltkulisse sehen, um den richtigen Gang reinzuzimmern. Das dauerte wiederum so lange, dass er sich gewohnheitsmäßig wieder auf der rechten Fahrbahnseite befand, auf dem besten Weg zum frontalen Crash mit den Engländern.

Die ganze Besatzung fing nun an, Vierauge wegen seines Unvermögens und seiner suizidalen Fahrweise zu beschimpfen. Also, links ranfahren und die Sache klären. Vierauge wollte seinen Kapitänsposten nicht abgeben, wir anderen wollten oder konnten nicht fahren. Also musste erst einmal ein Tütchen mit dem weißen Motivationshelfer aus Kolumbien ran. Einige Nasentauchgänge in die Tüte und einen Joint mit bestem Gras aus Holland später waren aus missmutigen Hells Angels überaus motivierte Hells Angels geworden, die plötzlich alle mal fahren wollten – sogar Bolle, der nie den Führerschein gemacht hatte, nur über rudimentäre Fahrkünste auf dem Bike verfügte und niemals zuvor ein Auto gefahren war! Vierauge saß aber noch immer wie festbetoniert hinter dem Steuer, und wir einigten uns auf eine gemeinsame Fahrweise: Ich war für das Schalten zuständig, und Spitzki, der hinten in der Mitte saß, gab Vierauge die richtige Fahrspur an.

Wir fuhren ungefähr eine halbe Stunde so, allerdings vergaß Spitzki in seinem benebelten Zustand immer öfter, die Fahrspur anzuzeigen, so dass Vierauge teilweise wieder rechts herumeierte und ich mich beim Schalten auch noch verhaspelte. Krampfhaft suchte ich nach einer Lösung, denn ich hatte keinen Bock, in England den Löffel abzugeben – zumal wir noch nicht einmal in der Nähe vom Bulldog-Bash waren. Außerdem hatte ich Kohldampf und wollte etwas essen. Aber die anderen hielten nichts von meinem Vorschlag, den nächsten McDonald's anzusteuern. Einer meinte noch, er hätte einen Schokoriegel in der Tasche, ob mir der nicht reichen würde. Klar, Koks macht schlank! Das ließ ich aber alles nicht gelten, der nächste McDonald's war meiner. Als ich angewidert vom englischen Fastfood wieder zum Auto zurückkehrte, entschloss ich mich wagemutig, ab sofort selbst zu fahren. Ich verklickerte Vierauge, dass wir die Plätze tauschen sollten. Zu meiner Überraschung stimmte er sofort zu, wollte aber unbedingt zu den anderen nach hinten. Klar, da war ja auch das Pulvertütchen. Aber die Bande hinten fing sofort an zu meutern. Also blieb ihm nichts anderes übrig, als neben mir sitzen zu bleiben.

Ich kämpfte mich, im wahrsten Sinne des Wortes, mehr schlecht als recht über Englands Straßen in Richtung Bulldog-Bash – bis ein Kreisel kam. Ich meinte zu den Jungs: »Leute, nun wird's aber richtig spannend!« Ich dachte, dass die anderen vielleicht zur Abwechslung mal mit auf die Straße und den Verkehr achten würden – aber Fehlanzeige. Sie jubelten und grölten nur: »Los, Uli, gib Gas! Gib Gas!«, »Fahr einfach durch!« und »Halt an, wir tragen die Karre durch den Kreisel!« Das meinten die vier Koksnasen wirklich ernst. Nach gefühlten 20 Runden im Kreisverkehr dachte ich: »Scheiß drauf, Augen zu und einfach die

Ausfahrt raus.« Das funktionierte zwar, aber ich kann diese Vorgehensweise niemandem empfehlen.

Nach einer halben Ewigkeit kamen wir endlich auf dem Partygelände an. Es war ein riesengroßer Platz, und eine Heerschar von Bikes strömte unaufhaltsam auf das Gelände. Das Münchner Oktoberfest wirkte dagegen wie eine Provinzveranstaltung. Endlich war Party-Time angesagt! Mitten auf dem Bash-Platz hatten die Hells Angels eine Art Container-Dorf aufgebaut: Treffpunkt für Catering, Dope, Kontakte und Gespräche. Ich parkte unser Auto – und fünf deutsche Hells Angels fielen aus dem Fahrzeug: vier von ihnen völlig stoned und einer, der froh war, dass alle lebend angekommen waren. Also, ab ins Getümmel!

Unser erster Weg führte ins Container-Dorf. Dort angekommen, folgte die große Begrüßung mit den Brüdern aus der ganzen Welt. Sofort kamen Prospects und boten uns alles an, was das Herz begehrte. Ich marschierte Richtung Theke, und da stand mit dem Rücken zu mir ein Member aus den USA – wie ich an seiner Kutte ablesen konnte. Ein ziemlich kleiner Typ, und ich dachte: »Na, der ist ja auch nicht gerade der Reißer.« Er trug auch noch eine Kutte mit langen Lederfransen an den Ärmeln und am Rücken, so dass ich mir dachte: »Was für ein schwules Teil!« Da es sehr eng und laut war, packte ich meinen Zwergenbruder kurzerhand an den Schultern und schob ihn einfach zur Seite. Ich war jetzt an der Theke und orderte eine Coke mit viel Eis. Als ich meine Cola hatte und mich umdrehte, erkannte ich, dass der Zwerg Sonny Barger war – unser aller Oberhäuptling! Er grinste mich an, und wir kamen ins Gespräch über dies und das. Nach einiger Zeit trennten sich unsere Wege wieder, denn ich wollte mich erst einmal umsehen. Aber wir sollten uns in den folgenden Jahren noch des Öfteren über den Weg laufen.

Meine Mitfahrer saßen schon an einem großen Tisch mit 15 bis 20 anderen Membern und frönten in einem lauten Gelage ihren Tauchkünsten. Strohhalm in den Rüssel und – zack! – abtauchen ins weiße Pulver, Line hochziehen, die Nase wieder geraderücken und abwarten, was so kommt. Interessierte mich aber nicht weiter. Ich ging mich auf dem Riesengelände umsehen, wo einiges an Attraktionen geboten wurde: Steilwandfahren im Kessel des Todes, ein Riesenrad, eine Schießbude mit Kleinkaliber-Gewehren und scharfer Munition. Es gab Fressbuden ohne Ende, aber überall stand nur eklig fettiges Zeug auf der Speisekarte – egal ob beim Chinamann, Thai, Fish and Chips, Pizzabäcker oder am Bratwurststand. Die üblichen Verkaufsstände für Bikes und Zubehör durften natürlich nicht fehlen.

Das Festzelt war riesig! Weder vorher noch nachher habe ich jemals wieder ein so großes Bierzelt gesehen. Darin war über die ganze Länge die Theke aufgebaut – gigantisch! Vor der wohl wirklich längsten Theke der Welt standen die Besucher in Zehnerreihen und warteten auf Bier und andere Getränke. Und sie schenkten dort sogar echtes kaltes Bier aus, nicht die pisswarme schale Plörre, die es sonst in den englischen Pubs gab. Hinter der Theke arbeiteten sich die Prospects aus allen Chartern der Welt die Hände und Füße wund. Die Zeltwände hinter ihnen waren hochgeklappt oder abgehängt, damit der Nachschub reibungslos rollen konnte. Ich staunte nicht schlecht, als ich sah, wie die Bierfässer mit großen Gabelstaplern palettenweise herangeholt wurden. Hinter dem Zelt standen nämlich mehrere Kühllaster, bis unters Dach voller Paletten mit Bierfässern. Unglaublich, was zigtausend Biker aus aller Welt in sich hineinschütten können. Alle 15 Minuten wurden die Kassen geleert und das Geld in das Container-Dorf der Hells Angels gebracht.

Auffällig war, dass nirgends, weder vor noch auf dem Gelände oder irgendwo am Rande der Veranstaltung, auch nur ein Bulle zu sehen war. Bei späteren Besuchen erfuhr ich, dass irgendwo eine kleine Bude steckte mit drei oder vier Schmiermicheln. Die Hells Angels waren auf dem Bulldog-Bash aber die uneingeschränkten Herrscher. Sehr zur Freude der Biker – und mir selbst.

Am nächsten Tag, es war Samstag, wachte ich in irgendeinem Wohnwagen zwischen irgendwelchen Brüdern auf. Es waren so ziemlich alle Nationen vertreten, und es herrschte ein tierischer Gestank nach Schweißfüßen, Alkohol, Essensresten, Marihuana-Qualm und allem Möglichen. Mädels, das wäre nix für euch! Ich glaube, ihr würdet von einem Moment zum nächsten lesbisch. Und wer saß da mit einem Froschfresser aus Paris in einer Ecke? Der Spitzki! Beide völlig durch, mit einem glasigen, irren Blick und einer Tüte Koks in der Hand. Ich musste erst einmal an die frische Luft.

Zähneputzen wurde durch Biergurgeln ersetzt, und Waschen fiel einfach komplett aus – ich war schließlich nicht auf einer Hochzeit. Langsam trollte ich mich nach meiner spärlichen Morgentoilette, die ich noch um Haare-Zusammenbinden erweiterte, Richtung Container. Dort setzte ich mich auf einen Klappstuhl und döste in der Sonne vor mich hin. Nach ein paar Tüten stand ich auch erst einmal nicht mehr auf. Irgendwann am Nachmittag tauchte Spitzki auf und kurz danach die Hauptband des Abends, eine Mädelsband der ganz besonderen Art. Die Engländer hatten mir vorher schon allerlei interessante Dinge über sie erzählt. Die fünf Girls sollten keine Kinder von Traurigkeit sein, mir waren sie aber bis dato gänzlich unbekannt.

Die Mädels gingen erst einmal in unseren Container, ein bisschen anfeiern. In puncto Koks-Konsum kamen die Girls Spitzki und anderen Jungs zum Teil recht nahe. Außerdem tranken sie Whisky ziemlich ungehemmt und in ansehnlicher Menge. Das wiederum zog Spitzki an wie die Motte das Licht. Die Mädels waren alle einen Kopf größer als er, was recht komisch aussah. Irgendwann kam er zu mir und meinte: »Los, komm mit in den Tourbus der Girls, da können wir noch mit ihnen feiern.« Als wir mit den Mädels Richtung Bus stiefelten, fiel mir auf, dass Spitzki einen Beauty-Koffer trug. Mir verschlug es fast die Sprache. »Hey, was schleppst du denn für einen Koffer? Bist du verrückt geworden, für die Hühner den Kofferschlepper zu machen?!« Er meinte: »Ach, ist doch egal, vielleicht geht ja was.« Ich war sprachlos und dachte mir so: »Ja, bestimmt, ein

Zwergenfick.« Na ja, war nicht mein Problem. Als wir ankamen, staunte ich nicht schlecht: Da standen zwei ziemlich große Wohnmobile und – welche Freude – ein richtiger Toilettenwagen. Den Schlüssel dafür habe ich übrigens heute noch. Wir sind dann in eines der Wohnmobile und gönnten uns gemeinsam erst einmal das eine oder andere.

Die Mädels mussten sich dann irgendwann aufbrezeln und sich auf ihre Show vorbereiten, also zogen wir ab und verloren uns in der Menge. Auf ihren Auftritt war ich echt gespannt nach den Erzählungen meiner Brüder. Es war eine Riesenshow. An die Mucke erinnere ich mich nicht mehr so genau, aber sie passte jedenfalls zu den Girls. Drei- oder viermal wechselten sie ihr Outfit, von blutverschmierten Krankenschwestern über sexy Girls mit Gummischwänzen, die auch gegenseitig in allen nur erdenklichen Posen eingesetzt wurden, bis zur Sado-Maso-Show und Ähnlichem. Zur großen Freude der männlichen Biker warfen sie irgendwann drei goldene Gummis von der Bühne ins Volk. Wer diese ergattern konnte, durfte mit den Girls nach der Show ficken. Mich interessierte natürlich sehr, ob das stimmte, und ich kann euch sagen: Ja! Danach durften einige Hells Angels zur After-Show-Party in die Wohnmobile der Girls. Was dort abging, will ich nur kurz anreißen. Am besten beschreibt man es mit Sex, Drugs und Rock 'n' Roll. Ich habe noch nie Mädels erlebt, die so hemmungslos loslegten, mit sich selbst und mit uns. Cool, wirklich cool.

Irgendwann kam die Zeit zur Rückreise. Ich hatte

die Arschkarte gezogen, denn ich war der Fahrer, Autoschlüsselinhaber und trug somit die Verantwortung, den Rest unserer kleinen Truppe einzusammeln. Wir mussten bald am Flughafen sein, aber mir fehlten noch immer Bolle und Spitzki. Bolle kam irgendwann von irgendwoher und war kaum noch in der Lage, sich auf den Beinen zu halten – also eigentlich so drauf wie immer. Fehlte nur noch einer. Weil die Zeit bis zu unserem Abflug jetzt knapp wurde, schickte ich die Prospects auf die Suche nach Spitzki. Sie fanden ihn bald und kamen mit ihm im Schlepptau zurück.

Als wir endlich nach großer Verabschiedung am Auto waren, ging das bekannte Theater wieder los: Ich will da sitzen, und ich will aus dem Fenster gucken … Da platzte mir der Kragen: »Ich fahre in genau einer Minute los, egal ob mit offenen oder geschlossenen Türen, ob mit oder ohne euch, das ist mir völlig Latte. Die Zeit läuft ab jetzt.« Exakt eine Minute später und – oh Wunder – mit allen vollzählig im Auto, stach ich los. Es war mittlerweile so spät, dass unser Flug eigentlich nicht mehr rechtzeitig zu schaffen war. Trotzdem latschte ich richtig aufs Gas, und wenn ihr aufmerksam gelesen habt, wisst ihr, dass bald kam, was kommen musste: der Kreisel. Nach zwei Runden im Kreisverkehr ging es wieder nur so wie bei der Hinfahrt: zielen, Augen zu und Vollgas. Unerklärlicherweise ohne Crash und Tote oder Verletzte erreichten wir den Flughafen.

Jetzt mussten wir nur noch schnell das Mietauto zurückgeben – was ja eigentlich kein großes Ding ist. Aber in unserem Fall führte der Zustand des Wageninneren zu heftigen Debatten zwischen mir und dem Autovermieter. Da unsere Zeit bis zum Abflug fast abgelaufen war und ich die Faxen von dem Autotypen dicke hatte, drückte ich ihm die Schlüssel in die Hand und sagte, er solle mir die Rechnung für Reinigung oder Renovierung der Karre nachschicken – und ließ ihn einfach stehen. Jetzt mussten wir eigentlich am besten im Laufschritt zum Check-in-Schalter. Aber zu so einer sportlichen Höchstleistung war keiner von uns in der Lage. Als wir endlich den Check-in erreichten, erklärte uns die Lady, dass das Einchecken vor fünf Minuten beendet worden war und wir einen anderen Flieger nehmen müssten. Da nutzte kein Lamentieren und kein Gesülze, wir konnten unserem Flugzeug nur noch auf der Rollbahn und beim Abflug zusehen.

Die Rechnung von dem Auto-Fuzzi kam übrigens tatsächlich, und sie war nicht von schlechten Eltern. Und Spitzki musste sich seine Schote mit dem Beauty-Case noch Jahre später anhören.

Back to the roots in Matlock

2006 wollten wir zum Euro-Run nach England. Matlock war der Austragungsort, ein winziges Dörfchen im Herzen der Insel. Die englischen Brüder wollten wegen der bereits genannten Probleme mit den Outlaws bei unserer Anreise auf Nummer sicher gehen, daher war die Strecke genau vorgegeben und sollte von den einheimischen Hells Angels bewacht werden. Eine Eskorte für so viele Besucher ist schließlich kaum machbar. Hat auch so gereicht, denn das Risiko, als Biker-Pulk angegriffen zu werden, ist ziemlich gering.

Drei Wochen vor unserer Abfahrt fing das bekannte Chaos an, nur dieses Mal war es noch größer, denn wir wollten auf dem Run ganz altmodisch zelten. Der Vorschlag »back to the roots« stammte von mir, kam bei den anderen allerdings mäßig bis gar nicht gut an. Ich ließ mich aber von dem üblichen Gemaule meiner Brüder nicht beirren, und so war es beschlossene Sache.

Andere Charter packten ihre Sachen wahrscheinlich zwei Tage vorher ein und fuhren los. Nicht aber das Charter Kassel: Da hatte jeder mit jedem zu kämpfen – und ich immer mit allen. Spitzki ging mir auf die Eier, weil er mal wieder nicht mit dem Mopped fahren wollte und – genauso ein alter Hut – verzweifelt nach einer Ausrede suchte. Diesmal wollte er mir auftischen, dass er sich bei einer Hauerei, bei der ich auch dabei gewesen war, wahrscheinlich die Hand gebrochen hätte. Nur vergaß er bei seiner Geschichte, dass ich mir bei solchen und ähnlichen Gelegenheiten die Knochen in den Händen schon oft gebrochen hatte und mich daher sehr gut damit auskannte. Also schlug ich ihm vor, ihn am nächsten Tag zum Handchirurgen zu fahren. Das gefiel Spitzki gar nicht, und er winkte ab. Er würde noch ein paar Tage warten und die Hand einfach kühlen. Wie durch ein Wunder heilte seine schwer gebrochene Hand, die übrigens kaum sichtbar geschwollen war, wie von Zauberhand – und Spitzki konnte nun doch Mopped fahren. Na also, ging doch!

Ich stellte eine Liste von Dingen zusammen, die wir mitnehmen mussten. Hier ein kleiner Auszug: Biertische und -bänke, ein großes Zelt zum Übernachten, einen Grill, Holzkohle, Grillfleisch, Schlafsäcke, Feldbetten, Bier, Schnaps, Regenklamotten, Werkzeug, Ersatzteile, Benzinkanister, Öl, Clubfahne, Kühlschrank, Verlängerungskabel, Boxen, Musikanlage, Eiswürfelmaschine, Pappbecher, Anhänger, Zurrgurte, Teppichboden fürs Zelt et cetera. Es sollte uns an nichts fehlen, ich wollte es mir und meinen Brüdern beim Zelten schließlich bequem machen. Wenn es möglich gewesen wäre, hätte ich auch noch unsere Toiletten abgebaut und verstaut, denn mir graust vor Dixi-Klos. Hatte ich das eigentlich schon erwähnt? Vielen anderen macht das ja nichts aus, in meinem Fall gibt es Immodium Akut oder sonstige Medikamente, mit denen man drei Tage nicht aufs Klo gehen muss. Sei's drum, in der Hinsicht bin ich eben ein Weichei.

Wenige Tage vor unserer Abreise kam ein Prospect zu mir nach Hause und erzählte, dass Dildo, den wir kurz vorher zum Member ernannt hatten, ein Problem mit einem Member aus Hannover hätte. Er hätte dessen Puppe abends mit zu sich nach Hause genommen und mit ihr gekokst und gepoppt. Das mochte ich kaum glauben, denn so blöd konnte kein Hells Angel sein. Doch, er konnte.

Am Tag vor unserer Abfahrt trafen wir uns im Clubhaus, um zu packen. Am nächsten Morgen wollten wir früh los. Die Beladung unseres Busses war wie immer ein großes Chaos. Den Riesenberg an Klamotten und Krimskrams in den Bus zu bekommen, war nicht gerade einfach. Ein paar hatten deshalb die Idee, auch noch den Anhänger vollzustopfen. Als ich das mitbekam, fragte ich, wohin denn im Falle des Falles ein liegengebliebenes Bike kommen sollte. Wenn das passieren würde, meinte einer, würden sie eben den Hänger umladen. »Okay«, sagte ich, »nur dass das klar ist: Wenn es mein Bike ist, bleibt es garantiert nicht irgendwo in der Pampa stehen, nur weil auf dem Hänger kein Platz ist.«

Nun blieb nur noch zu klären, was mit unserem kleinen Ficker los war. Ich nahm Dildo in den Member-Raum und fragte ihn, was denn an der Sache dran sei. Er versicherte mir, dass alles nicht stimmen würde und die blöde Kuh nur ihren Typ eifersüchtig machen wolle. Ich hakte noch einmal nach, ob das wirklich die Wahrheit sei. Er schwor, dass nichts dergleichen passiert wäre und er Angst habe, von dem Member in England eins auf die Birne zu bekommen. Ich beruhigte ihn, er müsse keine Angst haben, wir würden uns schon für ihn geraderücken. Und wenn die Hannoveraner Stress machen sollten, würde es halt was aufs Fressbrett geben, darauf hätte ich sowieso Bock. Damit war die Sache für mich erledigt.

Nach einer geselligen Runde und einer kurzen Nacht machten wir uns recht früh auf die Piste. Bis nach Calais ging alles glatt, und bis zu unserer Fährabfahrt hatten wir noch über drei Stunden Zeit. Plötzlich kam ein Prospect zu mir und sagte, dass er auf dem Schiff immer tierisch seekrank würde. Ich meinte: »Na klasse, warum hast du das nicht vorher gesagt? Dann hätte ich dich in einen Flieger gesteckt und später vom Flughafen abgeholt. Jetzt ist es zu spät, du musst halt die Arschbacken zusammenkneifen.« Passend fing natürlich, sobald wir an Bord waren, ein raues Lüftchen zu wehen an, und die Fähre schaukelte heftig hin und her. Unser seekranker Prospect kotzte sich auf der Überfahrt sämtliche Innereien aus dem Leib – und ein paar andere kämpften sichtlich hart dagegen an, es ihm gleichzutun.

In Dover angekommen suchten wir eine Unterkunft, aber dort war schon alles belegt. Ziemlich spät fanden wir dann doch noch eine kleine Pension, in der wir alle unterkamen. Nach dem klassischen miesen English Breakfast mit Sausages, Beans und Porridge kam Dildo, der Member mit dem Bumsproblem, und wollte mich alleine sprechen. Etwas abseits beichtete er mir, dass an der ganzen Geschichte doch was dran war. Jetzt wollte ich es ganz genau wissen, und er erzählte, dass er die Schnecke von früher kannte und sie an dem besagten Abend nach der Disko noch zu ihm nach Hause gefahren seien. Dort hätten sie getrunken und gekokst und ein bisschen gefummelt, aber er hätte keinen weggesteckt. In dem Moment hatte ich das Gefühl, dass mir gleich der Kopf platzt. Ich hatte jetzt die Wahl, ihm die Zähne zu ziehen oder Schlimmeres. Zu meiner eigenen Überraschung sagte ich nur: »Geh mir aus den Augen und sprich mich nicht mehr an. Wir unterhalten uns in Kassel.« Mit der Ansage ließ ich ihn stehen, unversehrt. Ehrlich, ich habe ihm nichts getan.

Jetzt musste ich erst einmal in Ruhe eine Zigarette rauchen. Anschließend rief ich alle Member zusammen und berichtete ihnen, was gerade geschehen war. Trotz allem würden wir ihn nicht ins offene Messer auf dem Run-Platz laufen lassen, hatte ich entschieden. Falls ihm jemand an den Kragen wolle, würde sich jeder von uns für ihn визgerademachen. Die ganze Geschichte wollten wir später in Kassel regeln und jetzt eine schöne Zeit in England genießen.

Kurz danach ging es weiter, an London vorbei Richtung Northampton, nach Nottingham und von dort über eine kleine Straße und einzelne Dörfer nach Matlock. Bei Nottingham dachte ich mir: Fehlt nur noch, dass der Sheriff von Nottingham durch den Wald geritten kommt und von Robin Hood verfolgt wird. Aber es waren keine Männer in grünen Strumpfhosen oder dergleichen zu sehen. In der Nähe von Matlock fuhren wir durch den Wald zu einer alten Burgruine hoch, dem Veranstaltungsort des Euro-Runs.

Wir suchten uns einen Platz auf dem Zeltplatz und begannen, unser Zeug auszupacken und aufzubauen. Als Erstes kamen die Biertische und -bänke dran. Als sie standen, dauerte es keine fünf Minuten, bis etliche Member aus Dänemark, Schweden und Holland uns förmlich überfielen, denn ich hatte an dem Tag Geburtstag und alle wollten mir gratulieren und natürlich auch mit mir feiern. Für mich war ab diesem Moment der Aufbau beendet. Ich bekam kleine nützliche Geschenke wie gutes Gras, einen Klumpen bestes Hasch, eine nicht gerade geringe Menge Koks, das ich gleich mit dem Gras und Hasch für meine Brüder zum Rüsseln und Rauchen auf den Tisch legte. Dazu kam dann noch unsere spezielle kleine Tasche auf den Tisch, worin sich eigentlich dasselbe befand, nur in etwas größeren Mengen. Ich drehte mir erst mal eine dicke fette Tüte, die ich mit meinen Brüdern teilte. Irgendwie hatte sich recht schnell herumgesprochen, dass es in dem weißen Bus gutes Dope gab, und unser kleines Lager füllte sich zusehends. Die Prospects kamen mit Biernachschub kaum nach. Da wir neben dem Bier noch sechs Kisten Schnaps im Bus hatten, dauerte meine kleine Geburtstagsparty bis Samstagfrüh.

Am Nachmittag machte ich mich auf den Weg zum Europa-Meeting, denn an diesem Tag sollte die große Show eines Germany-Charter-Präsidenten stattfinden mit Dolmetscher und Ahnenforschung in Sachen Schoko-Schorsch und dessen Familie. Die Hintergründe dieses Narrenstücks habe ich euch in *Höllenritt* schon ausführlich geschildert. Natürlich waren die betreffenden Member mit Flugzeug und Mietwagen angereist, nicht mit dem Bike. Aber das war für einen Großteil der deutschen Hells-Angels-Charter mittlerweile Standard – wenn sie überhaupt an den Treffen teilnahmen.

Später am Abend machte ich mich mit anderen Jungs auf zum Festzelt zum Feiern. Die Engländer hatten hinter der Burgruine neben den Wirtschaftsgebäuden der Burg ein großes Zelt aufgebaut und ein kleineres für Strip und Go-Go, etwas abseits stand noch ein Catering-Zelt. Zuerst steuerten wir die Girls an, um zu sehen, wie die Mädels waren. Für meinen Geschmack waren sie, ehrlich gesagt, etwas zu kräftig gebaut. Natürlich gab es auch echte Top-Girls, aber die waren leider in der Minderheit.

Als ich mich umsah, entdeckte ich Jupp in der ersten Reihe. Auf der Bühne cremte sich eine etwas dickere Braut lasziv ihre recht großen Möpse ein, und wie üblich versuchte sie, einen Kerl auf die Bühne zu holen, um ihr dabei zur Hand zu gehen. Und wer ging auf die Bühne? Na klar, unser Jupp, der Fleischliebhaber. Ich konnte nur den Kopf schütteln und signalisierte ihm, dass er runterkommen sollte. Das ignorierte er aber völlig, und ab ging die Post. Wegen der Aktion würde ich ihm in Kassel noch ordentlich den Kopf waschen, das war für mich in dem Moment schon klar. Ich ging weiter ins große Festzelt und gesellte mich zu den anderen. Die Musik war gut, die Mädels besser als vorher und die Stimmung ausgelassen.

Das deutsche Charter mit der Schoko-Schorsch-Aktion war bereits vor dem Meeting größtenteils wieder abgereist. Man hatte ihnen nahegelegt, die Ahnenaktion abzublasen, was sie auch taten. Das ganze Vorhaben war eine derart peinliche Sache, dass ich und etliche andere Member sich für diese Pappnasen echt schämten. Manche Jungs haben halt nicht so viel in der Birne. Das war ja auch nicht die erste irre Aktion und auch nicht die letzte. Welch ein Armutszeugnis!

Gegen drei Uhr nachts begab ich mich zurück zu

unserem Zelt, wo immer noch mächtig gefeiert wurde. Also ging die Party bis zum Mittag weiter, bis alle unsere Vorräte aufgebraucht waren. Auf meinem Feldbett lag irgendwer im Tiefschlaf, und im Bus hockte Spitzki mit ein paar Hardcore-Koksern, die alle aussahen wie Zombies aus dem Irrenhaus, mit glasigen Augen und hyperventilierend nach Luft schnappend.

Irgendwann mussten wir anfangen zu packen. Also hieß es, einmal alle zusammentrommeln, unsere Gäste zu ihren Leuten schicken, abbauen und verladen. Das ging alles ziemlich zäh, aber doch stetig voran und – welch Wunder – mit wenig Gemähre (Kasselänerisch für Gemaule). Unsere Rückfahrt verlief unspektakulär, wir legten einen Zwischenstopp in Belgien ein, und am nächsten Tag ging es weiter bis nach Kassel. Als wir am Clubhaus ankamen, hatte keiner mehr Lust zum Ausladen, und so machten wir es uns einfach bequem.

Am Dienstagabend hatten wir unser wöchentliches Meeting, und auf meiner Liste ganz oben stand als Tagesordnungspunkt unser Ficker Dildo, der mich zu Beginn bat, etwas sagen zu dürfen. Er erzählte allen, was passiert war, eigentlich genau dasselbe wie mir, nur mit der nicht gerade unwichtigen Zusatzinfo, dass er doch mit der Alten gevögelt hatte. Mir schwollen nun die Adern am Hals fingerdick an – eigentlich wollte ich ihn mir auf der Stelle greifen. Er war aber noch nicht mit seinem Vortrag zu Ende, und ich ließ ihn erst einmal weitererzählen. Zu meiner Überraschung gab er sogar zu, dass er mich angelogen hätte, weil er total Schiss vor mir hätte. Er wolle jetzt aus dem Club austreten, weil er gemerkt habe, dass er sich nicht als Hells Angel eigne. Ich war immer noch auf 300 und schickte ihn raus, damit wir in Ruhe über seinen Fall reden konnten.

Die Meinungen gingen weit auseinander. Von »Der bleibt!« über »Wir hauen ihm eins auf die Birne!« bis »Er soll Strafe zahlen!« war alles dabei. Ich hatte mich mittlerweile abgeregt. Natürlich hätte ich ihm dafür, dass er mir ohne Skrupel ins Gesicht gelogen hatte, am liebsten den Kopf abgerissen. Andererseits rechnete ich ihm seinen Mut, vor der versammelten Mannschaft die Hosen runterzulassen, hoch an. Auch konnte man ihm die Tatsache zugutehalten, dass er selbst erkannt hatte, dass er mit dem Leben als Hells Angel und den Konsequenzen und Regeln nicht zurechtkam. Also lautete mein Vorschlag, ihn gehen zu lassen. Es wurde noch eine Weile diskutiert, aber am Ende stimmten mir alle zu: Somit war die Sache beschlossen.

Ich rief Dildo zu uns in den Member-Raum und eröffnete ihm, dass ich von ihm sehr enttäuscht sei, wir ihn aber so gehen lassen würden, wie er gekommen war – ohne Kutte. Er solle seine Clubhausschlüssel bei den Prospects vorne abgeben. Ich wünschte ihm für seine Zukunft noch alles Gute und gab ihm einen guten Rat auf den Weg: Er sollte sich selbst zuliebe vermeiden, mir jemals wieder über den Weg zu laufen. Damit war Dildo Vergangenheit.

Ritterspiele in Spanien

Der World-Run 2002 fand in der Nähe von Alicante an der Costa Blanca statt. Alle Member und Prospects nahmen sich für diese Tour 14 Tage lang eine Auszeit. Ich hatte zusammen mit unserem Road Captain eine schöne Urlaubstour zum World-Run geplant, mit mehreren Stopps bei verschiedenen Chartern in Spanien. Wir wollten uns diesmal viel Zeit lassen, um es uns so angenehm wie möglich zu machen. Auf der Hin- und Rückfahrt über Basel, Lyon, Barcelona und Valencia bis nach Alicante besuchten wir mehrere Charter in der Schweiz und Spanien.

Kurz vor Alicante hatte die spanische Polizei sämtliche Zufahrtsstraßen dichtgemacht und durchsuchte alles und jeden. Wie immer machten die Sheriffs Fotos und Filme. Bei uns beschlagnahmten sie einige Messer und ein paar Baseballschläger. Mehr hatten wir nicht dabei, bis auf ein paar Drogen von anderen Membern, die die Bullerei nicht fand. Unsere kleinen Mengen Hasch und Koks im Bus waren längst aufgebraucht, das hieß: Der spanische Drogenhund schlug zwar an, aber an keiner bestimmten Stelle – war ja auch nichts mehr da. Nachdem der erste Hund in den Augen der spanischen Polizei versagt hatte, jagten sie noch einen zweiten durch den Bus und nahmen das Fahrzeug gründlich unter die Lupe. Auch der neue Bello zeigte an, dass da wohl was gewesen war, aber gefunden wurde nichts. Das Üble an der ganzen Prozedur war, dass wir satte drei Stunden in der glühenden Sonne standen und uns zu Tode langweilten.

Als die Maßnahme beendet war, konnten wir endlich unsere Fahrt zum Run-Platz fortsetzen. Die spanischen Hells Angels hatten ein komplettes Feriengelände angemietet. Auf dem Gelände gab es ein großes Tent-Areal, wo wir uns einquartierten. Das waren viereckige Holzhütten mit einem Zeltdach, welches nach oben spitz zulief, ähnlich wie früher bei den Ritterkämpfen auf einem Turnier. Das gesamte Ferienareal war um eine Ritterburg aufgebaut, die natürlich nicht alt war, sondern nur so aussehen sollte, mit Türmen, Zinnen und ähnlichem Schnickschnack. Auf dem Gelände gab es eine große Pool-Landschaft vor einer Felsenkulisse, außerdem eine nach oben offene Arena mit ovaler Manege. Der World-Run in Spanien war der am besten besuchte Run aller Zeiten.

Am Samstagabend machte ich mich auf zur Arena, wo das Hauptevent stattfand: Ritterkämpfe mit allem Drum und Dran. Die Spanjockel machten auf große Ritter. Die Show war prima, und wir hatten richtig Fun. In einer Pause gab es gegrillte Hähnchen, Bier, Wein und Schnaps bis zum Abwinken. Um das Oval der Ritterbahn gingen etwa zehn Reihen Sitze wie in einem Kino, nach oben hin erhöht mit einer umlaufenden Ablage für jede Reihe, worauf man Teller und Getränke abstellen konnte. Allein die Logistik, in kürzester Zeit alle Besucher mit Essen und Getränken fast zeitgleich zu versorgen, war ein Meisterstück.

Nur hatte der Veranstalter vergessen, dass da keine

normalen Touris saßen, sondern eine der größten Verbrecherorganisationen der Welt zu Tisch gebeten wurde. Anwesend waren Mörder, Totschläger, Drogendealer und Sonstige, alle auf engstem Raum versammelt und einige – aus welchen Gründen auch immer – mit Kanonen bewaffnet. Und als die Show nach dem Essen weiterging, flogen einige Bierkrüge und Hähnchen in die Arena. Dafür hatte ich keinerlei Verständnis, denn eigentlich war doch alles bestens: Die Stimmung war gut, Essen und Getränke gab es ohne Ende, die spanischen Girls, die bedienten, waren hübsch anzusehen – also kein Grund für Randale. Der Veranstalter drohte über Lautsprecher, die Abendvorführung zu beenden. Das war ein großer Fehler, denn jetzt begann erst recht ein kleiner Tumult, weil sich einige Member angepisst fühlten. Die Sergeants at Arms mussten einschreiten, was mit einigen blauen Augen endete. Aber nach circa einer Viertelstunde herrschte wieder Ruhe, die Show ging weiter, und wir hatten eine tolle Zeit.

Ich saß bei Brüdern aus Manaos. Manaos liegt im brasilianischen Dschungel und ist eine der größten Metropolen der Welt mit einer irre hohen Verbrechensrate. Viele der Jungs hatten schon mehrere Morde begangen, was ihre Filthy-Few-Abzeichen bewiesen. Einer erzählte mir, er habe über 15 Menschen umgebracht – und das glaubte ich ihm sofort. Wir verstanden uns auf Anhieb, als wären wir alte Freunde. Nach der Vorführung luden sie mich in ihr Zelt ein, und wir feierten eine grandiose kleine Party mit allem Drum und Dran. Die Jungs hatten sogar vier Girls aus Brasilien mitgebracht, die zur Freude aller da waren. Die konnten tanzen und sich bewegen, dass es eine Augenweide war, und auch sonst hatten sie keinerlei Hemmungen. Wir saßen lange zusammen, und die Brüder berichteten mir viel aus ihrem Lebensalltag und ihren Geschäften.

Nachdem wir verabredet hatten, uns nächstes Jahr gegenseitig zu besuchen, machte ich mich spät auf zur aufgebauten Riesentorte, drei Meter Durchmesser und anderthalb Meter hoch. Wollte mal testen, wie die schmeckt. Als ich so durchs Camp schlurfte, kamen mir zwei Member entgegen, ich glaube aus den USA, schon leicht angetrunken. Irgendwie hatte ich das Gefühl, dass sie auf Randale aus waren. Mein Gefühl sollte mich nicht täuschen. Auf meiner Höhe meinte dann einer von den Zweien, »Hey, German asshole – what's up!« Da ich keinem Fight aus dem Weg gehe, ganz im Gegenteil, hatte er sein großes Maul noch nicht zugemacht, als ich ihm schon eins auf die Kauleiste hämmerte. Sein Bruder kam ebenfalls gleich zur Sache, und ich musste tief in die Trickkiste meiner boxerischen Fähigkeiten greifen. Da ich schon oft mit solchen oder ähnlichen Situationen zu tun hatte, teilte ich gut aus, die Jungs aber auch. Das war genau das Richtige für mich, und wir schlugen uns richtig die Schädel ein. Wir bluteten wie die Schweine, bis einige Member einschritten und uns auseinanderzerrten. Ich war mit mir sehr zufrieden, die Fronten waren eindeutig geklärt, und die beiden US-Brüder würden sich wohl nie wieder mit mir anlegen. Kurze Zeit später gingen wir alle drei zur Pool-Bar und tranken ein schönes kaltes Bier, und die Geschichte war vergessen. Besser gesagt: Wir schlürften das Bier, denn mit dicken aufgeplatzten Lippen konnten wir schlecht trinken. Die Torte probierte ich danach übrigens trotzdem noch, sie war wirklich vorzüglich.

Als ich irgendwann – es war schon sehr spät beziehungsweise früh, je nachdem, wie man es sieht – zu unseren Zelten zurückkam, hörte ich schon ein ziemlich lautes Gebrüll aus einer Hütte. Ich bin sofort rein, um zu sehen, was los war. Zwei Prospects und ein frischgebackener Member von uns hatten Riesenzoff. Als sie mich sahen, war erst einmal Ruhe, und ich wollte wissen, was Sache war. Sie berichteten mir, der Member würde dauernd in ihr Zelt kommen, sie anfurzen, herumrülpsen und sich wie der letzte Bauer benehmen. Die beiden Prospects waren gute Freunde von mir, auch Zuhälter und gute Hauer aus Kassel. Sie hätten den Member ohne weiteres so richtig durch die Mangel drehen können, ohne dass er eine Chance gehabt hätte, aber aus Rücksicht auf ihr Charter ließen sie den Deppen gewähren. Ich nahm den Bruder raus und wollte von ihm wissen, ob das alles stimmen würde, was er bestätigte.

Ein echter Vollidiot! Es war leider immer das Gleiche: Sobald jemand seine Kutte bekam, knallte irgendetwas in seinem Hirn durch, und er fühlte sich plötzlich zu Höherem berufen. Ob ich denn mit ihm oder den anderen Prospects jemals so etwas gemacht hätte, wollte ich von ihm wissen. Er verneinte. Sollte so etwas noch einmal vorkommen, erklärte ich ihm, bekäme er von mir persönlich mal eine fette Männerohrfeige, die ihm sein bekloppptes Hirn so richtig durchschütteln würde. Und in Kassel würden wir uns dann noch einmal ausführlich über den Vorfall unterhalten. Als wir wieder zu Hause waren, warf ich ihn tatsächlich wegen dieser Aktion und nach einem weiteren Vorfall aus dem Club.

Nach dieser Ansage ging ich noch einmal zu unseren Prospects ins Zelt und sagte ihnen, wenn ihnen noch einmal jemand so ans Bein pissen würde, könnten sie ihm ruhig aufs Maul hauen – sie hätten meine volle Unterstützung. Die beiden wurden leider keine Member. Schade eigentlich, sie wären mit Sicherheit gute Hells Angels gewesen.

Nach einem gemütlichen Ausklang des World-Runs am Sonntag machten wir uns am Montag wieder auf den Rückweg. Die Fahrt lief einigermaßen rund mit zwei kurzzeitigen Ausfällen von Moppeds, einer kleineren Hauerei an einer Tanke, aber sonst ohne besondere Vorkommnisse.

Abschied in Holland

Seit über 30 Jahren bereise ich die Niederlande, da ich ein großer Fan der Holländer bin, ihren Lifestyle und ihre Offenheit sehr mag. Natürlich intensivierte ich meine Hollandbesuche, seit ich ein Hells Angel war, mehr und mehr. Ich glaube, dass ich nirgendwo auf der Welt so oft unterwegs war.

Aber es waren nicht immer nur die Partys und witzige Anlässe, weshalb ich andere Hells-Angels-Charter besuchte. Als ich dieses Mal nach Holland fuhr, stand eine Beerdigungszeremonie im Haarlemer Charter der Hells Angels an. Daran wollte ich teilnehmen, zumal ich den verstorbenen Member gut gekannt hatte, also schwang ich mich auf mein Bike. Als ich in Haarlem ankam, waren schon viele Hells Angels aus allen Ländern der Welt eingetroffen. Ich wurde von holländischen Prospects eingewiesen, wo ich mein Bike parken konnte, und nahm unsere Beileidsbekundungen mit ins Clubhaus, das in einer kleinen Seitenstraße, einer Sackgasse in unmittelbarer Nähe des Bahnhofs, lag. Ich suchte den Tisch mit den Funeral-Bekundungen, um unsere dazuzulegen. Das Clubhaus war brechend voll, und auch davor sah es nicht anders aus.

Doch dann passierte mir ein blödes Missgeschick: Die Holländer bahren ihre Toten meist offen auf, und die Hells Angels genauso. Ich bekam in dem Gedränge aber gar nicht mit, dass der tote Bruder in einem Sarg leicht schräg an einer Wand aufgebahrt war – und begrüßte ihn wie bestimmt über 100 Member vorher. Erst als keine Reaktion kam, merkte ich, dass ich mit dem Toten sprach. Mann, welch eine Nummer! Das ist mir bis heute wirklich peinlich, aber sie gehört wie vieles andere zu meinem Leben. Wir fuhren später in einem großen Korso zur Beerdigung auf den Friedhof und danach wieder zum Clubhaus, wo eine große Feier stattfand. Aus Rücksicht auf die Familienangehörigen werde ich jetzt nicht schildern, wie die Feier abgehalten wurde.

Typisch für Holland sind die kleinen Häuschen mit ihren steilen Treppen und winzige Stufen – so auch im Haarlemer Clubhaus. Für alle, die diese Treppen nicht kennen: Stellt euch vor, ihr lehnt eine Leiter an einen Baum und stiefelt die hoch und wieder runter: Das ist weder bequem noch leicht. So ist auch die Treppe im Clubhaus, und um in den Raum zu kommen, muss auch noch eine Fußbodenklappe nach oben gedrückt werden. Hoch geht es ja noch so einigermaßen, aber nach unten wird es knifflig. Ich habe es immer vorgezogen, die Treppe rückwärts runterzusteigen und mich mit den Händen an den Stufen festzuhalten, also quasi auf allen vieren. Man sieht zwar aus wie ein Vollidiot, aber man landet wenigstens nicht polternd am Ende der Treppe – was mir beim ersten Mal passierte. Da ich aber ja schon vorher die Treppe oft rauf- und runtergestiegen bin – und ich dabei oft etwas wackelig auf den Beinen war –, wurde aus der Not heraus dieser Schildkrötengang geboren. War mir aber bei vielen Besuchen auf dem Dachboden sehr hilfreich.

Ein anderes Mal führte mich mein Weg erneut zu einer Beerdigung nach Holland, diesmal zu den Amsterdamer Hells Angels, wo gleich drei Tote zu beklagen waren. Alle drei gehörten zu den holländischen Nomads, die im Februar 2004 mit vielen Schüssen grässlich zugerichtet in einer holländischen Gracht aufgefunden worden waren. Das Amsterdamer Clubhaus lag neben der Autobahn am Rand der Stadt – auf dem Gelände einer ehemaligen Kokainfabrik. In unmittelbarer Nachbarschaft befindet sich auch das Amsterdamer Gefängnis – man hatte also vom Clubhaus direkten Blick auf einige Zellenfenster. Welche Ironie: Die größten Verbrecher von Holland haben ihr Hauptquartier direkt neben dem Knast. Erst vor kurzem mussten die Hells Angels das Gelände räumen.

Als ich am Clubhaus angekommen war, fiel mir sofort eine kleine Halle auf. Ich ging direkt dorthin. Drinnen waren drei Särge aufgebahrt, die verschlossen waren, was ziemlich ungewöhnlich war. Später erfuhr ich, dass man den Angehörigen den Anblick der Toten nicht zumuten wollte. Eigentlich kann man ja auch Unfallopfer vom Bestatter so herrichten lassen, dass man von Angesicht zu Angesicht Abschied nehmen kann. Doch das war in diesem Fall wohl nicht mehr möglich.

Alle Amsterdamer Hells Angels waren sehr betroffen von dem Tod der drei Nomads, und jeder wollte die schnelle Aufklärung der Hintergründe für ihre Ermordung, um Rache zu nehmen. Die Mörder jedoch waren direkt unter uns, heuchelten Trauer und täuschten fast alle Anwesenden. Es waren holländische Hells Angels. Das wusste allerdings zu diesem Zeitpunkt außer den Nomads und einigen Hells Angels aus anderen Chartern in Holland niemand.

Die Hintergründe: Die drei hatten einen Kokain-Deal über 150 Kilo Koks aus Kolumbien nach Holland veruntreut. Als das herauskam, beschlossen holländische Nomads, die drei Member aus ihrem Charter zu beseitigen. Man lockte sie unter einem Vorwand in ihr eigenes Clubhaus. Einer roch den Braten und wollte sich noch mit einem Sprung aus dem Fenster in Sicherheit bringen. Draußen vor dem Clubhaus wurde er aber von anderen Membern abgefangen und zurückgeschleift, mit seinen zwei Brüdern an die Wand gestellt und hingerichtet. Die Körper der drei waren förmlich durchsiebt, auch ihre Gesichter. Die Nomads schickten so ihre tödliche Botschaft in Form von Kugeln in die Körper der Wehrlosen. Später wurde die Tat von der holländischen Polizei aufgedeckt, und viele Nomads wurden verhaftet.

Wieder einmal kam der Ehrenkodex der Hells Angels zum Tragen, der international so praktiziert wird: Keiner der Beteiligten sagt irgendetwas, und somit ist eine konkrete Tatzuweisung Einzelner unmöglich. Daher kann man die Täter gar nicht oder nur in sehr abgespeckter Form belangen. So war es auch in diesem Fall: Alle wurden zu nur sechs Jahren verurteilt, und dieses ohnehin sehr milde Urteil wurde später obendrein wieder aufgehoben. Sie wurden freigesprochen, weil ihnen die Tat nicht individuell zugerechnet werden konnte. Alle Mörder befinden sich auf freiem Fuß und können schalten und walten, wie es ihnen beliebt.

Aus Rücksicht gegenüber den Angehörigen der Opfer möchte ich mich an dieser Stelle nicht näher zur Beerdigung äußern und auch nicht zur danach abgehaltenen Feier. Aber eines muss ich sagen: Es tut mir als ehemaligem Hells-Angels-Leader und mitfühlendem Menschen den Angehörigen gegenüber unendlich leid, dass ihnen Mörder ihrer Familienmitglieder gewissenlos in die Augen sahen und kondolierten. Noch heute schäme ich mich zutiefst dafür, dass ich diese Schweine Brüder genannt habe. Alle kenne ich persönlich.

Zur Unterstützung beim Verfahren gegen die Nomads wurde aus verschiedenen Ländern Geld nach Holland geschickt. Die Deutschen entschieden, 200 000 Euro zu zahlen, aus anderen Ländern kamen ähnlich hohe Summen. Das Geld stammte aus den sogenannten Trusts. Offiziell hieß es natürlich, die Deutschen hätten die Kohle unter ihren Brüdern gesammelt. Die illegale Herkunft des deutschen Geldes wurde so verschleiert, und dasselbe galt auch für die Holländer. Ein paar holländische Charter zählen zu den reichsten Hells-Angels-Chartern weltweit, allerdings standen sie zum damaligen Zeitpunkt im Fokus der Öffentlichkeit und konnten schlecht ihr eigenes Geld in das Verfahren fließen lassen. Denn auch in Holland gibt es Geldwäschegesetze, und die Herkunft hoher Beträge muss nachgewiesen werden, wenn jemand nachfragt. Dass das hundertprozentig passieren würde, war klar. Und da die Holländer ja schlecht sagen konnten, dass es aus illegalen Geschäften stammt, wurden sie eben von den anderen Ländern mit »Geldspenden« unterstützt.

Für die Holländer gilt das Gleiche wie für alle anderen Länder: Die Hells Angels sind kein Motorradclub, in dem nur Motorrad gefahren wird und die Member Spaß daran haben, ihre Freizeit mit Gleichgesinnten zu verbringen. Nein, auch holländische Hells Angels wollen Macht ausüben, Drogengeschäfte, Waffendeals, Menschenhandel und das Rotlichtmilieu beherrschen sowie auf allen Gebieten der Kriminalität die Vormachtstellung erringen und weiter ausbauen. Dabei spielt es keine Rolle, ob oder wie viele Menschen ermordet werden müssen, um diese Ziele zu erreichen. Rivalisierende Motorradclubs, die ähnliche Ambitionen haben, werden aufs Äußerste bekämpft.

Ein Beispiel für die holländische Hells-Angels-Szene ist die Durchsuchung eines Charters, bei der folgende Waffen gefunden wurden: Granatwerfer, Flammenwerfer, über 20 weitere Waffen wie Pistolen, Revolver, Schrotflinten und so weiter. Hat man ja so im Motorradclub herumliegen, ganz normal, oder? Zwischen holländischen Chartern und einigen Chartern aus Deutschland besteht übrigens ein reger Austausch von Prostituierten aus osteuropäischen Ländern. Es werden auch deutsche Mittelsmänner nach Holland abgestellt, um kriminelle Geschäfte abzudecken.

Sehr auffällig in Holland ist die Tatsache, dass es zwischen Oktober 1978, der ersten Chartergründung von Amsterdam, bis Januar 2006 in Holland nur sechs Hells-Angels-Charter gab: Amsterdam (1978), Haarlem (1980), Northcoast (1992), Westport (1999), Rotterdam (2000) und Zwolle (2001) – heute Kampen. Und seit Januar 2006, nach der Ermordung von drei Membern im Hells-Angels-Charter der Nomads durch die eigenen Leute, findet eine große Ausdehnung der Hells Angels in Holland statt. Es folgten in kurzer Zeit die Charter Carribean, Alkmaar, South East, Gouda, South Central, Lower Eastside, North West, Amersfoort, Zeist, Barneveld und Utrecht. Das bedeutete eine Zunahme um 200 Prozent innerhalb kurzer Zeit, nachdem fast 30 Jahre lang lediglich sechs Charter in Holland existiert hatten. Da stellt sich doch die Frage: Was steckt dahinter?

Ich war in 2006 selbst in Holland auf einem Meeting zu Gast. Dort wurde besprochen, dass es notwendig sei, neue Charter zu gründen, damit man früh mitbekomme, wann und wo sich andere große Motorradclubs in Holland gruppierten. Bis heute gibt es in Holland keine anderen Clubs wie die Mongols, die Bandidos, Gremium oder die Outlaws. Die holländischen Charter haben es bis dato erfolgreich vereitelt, dass sich diese und andere Clubs ansiedeln. Sie bekämpfen, zum Teil mit äußerster Brutalität und Härte, jeden Motorradclub. So konnte keine ernstzunehmende Konkurrenz im Drogenhandel, im Rotlichtmilieu oder bei der Kontrolle der Clubs und Bordelle aufkommen, die ihre Vormachtstellung hätte gefährden können. Nirgendwo auf der Welt – außer vielleicht in Kanada – gibt es so viele Filthy-Few-Träger wie in Holland. Zur Erinnerung: Filthy Few ist der Aufnäher, der aussagt, dass der Träger schon für den Club jemanden getötet hat oder an einer Tötung beteiligt war.

Ein gutgemeinter Rat von mir an alle Holländer: Seid sehr wachsam und versucht, die Machenschaften der Hells Angels zu stoppen! In Deutschland läuft dieselbe Nummer seit über zehn Jahren mit allen brutalen Folgen: Sprengstoffanschläge, Mord und Totschlag, Erpressung und Einfluss auf geschmierte Bullen. In

Deutschland ist von der Justiz allzu lange nach dem Motto gehandelt worden: »Nichts hören, nichts sehen, nichts sagen« – wie die drei berühmten Affen.

Unter Beschuss in Rio

Rio de Janeiro ist neben dem Charter Manaos im brasilianischen Dschungel das wohl kurioseste Hells-Angels-Charter der Welt. Auch hier wurde ich am Flughafen abgeholt, und vier Brüder brachten mich zu einem großen Pick-up-Truck mit komplett getönten Scheiben. Was mir bei meinem Aufenthalt bei den Membern in Rio sofort auffiel, war die Tatsache, dass jeder der Hells Angels unter seinem T-Shirt eine Kanone im Hosenbund trug. Im Innenraum des Wagens lagen auf den Sitzen zwei Maschinenpistolen und in einer Halterung direkt neben der Tür eine Pumpgun. Ich setzte mich hinein, und meine Brüder gaben mir eine kurze Einweisung, die in etwa so lautete: »Hey brother, wenn du Schüsse hörst: Duck dich und warte. Wir erledigen den Rest.« Okay, wenn sie meinten ... Ich wunderte mich zwar etwas, dachte mir aber: »Cool, hier ist endlich mal was los. Das wird bestimmt nicht langweilig.« Wie wahr das werden sollte, ahnte ich zu diesem Zeitpunkt noch nicht. Als wir losfuhren, merkte ich, dass zwei Begleitfahrzeuge hinter uns herfuhren.

Rio ist flächenmäßig gar nicht so groß, aber es

herrscht ein atemberaubender Verkehr. Eineinhalb Stunden fuhren wir kreuz und quer, bis wir in einem Viertel, wohl am Stadtrand gelegen, ankamen – ich hatte mittlerweile völlig die Orientierung verloren. Es war ganz offensichtlich, dass die Gegend nicht die feinste Wohngegend war. An jeder Ecke lungerten leichtbekleidete Chicas, Gangster und Gangmitglieder herum. Überall standen Leute mit Kühltruhen mit Getränken zum Verkauf am Straßenrand, und es gab kleine Garbuden mit irgendwelchem Essen, Obststände und so weiter. Eigentlich eine Szenerie wie in einem ganz üblen Ghettofilm.

Die Jungs warnten mich und meinten, dass jederzeit etwas passieren könnte. Was sie damit meinten, wollte ich wissen. Sie zeigten nur lachend auf drei Einschusslöcher in der linken Innenseite des Trucks. Jetzt war mir endgültig klar, dass es hier spannend werden würde. Im Vorbeifahren sah ich mir die Umgebung genau an: In der ganzen Gegend gab es nur Flachbauten aus Holz sowie wüst gemauerte Häuser mit viel Müll auf der Straße, und auch die Girls sahen dubios aus. Für mich alles Kriminelle – selbst die Kinder, die in Scharen umherliefen, und die Hunde und Katzen genauso! Eine bunte Mischung von allem, was ihr euch nur vorstellen oder auch nicht vorstellen könnt.

Als wir das Clubhaus erreichten, hupte unser Fahrer, mehrere Member kamen und öffneten ein Eisentor, durch das man nicht hindurchsehen konnte, und wir fuhren auf den Hof. Die beiden Begleitfahrzeuge blieben vor dem Tor stehen, das Tor schloss sich wieder, eine gigantische Kette wurde um die Torflügel gewickelt und mit einem dicken Schloss gesichert. Erst jetzt stiegen wir aus. Als wir die Autotüre öffneten, kam erst einmal eine dicke Rauchwolke aus dem Wagen, die wir vier inklusive Fahrer während der Fahrt produziert hatten. Übrigens, ich habe niemals vorher oder nachher so viele Hells Angels erlebt, die rund um die Uhr kifften. Eigentlich würde ich jetzt sagen, coole Angelegenheit – aber dennoch an alle Leser: Seid schön brav und lasst die Finger weg vom Marihuana.

Als wir ins Clubhaus gingen, hatten sich ungefähr zehn weitere Hells Angels zu uns gesellt. Zum Aussehen der brasilianischen Hells Angels kann ich nur sagen: Bis auf zwei Member alle ziemlich schmalbrüstig für deutsche Verhältnisse – aber viele von ihnen mehrfache Mörder. Die obligatorische Hells-Angels-Kutte trug dort allerdings niemand – nur ich. Und auch ich passte aufgrund der abartigen Hitze mein Outfit sehr schnell an.

Das Clubhaus bot nichts Besonderes: Kühlschränke, Klimaanlage, Billardtisch, Küche, Stereoanlage, Diskokugel, Member-Raum mit den obligatorischen Charterfotos, vier kleine Schlafräume mit insgesamt etwa einem Dutzend doppelstöckiger Betten. Wir stellten uns erst einmal an die Bar und unterhielten uns über alles Mögliche. Es wurde gequalmt, Dosen und Flaschen leerten sich, und irgendwann meinte der Präsident des Charters: »Uli, komm mal mit, ich will dir was zeigen«, und wir gingen in den Member-Raum. Dort stand ein riesiger Tresor, etwa zwei Meter hoch, einen Meter zwanzig breit und einen Meter tief, mit zwei Schlüssellöchern und einem Hebel mit dickem Knauf am Ende – insgesamt ein imposantes Teil, aber sicher steinalt. Der Präsident ging mit mir jedoch zu einem Stahlschrank und sagte: »Uli, das wird dir jetzt garantiert gefallen!«, öffnete die Flügeltüren und trat beiseite. Was ich dann sah, löste bei mir Schnappatmung, ein dickes Grinsen und höchste Freude aus. Der ganze Schrank war voll mit Kanonen jeder Art: Pistolen, Revolver, Pumpguns, Schrotflinten, sowohl zwei- als auch einläufig, Handgranaten, Schalldämpfer, Macheten, jede Menge Munition, Sturmmasken, kugelsichere Westen, einige ziemlich große Messer und Maschinenpistolen – einfach der helle Wahnsinn. Das waren zwar alles ältere Modelle, aber für einen kleinen Krieg mehr als ausreichend. Der Präsident freute sich über mein Gesicht und sagte, dass ich mir eine Kanone aussuchen sollte, denn Bewaffnung wäre Pflicht und unbedingt nötig, sobald wir das Clubgelände verlassen. Ich entschied mich für einen 38er-Revolver, der erschien mir am praktischsten: keine Sicherung, kein Durchladen nötig und sofort einsatzbereit. Das Einzige, was mich daran störte, war der relativ lange Lauf von sechs Zoll, denn dadurch war die Kanone etwas unbequem im Hosenbund.

Ich hatte wohl einen leicht fragenden Gesichtsausdruck, denn der Präsident erklärte mir weiter, dass im ganzen Stadtteil eigentlich täglich irgendwelche Schießereien an der Tagesordnung wären und es unzählige Straßengangs gäbe, die bei kleinsten Auseinandersetzungen sofort losballern würden. Viele Schüsse gingen dabei zwar daneben, aber gelegentlich träfen sie auch, wenn auch wahrscheinlich eher aus purem Zufall. Ich sollte also unbedingt auf die Anweisungen der Member und sogar auf die der Prospects hören. Er drückte mir dann noch eine Handvoll Patronen in die Hand und instruierte mich, bei Problemen einfach loszuballern, was das Zeug hielt. Und wenn die Munition alle wäre, sollte ich einfach »no mun« brüllen, dann würde ich eine andere Kanone bekommen – falls möglich. Aber eigentlich sei es eher unwahrscheinlich, dass wir in eine Schießerei geraten würden, meinte er noch. Das sollte sich allerdings nicht einmal 24 Stunden später als Trugschluss erweisen. Ich sollte jedenfalls auf gar keinen Fall, unter gar keinen Umständen alleine das Clubgelände verlassen. Das ginge aus Sicherheitsgründen nur mit Begleitung, und selbst das sollte ich möglichst vermeiden.

Nach dieser Sicherheitseinweisung und nachdem ich mir die Kanone in meine Hose gewürgt hatte, schloss er den Schrank, und wir zwei unterhielten uns noch über eine Stunde, bis wir uns wieder zu den anderen gesellten. Mittlerweile waren auch noch einige leckere Chicas im Clubhaus angekommen, und mit lauter Musik, viel Alkohol und anderem Zeug ging eine wüste Party ab. Viele normale brave Bürger würden es als Sodom und Gomorrha beschreiben, ich würde eher sagen: einfach großartig.

Am nächsten Nachmittag erzählten mir die Jungs, dass wir abends zu einem anderen Club fahren würden, wo eine große Party steigen sollte. Gegen zehn

Uhr abends setzten wir uns in Bewegung. Zwei alte Harleys, eine Panhead und eine Shovelhead plus ein Autokonvoi fuhren vom Clubhaus zu der Party – und ich war mittendrin. Tatsächlich sah ich während meines Aufenthalts bei den Brüdern in Rio nur diese beiden Harleys. Als ich nachfragte, sagte man mir, die restlichen Bikes stünden in einer besonders gesicherten Garage. Im Grunde war es mir auch ziemlich egal, hier liefen die Uhren sowieso anders als bei uns.

Die Fahrt ging wieder kreuz und quer, bergauf und bergab, bis wir an einem Platz ankamen, der wie ein uralter Bolzplatz aussah, mit einer Hütte am Rand, die mit bunten Lichtern geschmückt war. Rundherum waren uralte Autos, Pick-ups und Moppeds geparkt, und es tummelten sich bestimmt schon hundert Leute vor dem »Clubhaus« – von welchem Club auch immer. Ich bin nicht einmal sicher, ob das überhaupt ein Motorradclub war. Auf Plastikstühlen, Holzbänken, Bierfässern, Klappstühlen, Bierbänken und allem Möglichen, was man als Sitzgelegenheit nutzen konnte, saßen Leute oder standen zwischen Stehtischen, Plastiktischen und umgedrehten Ölfässern herum. Eine bunte Mischung aus Huren, Dealern, Zuhältern, Mördern, Schlägern und was weiß ich noch alles. Kurzum: Ich fühlte mich sauwohl.

Wir hatten die Ehre, in das sogenannte Clubhaus zu kommen. Leute, das war einfach unglaublich. Drin war es total eng, die Gäste standen dicht aneinandergequetscht und bewegten sich zum Rhythmus der Musik. Ich wurde von unserem Präsidenten dem wahrscheinlichen Anführer des Clubs vorgestellt, per Handschlag begrüßt, und wir verstanden uns auf Anhieb. An längere Gespräche war nicht zu denken, denn bei dem Stimmengewirr und der irrsinnig lauten Musik verstand man kein Wort. Wir versuchten es aber trotzdem. Ich quatschte also gerade mit dem Chef des anderen Clubs, als mir der brasilianische Charter-Präsident sagte, wir sollten uns alle draußen treffen – und zwar unauffällig. Mein ständiger Schatten und Beschützer namens Milo und ich gingen langsam und locker nach draußen, wo die meisten von uns schon lässig herumhingen. Milo brachte mich zum äußersten Rand unserer Gruppe und stellte sich dann schräg vor mich wie ein Schutzschild, und raunte mir zu: »Uli, pass auf, gleich geht hier was ab. Halt dich möglichst raus.« Ich nickte, was er aber natürlich nicht sehen konnte.

Ein paar Minuten später kam es zu einer wüsten Schlägerei zwischen zwei Jungs von uns und einigen anderen, und die umstehenden Leute fingen an, sich einzumischen und zu brüllen. Ich behielt unsere Jungs im Getümmel genau im Auge. Kurze Zeit später fielen die ersten Schüsse, und die meisten Leute rannten auseinander – nur weg vom Geschehen. Eine Truppe von etwa 30 Jungs, der Großteil war vielleicht zwischen 16 und 26 Jahre alt, blieb übrig – alle bis an die Zähne bewaffnet mit Kanonen, Macheten, dicken Ketten und Eisenstangen. Ihre Gegner: etwa ein Dutzend von uns, die wild um sich schossen und schlugen. Das Ganze spielte sich auf einer Fläche ab, die vielleicht so groß war wie ein Tennisplatz.

Schon nach den ersten Schüssen hatte ich meinen Revolver in der Hand, als plötzlich, keine acht Meter von mir entfernt, ein Typ mit einer ziemlich kleinen Kanone, die nicht größer als meine Hand war, auf mich oder zumindest in meine Richtung zielte und abdrückte. Milo ging unmittelbar danach zu Boden. Erneut zielte der Typ auf mich und schoss. Innerhalb von Sekundenbruchteilen musste ich mich entscheiden: er oder ich – und schoss ein paarmal in seine Richtung. Kurz danach kippte der Idiot um. Ich kann recht gut schießen, war ja auch mehrere Jahre im Schützenverein, aber bei der wilden Ballerei um mich herum kann ich nicht sagen, ob ich ihn getroffen habe oder ein anderer. Ist mir aber auch völlig egal, Hauptsache, er konnte nicht mehr auf mich schießen.

Milo lag neben mir auf der Erde mit einem ziemlich großen Blutfleck an der Seite seines T-Shirts, das ich ihm ein paar Stunden zuvor geschenkt hatte. Ich schnappte mir seinen Arm und zog ihn in Richtung unserer Autos in Deckung. Das Spektakel ging minutenlang weiter: Überall zwischen Tischen, Stühlen und Bänken rannten Leute herum, schlugen sich und ballerten wild. Irgendwann zerrte mich jemand zu unseren Pick-ups, und wir rückten ab. Drei unserer Jungs mussten wir zu den Autos tragen. Von Polizei oder Krankenwagen war weit und breit nichts zu sehen oder hören. Wir fuhren jedenfalls mit Höchstgeschwindigkeit weg vom Ort des Geschehens. Als die Autos dann nach und nach im Clubhaus eintrudelten, die zwei Moppeds waren schon da, ging das Chaos erst richtig los. Die Verletzten wurden ins Clubhaus verfrachtet, ein Member wurde wieder zurück in einen Pick-up geschleppt, auf dessen Ladefläche schon zwei Brüder lagen, und der Pick-up verließ sofort wieder das Clubgelände. Alle waren ziemlich aufgeregt, laberten und fragten wild durcheinander. Erst Stunden später beruhigten wir uns etwas, und man konnte wieder halbwegs miteinander reden.

Erst jetzt erfuhr ich, dass mein Aufpasser Milo nicht überlebt hatte. Er war an seinen schweren inneren Verletzungen infolge zweier Schusswunden gestorben. Das ging mir sehr nahe, obwohl wir uns nur wenige Stunden gekannt hatten. Ich erkundigte mich natürlich, worum es bei der ganzen Sache eigentlich gegangen war. Ich erfuhr, dass die anderen Koksschulden bei meinen Brüdern hatten und nicht zahlen wollten oder konnten.

Am nächsten Tag hätte ich eigentlich schlauerweise das Land verlassen sollen, aber ich blieb noch vier weitere Tage zur Verstärkung meiner Brüder im Charter, wo sämtliche Member und Prospects in Alarmbereitschaft waren. Der Präsident von Rio de Janeiro drängte mich zwar ständig abzureisen, aber es war und ist nicht meine Art, abzuhauen und die anderen im Stich zu lassen, egal wie brenzlig die Situation auch sein mag. Es passierte aber nichts weiter.

Am Tag meiner Abreise brachte mich der Charter-Präsident persönlich mit sechs weiteren Membern zum Flughafen. Sein Angebot, meinen Rückflug zu bezahlen, schlug ich aus. Wäre ja noch schöner, meinte ich, ob er mich beleidigen wolle. Kurz vor dem Check-in nahm der Präsident mich zur Seite und gab mir seine Geheimnummer. Er versicherte mir: Wenn ich jemals irgendein Problem hätte – egal was –, sollte ich ihn auf jeden Fall anrufen, und alle Leute aus Rio würden mir helfen. Ich hoffe, dass er *Höllenritt* irgendwann einmal in die Hände bekommt – oder vielleicht hat er es ja sogar schon gelesen. Dann wird ihm bestimmt klar, welch linke Vögel die deutschen Hells Angels sind.

In Deutschland wissen nur zwei Ex-Member, mit denen ich noch in Kontakt stehe, über die Vorkommnisse meines Rio-Aufenthalts Bescheid. Einige Member aus Rio habe ich später ab und zu getroffen, leider aber nie »El Presidente«. Übrigens berichtete nur eine kleine Provinzzeitung über die Geschehnisse dieses Tages: insgesamt drei Tote und mehrere Schwerverletzte, für Brasilien nichts Besonderes. So etwas ist in Rio wohl an der Tagesordnung. Das glaube ich gern, denn während meines gesamten Aufenthalts im Hells-Angels-Charter Rio de Janeiro waren nach Einbruch der Dämmerung ständig irgendwo rund um das Clubhaus Schüsse zu hören. Wie gesagt: ein außergewöhnliches Charter in einer außergewöhnlichen Umgebung.

DIE EWIGEN RIVALEN

Die Vormachtstellung der Hells Angels ist allgegenwärtig: Sie sind Marktführer im Prostitutionsgewerbe, kassieren die meisten Huren ab, dominieren den Drogenmarkt, sind die besseren Waffendealer und beackern fast alle Felder der Kriminalität wie Zwangsprostitution, Erpressung, Raub, Mord und Totschlag – und zwar in allen Ländern, in denen sie vertreten sind, gerade auch hier in Deutschland.

Die Bandidos wollen mit allen Mitteln etwas vom Kuchen abhaben, und unter Zuhilfenahme extremer Gewalt gewinnen sie nach und nach mehr Raum. Klar, dass das die Hells Angels nicht gerne sehen: Sie wollen ihre Vormachtstellung behalten und weiter ausbauen. Sie sind also keineswegs gewillt, auch nur einen Krümel von ihrem fetten Kuchen an die Bandidos abzugeben. Wäre ja noch schöner … Daher wird jeder Versuch der Rivalen, ein Stück Macht an sich zu reißen, brutal unterbunden. Solche Maßnahmen können die Bandidos wiederum keineswegs auf sich sitzen lassen und antworten ebenso gewaltbereit. Am liebsten würden die beiden Clubs wohl den Erzfeind auslöschen, dann wäre die Welt wieder in Ordnung.

Friede, Freude, Eierkuchen

Rückblick. Es ist der 26. Mai 2010, Pfingstmontag. In einer Anwaltskanzlei in Hannover treffen sich Frank Hanebuth aus Hannover, Präsident der dortigen Hells Angels, und Peter Maczollek, Vize-Präsident der Bandidos Deutschland – und jeweils zwei weitere Member. Auch dabei: Rechtsanwalt Götz von Fromberg. Man hat natürlich die Presse eingeladen, schließlich hat man etwas total Wichtiges zu verkünden: Zwischen den beiden Rockerclubs soll es ab sofort Frieden geben. Ach ja!

Jetzt gibt es erst einmal eine Lesestunde: Abwechselnd tragen die Rocker die einzelnen Punkte ihres Friedensvertrags vor, danach setzt jeder seinen Friedrich Wilhelm darunter, fertig. Anschließend gibt es noch ein bisschen medienwirksames Posing der auserkorenen Verhandlungsführer Hanebuth und Maczollek – per Handschlag besiegeln die beiden den Pakt und sehen dabei nicht besonders glücklich aus. Auf den Fotos wirken die beiden ein bisschen angewidert, als ob sie Angst hätten, sich beim gemeinsamen Handschlag irgendetwas Ansteckendes einzufangen. Die Medienmeute schießt fleißig Fotos, und spätestens am nächsten Tag sind die Zeitungen voll von Berichten über den Friedensschluss der beiden Rockerbanden. So schafft man es auf die Titelseiten. Doch Schlagzeilen wie »Friedensschluss der Kuschelrocker« (*Spiegel*),«Lass uns Freunde sein« (*Süddeutsche Zeitung*),

Der Friedensschluss

»Rockerbanden inszenieren Friedensspektakel« (*Welt*) zeigen schon, dass auch die Presse dem ganzen Wirbel nicht so wirklich traut.

Mal ehrlich: Der Friedensvertrag zwischen den Hells Angels und Bandidos war recht nett für die Öffentlichkeit inszeniert und ein Aufmacher für viele Zeitungen – aber in Wahrheit ein Blender. Das habe ich von Anfang an gesagt, und es hat sich auch bewahrheitet. Keine zwölf Monate später war Schluss mit lustig, und man schlug sich wieder fröhlich gegenseitig die Köpfe ein, als wäre nichts gewesen.

Nun muss man sich aber das ganze Theater einmal in Ruhe anschauen. Unzweifelhaft standen der Hells Angels MC und der Bandidos MC durch ihre jahrelangen, äußerst brutalen Auseinandersetzungen im Visier der Polizei. Dringend musste irgendetwas geschehen, spätestens nachdem es sowohl in Berlin als auch in Schleswig-Holstein zu blutigen Kämpfen zwischen den verfeindeten Clubs gekommen war. Das Bandidos-Chapter Neumünster und das Hells-Angels-Charter Flensburg wurden vom Landesinnenministerium verboten, und ein deutschlandweites Clubverbot der Hells Angels stand definitiv auf der Agenda der Frühjahrsinnenministerkonferenz vom 27. und 28. Mai 2010, also direkt nach dem groß verkündeten Friedensvertrag.

Da tun sich doch ein paar Fragen auf. Zum Beispiel: Warum haben sich die beiden Clubs nicht einfach in einer Kneipe getroffen und per Handschlag geeinigt? Das hätte zwar genauso wenig gehalten wie das große Tamtam im Büro der Anwaltskanzlei mit dem Hells-Angels-Anwalt. Die Fernsehbilder, die den Anwalt und die Präsidenten mit ihren dicken Zigarren auf dem Balkon der Kanzlei zeigten, waren ja schon irgendwie lustig.

Kommen wir zum Vertrag an sich. Der Schrieb allein ist schon lächerlich, aber Hauptsache vom Anwalt besiegelt. Wer sich dieses Schauspiel ausgedacht hat, kann ich nicht genau sagen. Jedenfalls wird der Eindruck erweckt, es handele sich um einen hieb- und stichfesten Vertrag, an den sich natürlich alle Parteien halten würden. Die beiden Rockerchefs selbst können sich das meiner Meinung nach nicht allein ausgedacht haben, dafür war er einfach zu gut formuliert. Andererseits würde wahrscheinlich kein wirklich seriöser Anwalt so zweifelhafte Passagen wählen. Gehen wir einmal ein paar Punkte durch:

Beide Parteien haben vereinbart, dass Hells Angels in Zukunft nicht in die Städte der Bandidos gehen und umgekehrt.

Mit welchem Recht oder auf welcher Grundlage wird denn irgendwem verwehrt, in andere Städte zu gehen? Wem gehören die Städte denn: den Bürgern oder den Hells Angels und Bandidos? Und was ist, wenn sich jemand das nicht verbieten lässt? Auch darauf haben die Jungs eine offizielle Antwort:

Beide Clubs haben abgesprochen, dass eine Zuwiderhandlung gegen die interne Vereinbarung sofort sanktioniert wird.

Da fragt man sich doch, wie so eine Sanktion aussehen würde. Hells Angel Frank Hanebuth redet von schärfsten Sanktionen, der Bandidos-Chef von Entsorgung. Was ist damit gemeint? Mord? Totschlag? Körperliche Gewalt? Konfiszierung der Bratwurst, die man an der Imbissbude in Berlin, Hannover oder sonstwo gerade essen will? Nein, alles Bullshit, hier geht es um Machtansprüche, Reviere und vor allem darum, die Geschäfte ungestört durchzuführen. So werden Konkurrenten ausgeschaltet. Wie schön, dass Deutschland öffentlich unter unser aller Augen dreist aufgeteilt wird. Warum unternimmt die Polizei nichts gegen solche öffentlichen Gewaltandrohungen? Keine Ahnung!

Beide Clubs nehmen keine Member oder Ex-Member des jeweiligen anderen Clubs auf.

Aber warum denn nicht, ihr harmlosen Rocker? Vor was oder vor wem haben eure Clubs Angst? Dass vielleicht einer dem anderen etwas erzählt, was nicht bekannt werden darf, wie zum Beispiel wer wen erschlagen, abgestochen oder abgeknallt hat?

Beide Parteien vereinbaren, dass innerhalb eines Jahres ab heute keine Neugründungen von Chartern beider Clubs erfolgt.

Na, das findet die Bevölkerung bestimmt richtig gut von euch. Wenigstens ein Jahr lang keine neuen Gruppierungen, die Omas erschrecken, Jugendliche verleiten, auf die schiefe Bahn zu geraten, kein Mord und Totschlag, keine Drogendeals … Daran schließt gleich die nächste Vereinbarung an:

Nach Ablauf dieses Jahres werden Neugründungen nur nach Absprache beider Clubs durchgeführt.

Es sei auch geplant, regelmäßige Gespräche zu führen, um Probleme zu verhindern. Probleme sollen dann regional gelöst werden. Von welcher Sorte von Problemen ist denn hier die Rede? Das sind doch alles nur Motorradfahrer, die gerne mit ihren Bikes durch die Gegend düsen, so zumindest die Selbstdarstellung der Gruppierung. Aber ergibt das Ganze einen Sinn, wenn man es einmal aus diesem Blickwinkel betrachtet: Brauchen friedliebende, normale Motorradclubs einen Friedensvertrag? Eigentlich nicht, könnte man meinen …

Erbitterte Feinde

Um den Rockerkrieg zwischen Hells Angels und Bandidos zu verstehen, müssen wir zum Ursprung der beiden Clubs zurückkehren und ihren Werdegang ein bisschen genauer anschauen.

Für die Hells Angels müssen wir zurück ins Jahr 1948, in die USA. Nach dem Zweiten Weltkrieg schloss sich eine Gruppe junger Männer zusammen, die Spaß am Motorradfahren hatten. Im Prinzip hätten es auch genauso gut Autos sein können, aber damals waren Bikes einfach billiger, leichter zusammenzuschrauben und vor allen Dingen wesentlich schneller. Man feierte gemeinsam, fuhr wild mit den Motorrädern umher, und viele Girls waren von dem wilden Chaotenhaufen ziemlich angetan.

Das Gerücht, dass sich bei den Hells Angels Ex-Piloten und Besatzungsmitglieder einer US-Bomberstaffel zusammengeschlossen haben, ist falsch. Richtig ist, dass ein Angehöriger einer Fliegerstaffel den Namen Hells Angels für die Jungs vorschlug. Sicherlich waren unter ihnen auch Kriegspiloten oder Fliegerstaffelangehörige, denn es gab ehemalige und aktuelle Fliegergeschwader, aber genau ist das nicht mehr bekannt.

Nachdem Sonny Barger 1957 zusammen mit anderen das erste Hells-Angels-Charter in Oakland, Kalifornien, gegründet hatte, begann etwa zwei Jahre später die Ausbreitung der Hells Angels quer durch die USA. Viele junge Männer fanden den Lifestyle der Hells Angels toll und wollten auch so sein, zumal viele der Jungs viel Freizeit hatten und nach den schweren Kriegsjahren nach Zusammenhalt suchten. Der Leitspruch »Ehrlichkeit, Zuverlässigkeit, Respekt und Freiheit« galt für alle, und genau das suchten die Jungs.

Wie man sieht, begann alles ganz harmlos – eben als einfacher Motorradclub, für den sich die Hells Angels auch heute noch gerne ausgeben. Kriminelle Machenschaften gab es zu Anfang nicht, das begann erst so ab 1968. Natürlich gab es Saufgelage, Schlägereien, kleine Diebstähle von Bikes, Bike-Teilen und Ähnlichem, aber genau das befeuerte den Mythos der wilden Kerle. Ab Ende der sechziger Jahre kamen dann andere, härtere Sachen dazu. Wo Hells Angels sich trafen, wurde gesoffen, sich geprügelt, es wurden Drogen konsumiert und damit auch gedealt. Sie machten sich in der Security-Szene einen Namen, und in ihrem Umfeld waren viele Girls zugegen.

Einige Mädels hatten Westen an mit dem Schriftzug »Property of Hells Angels«, also Eigentum der Hells Angels, auf dem Rücken. Es gab viele Girls, die auf das Bad-Boy-Image der Hells Angels abfuhren. Sie wollten hinter einem solchen wilden Kerl auf dem Bike sitzen und mit ihm durch die Gegend düsen. Zumal die »normalen« Jungs Farmer, College-Studenten, einfache Arbeiter oder Angestellte in Ice-Cream-Shops, Burger-Buden, Werkstätten und irgendwelchen Firmen waren – Langweiler eben. Und die Tatsache, dass ständig heiße Girls bei den Hells Angels herumhingen, führte dazu, dass viele Jungs sich wünschten, zu dieser Truppe zu gehören. So war die Expansion in den USA und weltweit nicht mehr zu stoppen – ein gesellschaftliches Erfolgsmodell.

Durch Woodstock, Hippiezeit und Flower-Power-Bewegung und größer werdende Presseberichte wurde dieses Image noch gestärkt. In Europa blieb das nicht unentdeckt und fand auch hier Interesse. Irgendwann schwappte das Ganze dann wie so vieles aus Übersee nach Europa über.

Das erste Charter in Europa wurde 1969 in London gegründet, gefolgt von der Schweiz (1970) und Deutschland (1973). Zwei Jahre später kamen Österreich und Australien dazu, Kanada im Jahr 1977 und ein Jahr darauf die Niederlande. In den 80er Jahren kamen Charter in Dänemark, Frankreich und Brasilien dazu, in den 90er Jahren Neuseeland, Norwegen, Schweden, Südafrika, Italien, Finnland, Liechtenstein, Spanien, Belgien und Argentinien. Seit der Jahrtausendwende sind viele weitere Hells-Angels-Charter dazugekommen: Tschechien, Griechenland, Portugal, Chile, Kroatien, Russland, Luxemburg, Ungarn, die Dominikanische Republik, Türkei, Polen, Nordirland, Argentinien, Island, Malta und Thailand. Die Hells Angels sind also ein richtiger Exportschlager. Eine aktuelle Charterliste findet ihr im Anhang.

Die kriminelle Ausrichtung der Gruppierung wurde ab Mitte der 60er Jahre, also noch vor der weltweiten Expansion, langsam sichtbar. Hells Angels erkannten, dass mit Drogen ganz leicht viel Geld zu verdienen war, und so konnten sie ihre Freiheit und Dauerpartys mit wenig Arbeit finanzieren. Durch ihre Verbindungen zu vielen Städten in allen US-Staaten war es für sie ein Leichtes, gemeinsam den Drogenmarkt zu erreichen und zu bedienen. Das Geschäftsfeld Drogenhandel begann sich zu entwickeln. Später kamen dann die eigene Herstellung von Amphetaminen, der Anbau von Marihuana und verstärkt der Handel mit Kokain hinzu. Vor allem Kokain und Speed spülten das ganz große Geld in die Kassen vieler Charter der Hells Angels.

Ein hartnäckiges Gerücht lautet, dass der Szenename der gefährlichsten Droge weltweit PCP, »Angel-Dust«, von den Hells Angels stamme und die Hells Angels die Erfinder und Hersteller der Droge seien. Das stimmt so nicht, allerdings konsumierten viele Hells Angels seit den 68ern Angel-Dust selbst und dealten auch damit. Diese Droge macht die User unter anderem äußerst aggressiv, beschert schwerste Halluzinationen, Persönlichkeitsverlust und hat ein Abhängigkeitspotential, das gleichzusetzen ist mit Heroin. Viele der Nutzer landen in der Klapsmühle. Tipp von mir: Niemals ausprobieren, das meine ich todernst.

Der Leitspruch der Hells Angels lautet Ehrlichkeit, Zuverlässigkeit, Respekt und Freiheit, aber diese Zeiten sind längst vorbei. Heute würde Mord, Totschlag, Terror und Lügen die tatsächliche Situation vielerorts bestens umschreiben.

Bis zum Zusammenschluss der Hells Angels mit dem Bones MC 1999 waren die Hells Angels in Deutschland bei der Bevölkerung und in der Öffentlichkeit so gut wie nicht bekannt. Was aber nicht heißt, dass die deutschen Hells Angels wirklich Engel und ganz brave Biker waren – ganz im Gegenteil. Es gab Mord und Totschlag, große Drogendeals und Erpressung, und im Rotlichtmilieu spielten sie auch eine große Rolle. Als die Bones ins Spiel kamen, verstärkte sich das Ganze, denn die waren schon ganz dick im Prostitutionsgewerbe vertreten und beherrschten die Türsteherszene.

Das Clubsymbol der Bandidos

Nun ließen sich die Felder Drogenhandel, Prostitution, Menschenhandel und Waffenhandel in der größten kriminellen Organisation Deutschlands bündeln.

Erst im Jahr 2000 traten in Deutschland die Bandidos endgültig auf den Plan. Aber auch hier zurück auf Anfang: Der Bandidos MC wurde knapp zwanzig Jahre nach den Hells Angels in den USA von Donald Eugene Chambers gegründet. Genauer: 1966 in Houston, Texas. Die meisten Gründungsmitglieder waren, entgegen dem Mythos der Hells Angels, tatsächlich ehemalige US-Veteranen aus dem Vietnamkrieg. Ihr Clubsymbol stellt einen fetten Mexikaner im Profil dar, mitsamt Sombrero und Patronengurt. Er hält in der linken Hand eine Machete und in der ausgestreckten rechten Hand einen Revolver. Die Clubfarben der Bandidos: rote Schrift auf goldenem Grund.

Nachdem Ronny Hodge die Präsidentschaft von Eugene Chambers übernommen hatte, begannen die Bandidos, sich über die Vereinigten Staaten hinaus zu verbreiten. 1989 kamen sie in Europa an, zunächst im französischen Marseille. Ab 1990 folgten die skandinavischen Länder sowie Luxemburg. Im Jahr 1997 begann dann ihr Aufstieg in Deutschland, kurz vor dem Zusammenschluss der Hells Angels mit den Bones. Die Bandidos waren in Deutschland anfangs ein Prospectionary-Chapter, also noch kein vollwertiges Chapter. Das wurden sie erst 2000, und im selben Jahr expandierten die Bandidos auch nach Italien.

Heute sind die Bandidos unter anderem noch in folgenden Ländern vertreten: USA, Australien, Frankreich, Belgien, Norwegen, Indonesien, Thailand, Spanien, Serbien, Schweden, Italien, Ukraine, Dänemark, Finnland, Malaysia, Costa Rica, Singapur, Estland, Rumänien und Bosnien-Herzegowina. Weitere Länder in Ost- und Südosteuropa sind in Kürze zu erwarten. Denn genau wie die Hells Angels betreiben die Bandidos eine intensive Expansion in diese Richtung.

Wie man sieht, ist der Werdegang beider Clubs ähnlich, wobei die Hells Angels immer der Vorreiter, der stärkste und am weitesten verbreitete Club waren und sind. Die Bandidos liefen den Hells Angels also in allen Dingen hinterher, sie waren ewiger Zweiter. Kein Wunder, dass so eine erbitterte Feindschaft zwischen den beiden Clubs entstand und bis heute anhält. Man bekämpft sich bis aufs Blut, gnadenlos. Auf beiden Seiten gab es weltweit bisher weit über 200 Morde, eine unbekannte Zahl von Schwerverletzten plus etliche unbeteiligte Tote – Kollateralschäden, wie man so schön sagt. Hells Angels schreckten auch nicht davor zurück, Polizisten und Gefängniswärter zu töten, schwere Attentate auf Staatsanwälte zu verüben und sogar Richter zu bedrohen.

Ich muss schon sagen, was bisher in Deutschland passiert ist, war eigentlich in meinen Augen nur Geplänkel, Kinderkacke. Eins ist sicher: Die Kämpfe zwischen den Hells Angels und den Bandidos werden in Zukunft in Deutschland noch viel extremer, und sie werden sich über Deutschland hinaus noch mehr als bisher in alle europäischen Länder ausbreiten.

Rockerkrieg in Skandinavien

In welche Richtung sich der Rockerkrieg zwischen den Bandidos und Hells Angels entwickeln könnte, wenn es zu noch mehr Eskalationen kommt, ist nicht schwer vorauszusagen. Eigentlich muss man nur in die 90er Jahre zurückschauen, nach Skandinavien. Mitte bis Ende der 90er Jahre schlugen sich die beiden Todfeinde dort schon die Köpfe ein – und zwar gewaltig. Es wurden schwere Geschütze aufgefahren, nicht so Kinderkram wie Hauereien auf offener Straße. Nein, ich rede vom Einsatz von Panzerfäusten, Handgranaten und Autobomben – von den unzähligen Schießereien mit Verletzten oder Toten ganz zu schweigen. Nach dem Motto »Auge um Auge, Zahn um Zahn« schaukelte sich das Ganze bis ins Extremste hoch. Oft genug kamen auch Unbeteiligte bei diesen Revierkämpfen und Racheaktionen zu Schaden.

Aber fangen wir von vorne an. Wie kam es dazu? Den skandinavischen Rockerkrieg haben im Grunde Hells Angels aus Schweden losgetreten. Sie wollten frühzeitig verhindern, dass ein anderer Motorradclub in Schweden zu groß wird und ihre Geschäfte stört oder ihnen streitig macht. Später wurden aus diesen Clubs die Bandidos Schweden, Dänemark und Finnland; in Finnland kamen noch die Outlaws dazu. In den Augen der Hells Angels Skandinavia ging das alles gar nicht, sie wollten ihr Revier für sich alleine. Und so starteten Hells Angels die gewaltsamen Auseinandersetzungen im Januar 1994: Sie feuerten auf ein Clubhaus des Morbids MC. Das war der Beginn einer unglaublichen Eskalation von Gewalttaten. Hier eine kleine, sicherlich unvollständige Chronologie:

Februar 1994: Es gibt es eine wilde Schießerei zwischen Hells Angels und Bandidos. Eine Panzerabwehrrakete wird auf ein Clubhaus der Hells Angels abgefeuert. Ein Hells-Angel-Supporter ersticht den Präsidenten eines anderen Motorradclubs.
Februar 1995: Schießerei zwischen Hells Angels und Bandidos. Ein Mann wird schwer verwundet.

Juli 1995: Ein Präsident der Hells Angels wird erschossen, der Täter wird nicht ermittelt.
Juli 1995: Ein Hells-Angels-Clubhaus wird von Bandidos mit einer Panzerabwehrrakete beschossen.
Juli 1995: Das Clubhaus eines Hells-Angels-Prospect-Clubs wird beschossen.
Oktober 1995: Ein Tattoo-Laden von Hells Angels wird komplett zerstört.
November 1995: Ein Clubhaus der Outlaws wird beschossen.
Januar 1996: Auf ein Supporter-Clubhaus der Hells Angels wird ein Bombenanschlag verübt. Aus einem anderen Clubhaus der Hells Angels werden Outlaws beschossen, dabei wird ein Member schwer verletzt.
Februar 1996: In einer Hells-Angels-Bar explodiert eine versteckte Bombe.
März 1996: Wüste Schießerei vor einem Clubhaus. Zwei Bandidos werden von Hells Angels angeschossen, einer erliegt wenig später seinen Verletzungen.
März 1996: Member der Bandidos werden vor einem Flughafen von Hells Angels angeschossen, einer der Bandidos erschossen.
April 1996: Auf ein Clubhaus der Hells Angels werden zwei Raketen abgefeuert. Die Folge: mehrere Schwerverletzte. Auf ein anderes Clubhaus wird eine Panzerabwehrrakete abgefeuert; es brennt bis auf die Grundmauern nieder.
April 1996: In die Gefängniszelle eines Bandidos wird eine Handgranate geworfen; der Member wird schwer verletzt.

Mai 1996: Ein Hells Angel wird in seinem Haus durch zwei Handgranaten von Bandidos schwer verletzt, sein Bein muss amputiert werden.
Mai 1996: Auf zwei Frauen in einem Auto wird geschossen, als sie zufällig an einem Hells-Angels-Clubhaus vorbeifahren.
Mai 1996: Eine nicht detonierte Bombe wird vor einem Clubhaus der Hells Angels gefunden.
Juli 1996: Unter dem Auto eines Bandidos-Members wird eine Bombe gefunden.
Juli 1996: Ein Bandidos-Prospect wird erschossen, ein Hells-Angels-Supporter ebenfalls.
Juli 1996: Vor einem Clubhaus der Hells Angels wird eine sechs Kilo schwere Bombe gefunden.
Juli 1996: Ein Prospect der Bandidos wird angeschossen.
Juli 1996: Ein Hells Angel wird im Staatsgefängnis angeschossen.
August 1996: Ein Hells Angel wird niedergeschossen.
August 1996: Ein Bandidos-Supporter wird an der Schulter angeschossen.
August 1996: Ein Vize-Präsident der Hells Angels wird angeschossen und schwer verletzt.
September 1996: Ein Autobombenattentat wird auf einen Hells-Angels-Prospect verübt.
September 1996: Eine Autobombe explodiert vor einem Hells-Angels-Clubhaus.
September 1996: Ein Hells-Angels-Clubhaus wird mit einem Maschinengewehr beschossen.
Oktober 1996: Bombenexplosion vor einem Hells-An-

gels-Clubhaus. Zwölf unbeteiligte Nachbarn werden dabei schwer verletzt.
Oktober 1996: Eine Panzerabwehrrakete wird während einer öffentlichen Party der Hells Angels auf ihr Clubhaus abgefeuert, zwei Member werden dabei getötet.
Oktober 1996: Eine Autobombe explodiert vor einem Hells-Angels-Clubhaus.
November 1996: Zwei Bandidos-Member werden erschossen.
Dezember 1996: Ein Bandidos-Member wird niedergeschossen.
Januar 1997: Ein Hells-Angels-Member wird erschossen.
Januar 1997: Schießerei zwischen Hells Angels und Bandidos.
Januar 1997: Drei Member der Outlaws werden angeschossen und schwer verwundet.
Februar 1997: Auf die Zelle eines Bandidos-Members im Gefängnis wird eine Panzerabwehrrakete abgefeuert.
Februar 1997: Ein Hells-Angels-Prospect schießt auf einen Bandidos-Member.
Februar 1997: Auf das Haus eines Bandidos wird mit einer Panzerfaust geschossen.
März 1997: In einem Motorradladen der Bandidos explodiert eine versteckte Bombe.
März 1997: Auf ein Clubhaus der Hells Angels wird wieder eine Panzerabwehrrakete abgeschossen.
März 1997: Ein Bandidos-Member wird durch einen Handgranatenangriff verletzt.

März 1997: Ein Hells-Angels-Hangaround wird niedergeschossen.
April 1997: Ein Bandidos-Clubhaus wird beschossen.
April 1997: Ein Hells-Angels-Supporter wird von einer Autobombe erwischt.
Mai 1997: Bombenfund bei einem Bandidos-Member im Gefängnis.
Mai 1997: Ein Bandidos-Member wird angeschossen.
Mai 1997: Drei Banidos-Supporter werden in ihrem Auto angeschossen.
Mai 1997: Ein Bandidos-Member wird niedergeschossen.
Juni 1997: Vor einem Bandidos-Clubhaus explodiert eine Autobombe, und eine Frau, die zufällig vorbeifährt, wird dabei getötet.
Juni 1997: Vier Bandidos-Member werden angeschossen, einer von ihnen stirbt wenig später.
Juni 1997: Ein Bandidos-Clubhaus wird vermint vorgefunden.

Wie man sieht, ging es damals Schlag auf Schlag – die Gewaltbereitschaft war immens. Harmlose Moppedfahrer sehen anders aus und verhalten sich vor allen Dingen anders. Hier wurden der Tod von Membern auf der eigenen Seite und beim Gegner, aber auch der Tod oder schwere Verletzungen unbeteiligter Personen skrupellos in Kauf genommen.

Der Rockerkrieg tobte in Skandinavien bis Ende 1997, dann schlossen die Bandidos und die Hells Angels in Dänemark Frieden – ähnlich wie die beiden verfeindeten Clubs in Deutschland im Mai 2010. Bis Ende 2000 waren tatsächlich nur kleinere Zwischenfälle zu verzeichnen. Aber seit 2001 fingen die Auseinandersetzungen wieder verstärkt an und steigerten sich jährlich weiter. Inzwischen wurde der sogenannte Friede in Skandinavien beendet. Es ist nur eine Frage der Zeit, bis die Gewalt wieder eskaliert.

In Deutschland hat der sogenannte Friedensschluss nicht einmal ein Jahr gehalten, und so beginnt sich die Gewaltspirale auch hierzulande wieder von neuem zu drehen, mit einer Besonderheit: Die Hells Angels bekriegen sich nicht nur mit den Bandidos, sondern zusätzlich mit den Outlaws, den Mongols und neuerdings mit Gremium. So drängt sich die Frage auf, wann der deutsche Staat endlich die Hells Angels verbietet – oder will er weiter tatenlos zusehen, bis wir Verhältnisse wie in Skandinavien haben? Wir stehen kurz davor, das sage ich euch. Und das will bestimmt keiner hautnah erleben.

Mafia & Co.

Und da sind ja nicht nur die Hells Angels, das Netz der Rocker ist ja noch viel größer. Mitglieder der Hells-Angels-Familie sind schließlich auch mit der Mafia verbunden. Schon zu meiner Zeit bei den Hells Angels ist mir unangenehm aufgefallen, dass italienische

Gesellen auf Partys und Veranstaltungen auftauchten, die dort eigentlich gar nichts verloren hatten. Genau wie bei der Mafia und mafianahen Organisationen sind die Hells Angels um Kontakte zu Staatsanwälten, Polizisten, Bürgermeistern, Ordnungsamtsleitern, Kripobeamten et cetera bemüht. Diese »Kontaktpflege« kann auf unterschiedliche Weise geschehen: Bezahlung, Erpressung, Bedrohung. In letzter Zeit wurden ja in Deutschland ein paar Fälle aufgedeckt, in denen diese Bemühungen offenbar erfolgreich waren.

Die russische Mafia hat nichts mit der italienischen zu tun, sondern nimmt sie sich – ebenso wie Hells Angels – nur zum Vorbild. Vor den Russen haben die Hells Angels aber ordentlich Muffensausen, denn die scheißen auf den Ruf der Hells Angels und haben keinerlei Probleme, ihnen in den Arsch zu treten. Mit den Russen wollen sie sich daher ungern anlegen. Deshalb wird seit Jahren versucht, in Russland und anderen osteuropäischen Ländern mit den Russen zu kooperieren und vor Ort Fuß zu fassen, denn dadurch bieten sich den Hells Angels ungeahnte Möglichkeiten, ihre Macht und ihren Einfluss zu erweitern.

Der größenwahnsinnige Leitsatz, den die Hells Angels öffentlich vertreten, »The world is not enough«, wird immer wahrscheinlicher Realität, wenn ihnen nicht bald Einhalt geboten und weiterhin tatenlos zugesehen wird, gerade in Deutschland. Sie verstehen sich als kriminelle Elite, der keiner was kann. Das grenzt gewaltig an Größenwahnsinn, aber es ist auch etwas Wahres dran. Das Hurengeschäft haben die Jungs jedenfalls weltweit unter Kontrolle, da macht ihnen nicht einmal die Mafia etwas vor.

Aryan Brotherhood

Ebenso wie viele meiner Brüder in Europa wusste ich, dass Hells Angels in den USA mit der Aryan Brotherhood Geschäfte machen. Da ich aber so gut wie nichts über diese Gang wusste, rief ich Dominik, den Ostküstenvertreter der Hells Angels, an und bat ihn, mir nähere Informationen über die Arische Bruderschaft zu geben.

Die Aryan Brotherhood – kurz AB oder auch The Brand genannt – ist eine Verbrecherorganisation, die vor allem im Knast und aus dem Knast heraus agiert. Ihr Club-Tattoo oder Symbol ist ein Shamrock: ein dreiblättriges Kleeblatt, da die Gang irische Wurzeln hat. Gegründet wurde die Bruderschaft 1967 in den USA, im Staatsgefängnis San Quentin in Kalifornien. Die Gefängnisgang ist bekannt für Rassenhass, aber vor allem für ihr äußerst brutales Vorgehen bei der Durchsetzung ihrer Ziele. Die meisten sind stolz auf ihre »Leistungen« und auf ihre Narben, die sie in Kämpfen davontragen. Innerhalb der Knastmauern haben die Jungs der Aryan Brotherhood das Sagen: Sie kontrollieren Wetten, verkaufen Drogen und verüben Mordanschläge. Doch auch außerhalb der Gefängnisse ziehen sie genügend Strippen. Ihre Frauen nutzen sie als Sprachrohr nach draußen, aber auch als Drogen- oder Geldkuriere. Der amerikanische Gang-Experte Tony Delgado sagte über sie: »Die Aryan Brotherhood ist zweifellos eine Bande von Rassisten, aber wenn es ums Geschäft geht, ist die interessanteste Farbe für sie nicht schwarz oder braun oder weiß – es ist grün.« Das sagt doch schon alles, oder?

Nach FBI-Angaben sind Mitglieder der Aryan Brotherhood für 18 Prozent der Gefängnismorde verantwortlich, dabei bilden die Insassen, die zur Gang gehören, eigentlich eine ganz klare Minderheit. Sie verdienen ihr Geld mit Drogengeschäften, Mord, Totschlag, Erpressung und so weiter. Die Führungsriege der Aryan Brotherhood sitzt zum Großteil lebenslänglich hinter Gittern – in den USA kann man das Urteil »lebenslänglich« ja sogar mehrmals aufgebrummt bekommen. Also, was wollen die Justizbehörden denn machen? Noch ein Lebenslänglich obendrauf packen, wenn wieder mal etwas passiert? Lächerlich, das interessiert doch keine alte Sau.

Zwischen der Aryan Brotherhood und den Hells Angels besteht eine enge Verbundenheit auf ideeller und geschäftlicher Ebene. Besonders praktisch: Mitglieder der Aryan Brotherhood haben Kontakte zu mexikanischen Methamphetamin-Labors und organisieren im ganz großen Stil den Transport über die mexikanische Grenze in die USA. Dort kaufen Hells Angels die Drogen und verkaufen oder verteilen über ihr eigenes Netzwerk den Stoff. Das Methamphetamin wird oft mit Alkohol verflüssigt und in doppelten Tanks durchs Land transportiert. Ein nicht geringer Teil gelangt so nach Kanada und wird dort an den Mann gebracht. Das Geschäft ist riesig und die Gewinnspanne außergewöhnlich hoch. In dem Geschäft mischen auch befreundete Motorradclubs der Hells Angels mit, die wiederum in ihrem Umfeld die Droge verkaufen.

Red Devils reloaded

Auch aus der Supporter-Ecke erhalten die Hells Angels tatkräftige Unterstützung. Bei diesem Thema drehe ich eine kleine Schleife für diejenigen, die *Höllenritt* nicht kennen. Denn von den Red Devils habe ich dort bereits einiges berichtet, hier wiederhole ich die wichtigsten Eckpunkte, damit jeder mitkommt. Die Red Devils gehören zu den Supporter-Clubs der Hells Angels, ebenso wie zum Beispiel die Brigade 81. Supporter-Clubs beziehungsweise deren Mitglieder dürfen an den offiziellen Partys der Hells Angels teilnehmen.

Die Red Devils sind aus von den Hells Angels vereinnahmten Motorradclubs entstanden, durch die sich die Hells Angels Vorteile erhofften. Diese Clubs hatten vielleicht bessere Kenntnisse der Szene, in der die Hells Angels Fuß fassen wollten, oder sie besaßen lukrative Geschäfte, von denen die Hells Angels gerne profitieren wollten. In den meisten Fällen geht es also um Geld oder Logistik. Und wie ihr bereits gelesen habt, laufen solche Clubübernahmen mal mehr, mal weniger friedlich ab.

Mit den Mitgliedern der Supporter-Clubs wird ordentlich Kohle gemacht, unter anderem durch Support-Ware und andere Fan-Artikel, die diese Jungs in Massen kaufen oder selbst verkaufen und so die Clubkassen der Hells Angels klingeln lassen. Außerdem nutzen sie, weil sie ihren Club ja unterstützen wollen, auch Schrauberbuden, Koks, Puffs und vieles andere mehr von den Hells Angels. Supporter durch und durch eben. Die meisten von ihnen sind von den Hells Angels dermaßen beeindruckt, das ist echt nicht mehr feierlich. Viele würden wirklich alles tun, um zum Club zu gehören, was auch von den Hells Angels gerne ausgenutzt wird. So waren die Red Devils von Beginn an willkommene Helfer im Club oder zu Hause.

Die klassische Rollenverteilung zwischen Hells Angels und Red Devils sah anfangs etwas anders aus als heute. Die Red Devils waren im Club der Hells Angels zunächst nur die Handlanger ohne irgendwelche Ansprüche – ohne dass dies den Supportern wirklich klar war. Vielleicht checkten das manche sogar, wollten es aber nicht richtig wahrhaben. Klar ist: Fast alle Red-Devils-Member sahen in ihren »Dienstleistungen« ein Sprungbrett für einen Übergang zu den Hells Angels und hofften darauf, aber nur ganz wenige haben es wirklich in den Club geschafft. Den meisten blieb der Weg verwehrt.

Bei manchen Hells Angels waren die Red Devils von Anfang an unerwünscht, auch in Deutschland. In Spanien beispielsweise ist man sie mittlerweile ganz losgeworden. Dort wurden von jetzt auf gleich sämtliche Red-Devils-Charter von den Hells Angels geschlossen, und schon waren die Jungs, die sich lange Zeit den Arsch für sie aufgerissen hatten, nur um irgendwann einmal zu den Hells Angels zu gehören, am Ende die Gearschten. Nur sehr wenige kennen die wahren Hintergründe für diese Nacht-und-Nebel-Aktion. Vielleicht ergibt sich zu einem späteren Zeitpunkt, in einem anderen Buch, die Möglichkeit, euch davon Genaueres zu berichten.

Die Red Devils wurden und werden als Hilfskräfte bei den Hells Angels eingesetzt. Jeder Hells-Angels-Prospect hat mehr zu sagen als ein Red-Devil-Präsident. Damit wären doch wohl die Fronten geklärt, oder? Was für eine Demütigung das sein muss! Na ja, jeder lässt eben so viel mit sich machen, wie er will – jeder entscheidet selbst, und offensichtlich waren beziehungsweise sind sie ja ganz zufrieden mit der Gesamtsituation.

Member der Red Devils mussten bei den Hells Angels schuften und buckeln. Sie wurden unter anderem für das Auskundschaften und Anwerben kleinerer Motorradclubs benutzt und als Ohr zur Szene. Bei gewaltsamen Auflösungen anderer MCs wurden sie als Vorhut eingesetzt. Da sie in der Szene mehr oder weniger unbekannt waren, konnten sie sich in Clubhäusern aufhalten, die geschlossen werden sollten, oder auf Partys, die gesprengt werden sollten. Sie gaben – je nach Anweisung der Hells Angels – Bescheid, wenn beispielsweise bestimmte Personen im Clubhaus auftauchten. Daraufhin wussten die Hells Angels, dass es Zeit war, anzurücken, den Job zu erledigen und schnell wieder zu verschwinden.

Aus dem eigentlichen Geschehen jedoch hielt man die Red Devils raus, zumindest soweit es ging. Warum? Ganz einfach: Die Hells Angels trauten ihnen nicht über den Weg – und sie trauten ihnen noch weniger zu. Clubfremde Mitwisser kann man einfach nicht gebrauchen, schon gar nicht bei Aktionen, für die man vor Gericht und im Knast landen kann und am Ende von diesen Mitwissern verraten wird, weil sie im Zeugenstand einknicken und alles ausplaudern.

Doch mit zunehmendem Druck seitens der Ermittlungsbehörden sahen sich die Hells Angels immer öfter gezwungen, auf die Unterstützung der Red Devils zurückzugreifen. Sie wurden daher mit immer mehr kriminellen Hells-Angels-Angelegenheiten betraut, was natürlich bei vielen Red Devils und gerade ihren Chefchen auf offene Ohren stieß. Sie waren immer noch extrem scharf darauf, endlich bei den großen Jungs mitspielen zu dürfen, und hungerten dermaßen nach Anerkennung, dass sie die kriminellen Aktionen mehr als bereitwillig ausführten, ganz nach der Devise: Je mehr wir für die Hells Angels erledigen, desto größer ist die Chance, dass wir für voll genommen und endlich, endlich auch Hells Angels werden! Die Rechnung ging auf, zumindest für einige der Red Devils. Es gab ein paar Red-Devils-Charter, die sich da besonders hervorgetan haben.

Das blieb anderen Red Devils natürlich nicht verborgen, und auch sie legten sich nun schwer ins Zeug, um immer mehr bei kriminellen Machenschaften der Hells Angels aufzufallen. Für die Hells Angels natürlich eine absolut geniale Position: Die Drecksarbeit wird von anderen erledigt. Die Hells Angels selbst bleiben immer mehr außen vor und sind somit von der Justiz nicht angreifbar. Und die anderen müssen ihren Kopf hinhalten, wenn etwas in die Hose geht. Besser kann es doch kaum laufen, oder?

Die heutige Situation der Red Devils ist eine Gemengelage aus allem: von Hilfsdiensten bis zur Schwerkriminalität. Es ist anzunehmen, dass die Red Devils bei Gewaltverbrechen in Zukunft eine noch größere Rolle spielen werden. Je stärker der Druck auf die Hells Angels wächst, desto mehr werden die Red Devils in den Vordergrund treten müssen. Einer muss sich ja die Hände schmutzig machen. Nichtsdestotrotz werden alle wichtigen Sachen nach wie vor von den Hells Angels selbst übernommen.

Der Haken für die Red Devils bei der ganzen Geschichte: Je mehr sie für die Hells Angels erledigen, desto unabkömmlicher werden sie für die Hells Angels – und ihre Chance, dann ein eigenes Hells-Angels-Charter oder wenigstens richtige Member zu werden, wird immer kleiner. Vielleicht fällt bei den Jungs ja irgendwann der Groschen, dass sie von den Hells Angels nur vorgeführt und für ihre Zwecke genutzt werden.

Vielleicht aber auch nicht. Und vielleicht wollen sie es auch so. Mal sehen, was die Zukunft noch so alles bringen wird. Eines ist jedenfalls ganz klar: Es bleibt spannend.

Die Konkurrenz schläft nicht

Es tut sich auch heute schon genügend in der ganzen Szene. Die Hells Angels bekommen mittlerweile ordentlich Konkurrenz und damit große Probleme, weil die Liste an potentiellen Feinden immer länger wird: Albaner-Gangs sind auf dem Vormarsch in Deutschland, sie wollen das Rotlichtmilieu für sich erobern. Und sie lassen sich von den Hells Angels nicht sonderlich beeindrucken. Auch der Gremium MC, der 1972 in Mannheim gegründet wurde, beginnt so langsam mitzumischen. Die Jungs entwickeln sich zu richtigen Gegnern der Hells Angels. Früher gab es bei denen keinerlei oder kaum kriminelle Aktivitäten, doch inzwischen scheinen dort einige auf den Geschmack gekommen zu sein und beanspruchen einen eigenen Platz am Buffet des Big Business. Sie wollen auch ein Stück abhaben.

Erst im Juni 2012 hat sich der niederländische MC Satudarah in Duisburg eingenistet. Dabei sind auch einige Rocker von einem Motorradclub namens Brotherhood Clown-Town zu den Holländern übergetreten. Aber natürlich haben sie das nur aus Spaß gemacht und wollen ab sofort gemeinsam friedlich Motorrad fahren – so hieß es auf ihrer Pressekonferenz. Laut Presseberichten stehen auf der Top-Ten-Liste der meistgesuchten Verbrecher in Holland fünf Namen von Satudarah-Membern.

Dann gibt es noch Gerüchte, das die amerikanischen Mongols nach Deutschland expandieren wollen. Die Mongols bestehen zum Großteil aus üblen Burschen, meist Mexikanern oder Südamerikanern. Die Hells Angels in den USA bekriegen sich schon lange mit ihnen – mit zahlreichen Todesopfern auf beiden Seiten. Sollten sie wirklich nach Deutschland kommen, geht es hier noch richtig rund.

Ich persönlich glaube ja, dass die Rockerkriminalität in zehn bis fünfzehn Jahren ausstirbt und damit ihre Vorherrschaft in kriminellen Kreisen. Aber das ist kein Grund zum Aufatmen: Andere werden sicherlich nachrücken.

Ich hab's euch doch gesagt!

In vielen Interviews wurde ich zum Friedensschluss zwischen Bandidos und Hells Angels befragt, und ich war mir von Anfang an sicher: Das wird nix, es dauert nicht lange, bis sie sich wieder gegenseitig die Köpfe blutig schlagen. Genauso ist es gekommen.

Aktuell überschlagen sich die Ereignisse. Es hat sich ja in den letzten Wochen und Monaten schon so einiges getan. Es gab immer wieder Razzien, Hausdurchsuchungen, vorläufige Festnahmen. Ganze Hundertschaften der Polizei und Spezialeinsatzkommandos rücken den Hells Angels – und auch den Bandidos – langsam auf den Pelz. Aber die Jungs sind ihnen mal wieder einen oder zwei Schritte voraus – Polizeispitzeln und Maulwürfen sei Dank. Sie wissen oft schon im Vorfeld, wann etwas im Busch ist.

Am 1. Juni 2012, nach der Innenministerkonferenz, verkündete Innenminister Friedrich die Prüfung eines bundesweiten Verbots der Hells Angels – wohlgemerkt nur die Prüfung. Was dabei herauskommen wird, kann ich nicht einschätzen. Wir alle werden es in den nächsten Monaten erfahren. Aktuell sind sich die Innenminister aber nicht so recht einig. Klaus Schlie (Innenminister Schleswig-Holstein) will das Ganze diskutieren – und zwar ernsthaft. Uwe Schünemann (Niedersachsen) ist skeptisch, weil die Rockerszene sich aus vielen unabhängigen Chartern zusammensetzt. Und das Problem sieht auch Bundesinnenminister Friedrich. Wenn sich keine bundesweite Struktur nachweisen lässt, haben die Innenminister mit einem bundesweiten Verbot schlechte Karten. Wie dem auch sei: Die Diskussion läuft also, und wir müssen einfach abwarten, was passiert. Da *Wir sehen uns in der Hölle* irgendwann in Druck gehen musste, kann ich euch das Ergebnis und den Stand der Ermittlungen hier nicht mehr mitteilen.

Aber ich kann für euch noch die aktuellsten Entwicklungen und Aktionen zusammenfassen und kommentieren. In letzter Zeit ging es in Deutschland richtig rund. Das Hells-Angels-Charter in Köln wurde verboten und durchsucht. Nach einer Großschlägerei und mehreren anderen Vorkommnissen der Art, über die ich schon so oft geschrieben habe, wurden das Clubhaus und Privatwohnungen durchsucht. Umfangreiche Waffen- und Drogenfunde waren das Ergebnis. Immer wieder das gleiche Spiel bei diesen Durchsuchungen und Razzien.

In Berlin wird fröhlich Reise nach Jerusalem gespielt: Mehrere Bandidos-Chapter wechselten Ende Mai die Fronten und schlossen sich ihren Erzfeinden, den Hells Angels, an. Das Hells-Angels-Charter Nomads Berlin und die Hells Angels Berlin zogen vor die Tore Berlins und entgingen so den Razzien der Polizei, die aus Polizei- und Justizkreisen den Hells Angels verraten wurden.

Ein weiteres Charterverbot in Berlin, diesmal für das Hells-Angels-Charter Berlin City, lag wochenlang zum Vollzug bei der zuständigen Behörde. Doch es wurde nicht zeitnah umgesetzt, sondern auf Eis gelegt, weil die zuständige Beamtin dies verzögerte und erst einmal in Urlaub fuhr. Und da sie, wie es in Zeitungsberichten hieß, das Schild der Hells Angels am Clubhaus eigenhändig abschrauben wollte, mussten die Schließung und die Übergabe der Verbotsverfügung warten, bis die Frau Heimwerkerin gut erholt aus ihrer Sommerfrische zurückkehrte. Dumm nur, dass jemand den Hells Angels das bevorstehende Verbot bereits gesteckt hatte und sich die Hells Angels ganz kurz vor dem Polizeieinsatz – und zwar nur wenige Stunden zuvor – selbst auflösten. Trotzdem rückten die Bullen an, durchsuchten Clubhaus und Wohnungen und verboten das Charter. Ich hoffe nur, dass Frau Heimwerkerin mittlerweile schon an ihrem Kündigungsschreiben feilt – wegen grober Unfähigkeit.

In Kiel wurde eine Lagerhalle der Hells Angels gründlich durchsucht, um die Leiche eines Mannes, die angeblich im Fundament einbetoniert wurde, zu finden. Ohne Ergebnis. Weiter wurde ein sogenannter Folterkeller entdeckt, in dem das Opfer zuvor übelst gequält und anschließend durch einen Kopfschuss getötet worden sein soll, was die Beschuldigten allerdings vehement bestreiten. Der Kronzeuge in einem Kieler Prozess gegen Hells Angels in Sachen Rockerkriminalität hatte dies alles vor einem Richter ausgesagt. Die Suche nach der Leiche lief unter Beteiligung von Mordkommission sowie Einsatzkräften von Landes- und Bundeskriminalamt lange auf Hochtouren, mit schwerem Spezialgerät und Leichenspürhunden, die tatsächlich anschlugen. Aber am 10. Juli 2012, nach fast sieben Wochen, wurde die Suche eingestellt, weil es dort keine Leiche gab. Die Staatsanwaltschaft beantragte bei Gericht, zuvor erlassene Haftbefehle wieder aufzuheben.

Was allein im Jahr 2012 passierte ist, spricht für sich. Da geht es ständig hin und her mit Auseinandersetzungen und Racheaktionen, Verboten seitens der Innenministerien und Razzien:

22./23. Januar 2012: Es kommt zu einer Massenschlägerei zwischen Mitgliedern der beiden Rockerclubs. Ein Mann wird lebensgefährlich verletzt, es kommt zu mehreren Festnahmen. Auf das Haus eines Bandidos-Members werden Schüsse abgegeben.
31. Januar 2012: Das Landesinnenministerium von Schleswig-Holstein verbietet die Hells Angels Kiel.
23. Februar 2012: Es wird Anklage gegen sieben Bandidos-Member erhoben. Ihnen wird versuchte schwere räuberische Erpressung vorgeworfen.
28. März 2012: Razzia bei den Bandidos; drei per Haftbefehl gesuchte Member werden festgenommen.
16. April 2012: Die Polizei findet nach einem Großeinsatz Waffen, Munition und Drogen bei einem Red-Devils-Member. Bei der Razzia im Red-Devils-Clubhaus mit Drogenspürhunden schlägt der Hund außerdem bei dem Motorrad eines Hells Angels an, der gerade zu Besuch ist. Bilanz: 500 Gramm Marihuana, 30 Gramm Kokain, alles unter dem Fahrersitz versteckt.
20. April 2012: Im Ruhrgebiet durchsuchen Sondereinsatzkommandos Clubhäuser der Bandidos.
25. April 2012: Per Beschluss des Bundesverfassungsgerichts ist klar, Hells-Angels-Kutten dürfen bei Gerichtsverhandlungen verboten werden.
26. April 2012: Nordrhein-Westfalen verbietet das Bandidos-Chapter Aachen und fünf seiner Unterstützerclubs.
3. Mai 2012: In Nordrhein-Westfalen werden die Hells Angels Cologne und ein Supporter-Club verboten.
24. Mai 2012: 1200 Einsatzkräfte der Polizei führen eine

Razzia in mehreren Chartern der Hells Angels in Norddeutschland durch. Unter anderem wird auch Frank Hanebuths Haus von GSG-9-Einheiten gestürmt. Dabei kommt sogar ein Hubschrauber zum Einsatz, von dem sich die Anti-Terroreinheit abseilt, während zeitgleich das Grundstück über Grundstücksmauern und Einfahrtstor von der GSG 9 gestürmt wird.

29. Mai 2012: Ein Bandidos-Mitglied wird von einem Unbekannten erschossen. In Berlin wechseln mehrere Untergruppen des Rockerclubs zu ihren Feinden, den Hells Angels, über.

30. Mai 2012: Die Berliner Senatsinnenverwaltung verbietet die Hells Angels Berlin City. Mehrere Untergruppen der Rocker haben sich zu diesem Zeitpunkt offenbar bereits aufgelöst.

30. Mai 2012: 550 Polizeieinsatzkräfte und Spezialkommandos durchsuchen mehrere Clubhäuser und Wohnungen in Berlin, nach dem Verbot des Hells-Angels-Charters Berlin City.

2. Juni 2012: Polizisten werden mutmaßlich von Hells Angels mit dem Tod bedroht und erhalten von ihren Kollegen Personenschutz.

7. Juni 2012: Etwa 1000 Polizisten und Spezialeinsatzkommandos sind in Berlin und Brandenburg im Einsatz – diesmal haben sie vor allem die Bandidos nördlich von Berlin im Visier.

10. Juni 2012: Der Präsident des Hells-Angels-Charters Nomads Berlin wird von einem bisher unbekannten Täter mit fünf Schüssen aus kurzer Distanz auf offener Straße niedergestreckt – vermutlich ein Racheakt.

Während seines Krankenhausaufenthalts wird er von einem Großaufgebot von Polizisten geschützt, weil man einen weiteren Anschlag auf ihn befürchtet; auch seine Clubbrüder beziehen vor dem Klinikum Stellung. Mittlerweile ist er wieder auf den Beinen und konnte von der Mordkommission zu dem Vorfall befragt werden. Allerdings haben seine Aussagen nach Polizeiangaben die Ermittlungen nicht weitergebracht. Komisch, wer hätte das gedacht?

12. Juni 2012: Gründung der Task-Force Rocker in Berlin, die sich um die Bekämpfung der Rockerkriminalität in der Hauptstadt kümmern soll. Sie besteht im Wesentlichen aus zehn Staatsanwälten, kann aber personell laut Angaben des Leiters der Task-Force bei Bedarf erweitert werden.

16. Juni 2012: Die Potsdamer Hells Angels lösen sich auf.

28. Juni 2012: Völlig unerwartet erklärt Frank Hanebuth die sofortige Auflösung des Charters Hannover, wo er als Präsident agiert. Selbst das Landeskriminalamt Niedersachsen ist von der Auflösung völlig überrascht.

5. Juli 2012: Zwei Bandidos werden vor ihrem Clubhaus niedergeschossen.

3. August 2012: Ein Hells Angel wird im Zusammenhang mit Gewalttaten gegen die Bandidos verhaftet.

24. August 2012: In einem Wettbüro von Hells Angels geht wenige Tage vor der Eröffnung eine Handgranate hoch – extremer Sachschaden, aber keine Verletzten. Die Polizei ermittelt »in alle Richtungen«.

Aber alle diese Mutmaßungen sind für mich nicht wirklich befriedigend. Und da meine eigenen Vermutungen in eine ganz andere Richtung gehen – und die auch nicht grundlos oder aus der Luft gegriffen sind –, werde ich mich in naher Zukunft mit meinen Informanten treffen, um Genaueres zu erfahren.

Alles, was bisher geschah – Mord und Totschlag, Handgranatenangriffe, Sprengstoffanschläge, Überläufer und Weiteres –, ist meiner Ansicht nach der Anfang eines großen Rockerkriegs mitten in Deutschland. Es wird noch viele Tote auf beiden Seiten geben, und nichts und niemand kann das momentan verhindern. Auch in den USA und Kanada verliefen die schweren Auseinandersetzungen zwischen den beiden Erzfeinden ähnlich. Das Ergebnis waren mehrere 100 Tote auf beiden Seiten. Dabei kamen auch zahlreiche Polizisten, Staatsanwälte und Normalbürger ums Leben, sogar der Tod eines Kindes wurde gnadenlos in Kauf genommen, durch eine ferngezündete Autobombe. Jüngst wurden auch drei Bandidos aus Skandinavien mit rund einem Kilo Sprengstoff und einer Sprengkapsel festgenommen. Was die damit wohl vorhatten? Und den skandinavischen Rockerkrieg habe ich euch ja ausführlich geschildert.

Es wird bald der Punkt kommen, an dem den Jungs auch in Deutschland alle Konsequenzen ihres Handelns scheißegal sein werden. Denn beide Clubs stehen mit dem Rücken zur Wand, und keiner wird auch nur ein Jota nachgeben oder sich kampflos zurückziehen. Das kann nur blutig enden.

DER STAAT SCHAUT ZU

Im Jahr 2010 gab es über 600 Ermittlungsverfahren im Zusammenhang mit organisierter Kriminalität (OK). Laut Bundeskriminalamt entstand in diesem Jahr ein Gesamtschaden von 1,65 Milliarden Euro. Die Bedrohung durch organisierte Kriminalität in Deutschland sei weiterhin hoch, erklärte der Präsident des Bundeskriminalamts Jörg Ziercke. Und immerhin wird in »fast jedem zehnten OK-Verfahren gegen Rockergruppierungen direkt oder gegen OK-Gruppierungen mit Verbindungen zu Rockern ermittelt«. Ziercke warnte auch vor ihrer hohen Gewaltbereitschaft vor allem Rivalen gegenüber und ging für die Zukunft von »brutalen gewalttätigen Konflikten« aus.

Doch beim Kampf gegen die Rockerkriminalität, gegen das organisierte Verbrechen, haben Polizei und Justiz so ihre Schwierigkeiten. Da ist zum einen die Tatsache, dass Hells Angels, die einer Tat beschuldigt werden, gegenüber der Bullerei niemals das Maul aufmachen. Ist klar: Wer ist schon so blöd und belastet sich selbst? Aber auch andere werden nicht verpfiffen: keine Hintermänner, keine Member rivalisierender Clubs – nichts und niemand. Die Jungs halten dicht, so verlangt es der Ehrenkodex. Streitereien mit verfeindeten Motorradclubs regelt man ohnehin anders –

nämlich selbst. Dafür braucht man die Jungs in Grün nicht.

Was tut man also in Deutschland, dem Land der Dichter und Denker? Man überlegt, man prüft, man beobachtet, man schreibt ellenlange Berichte – aber den Arsch kriegt noch kaum einer hoch. Leider.

Hannoveraner Strippenzieher?

Wie schon in *Höllenritt* geschrieben, steht meine Meinung zu den deutschen Chartern fest: Der Großteil der Member der Hells Angels Germany gehört für mich nicht einmal im Ansatz zum Club. Sie haben nur ihre eigennützigen Interessen im Kopf, sie halten sich nicht an die Regeln und treten die Ideale des Clubs mit Füßen, die für die anderen Charter weltweit zum Großteil noch gelten.

Damit will ich nicht sagen, dass die anderen alle Unschuldslämmer und ganz brave, rechtschaffene Biker sind. Im Gegenteil: Überall auf der Welt sind sie in illegale Machenschaften verstrickt, das weiß jeder, der aufmerksam Zeitung liest oder eine Internetsuchmaschine fehlerfrei bedienen kann. Natürlich gibt es einige wenige unter den Bikern, die versuchen, sich nicht an illegalen Geschäften zu beteiligen. Aber – und jetzt borge ich mir mal das PR-Vokabular der Hells Angels – das sind Einzelfälle. Und die suchen sich sicher bald einen harmlosen Motorradclub, bei dem es wirklich nur ums Motorradfahren geht, und erfreuen sich dort an ihrem Hobby.

Die deutschen Hells Angels sind gierig und nur auf ihren Vorteil bedacht. Während in anderen Ländern, beispielsweise Dänemark, alle Chartereinnahmen in eine gemeinsame Kasse fließen und aus dem Topf gerecht – brüderlich – unter Membern und Prospects aufgeteilt werden, wirtschaften deutsche Hells Angels überwiegend lieber in die jeweils eigene Tasche. Bringt doch auch viel mehr – für den Einzelnen zumindest. Jeder ist sich eben selbst der Nächste, da ist man dann auch nicht immer ganz ehrlich zu den Brüdern. Na ja, in jeder Familie gibt es doch Geheimnisse, oder?

Was an der deutschen Hells-Angels-Szene auffällt, ist die Expansion, die schon seit vielen Jahren rücksichtslos vorangetrieben wird. Und wie bereits gesagt, strecken die deutschen Charter schon ihre Tentakel nach Österreich aus. Man muss sich das mal geben: In Deutschland gibt es derzeit fast 50 Charter, in den USA sind es etwas weniger als 80. Bei dem Vergleich darf man aber nicht vergessen: Dic USA sind flächenmäßig knapp 27 Mal größer als Deutschland!

Die deutschen Charter rekrutieren seit Jahren wahllos neue Mitglieder, und die neuen Charter sprießen wie Unkraut. Okay, heutzutage muss man ja sagen: Das war einmal. Denn in jüngster Zeit dezimieren sich die Charter in Deutschland fast wie von selbst, indem sie sich vorsorglich auflösen, oder sie werden von dem einen oder anderen Innenminister mit »Cochones« verboten. Dazu kommen wir gleich noch genauer.

Nicht nur, dass die Charter in Deutschland in der Vergangenheit immer zahlreicher wurden, vor allem die Hannoveraner ließen auch immer mehr Member in ihrem eigenen Charter zu. Das ging so weit, dass das Hells-Angels-Charter Hannover Ende 2007 fast so viele Member hatte wie das damals größte Charter in New York. Allerdings ist das New Yorker Charter über 35 Jahre gewachsen, das Hannover Charter wurde dagegen erst 1999 gegründet. Das muss man sich mal auf der Zunge zergehen lassen: Über drei Jahre, zwischen 2008 und 2011, konnte Hannover das Charter New York an Mannstärke überrunden. Mittlerweile ist New York wieder dic Nummer eins.

Trotzdem: Das Hannoveraner Charter der Hells Angels hat in Deutschland die absolute Führungsposition erlangt. Aktionen der Hells Angels in Deutschland waren ohne dessen Zustimmung und Wissen kaum möglich. In Hannover selbst war man seitens der Hells Angels sehr zurückhaltend mit öffentlichen Gewaltauftritten. Ein Verbot, das ja auch ihre Führungsposition gefährdet hätte, sollte vermieden werden.

Hilfreich dabei waren die exzellenten Verbindungen in die Kreise von Justiz und Politik. Die Polizisten an vorderster Front hätten sicher sehr gerne dem ganzen Spuk ein Ende bereitet, wurden aber bei ihren Bemühungen oft genug von hochrangigen Entscheidungsträgern ausgebremst. Wenn es ihnen gelungen wäre, das Charter Hannover viel früher zu verbieten und damit der Hydra des organisierten Verbrechens innerhalb der Hells Angels den Kopf abzuhacken, wäre schon längst ein elementarer Schritt in Richtung der Zerschlagung der Rockerkriminalität gelungen. Doch die Hells Angels Hannover achteten peinlich genau darauf, in Niedersachsen möglichst wenig aufzufallen.

Das muss ein derber Schlag für den Präsidenten der Hells Angel Hannover gewesen sein, als er sein Charter aufgelöst hat. Er, der von nicht wenigen als Deutschland-Präsident gehandelt wurde. Eine totale Schnapsidee – gegen die ich zu meiner Zeit über viele Jahre mein Veto eingelegt habe, als sie auf vielen Officers-Meetings zur Sprache kam. Mal ganz davon abgesehen, dass die World-Rules an sich schon ein solches Amt verbieten. Aber für die Hells Angels Deutschland gilt eben nicht jede Regel, sie basteln sich lieber ihre eigene Welt. So baute der Präsident des Charters Hannover auf Umwegen seine Vormachtstellung und seinen absoluten Machtanspruch innerhalb des Clubs aus. Und das hätte die Justiz meiner Meinung nach viel früher alarmieren müssen. Im Nachhinein betrachtet wäre es vielleicht gar nicht so schlecht gewesen, wenn sich die bekloppte Deutschland-Präsidenten-Idee durchgesetzt hätte. Womöglich hätte es die deutsche Justiz dadurch endlich geschafft, einen Hebel für ein bundesweites Verbot anzusetzen. Denn die Jungs von der Staatsanwaltschaft und auch die Innenminister tun sich schwer damit, den Hells Angels bundesweite Strukturen nachzuweisen. Dazu müssten sie nämlich zentral organisiert sein, aber das sind sie offiziell nicht, da jedes Charter ein lokaler Zusammenschluss von Bikern ist. Damit sind den Behörden oft die Hände gebunden, weil sie keine andere Möglichkeit haben, als jedes Charter einzeln zu verbieten, was mühsam, langwierig und nicht gerade leicht ist. Und was sollte die Rocker denn daran hindern, sich neu zu gruppieren oder einfach zu anderen Chartern zu gehen? Oder sie schlagen ihre Zelte in einem anderen Bundesland auf.

Damit Aktionen, zum Beispiel Ermittlungen im Rotlichtmilieu von Hannover, besser greifen können, muss es eine Ermittlertruppe geben, die von der Hannoveraner Politik und Justiz völlig unabhängig ist. Die gibt es aber nicht. Wie kann es denn sein, dass sich ein ermittelnder Staatsanwalt in dieser Sache höchstpersönlich in Bars und Bordelle begibt, um vor Ort Ermittlungen anzustellen? Das ist mehr als ungewöhnlich. Normalerweise machen so etwas den Hells Angels unbekannte Ermittler, denn nur so lassen sich neue Erkenntnisse gewinnen. Da könnte man auch gleich einen Pandabären in die Bars und Puffs schicken, der wäre genauso unauffällig.

Komischerweise passieren ungewöhnliche Dinge in Hannover immer wieder. Da muss man sich doch fragen: um welchen Preis? Aus welchem Grund, und wer profitiert von solchen Machenschaften? Die SPD-Fraktion im niedersächsischen Landtag hatte schon 2011 versucht, ein Verbotsverfahren gegen die Hells Angels einzuleiten, doch die schwarz-gelbe Regierungskoalition unterstützte den Vorstoß nur teilweise und halbherzig. Inzwischen wird es als gutes Zeichen der Geschlossenheit gefeiert, dass der Landtag einstimmig beschlossen hat, ein Verbotsverfahren »zu prüfen«. Innenminister Uwe Schünemann von der CDU scheut sich aber davor, ein Verbotsverfahren einzuleiten, weil es eventuell nicht durchzusetzen wäre und bei einer Klage seitens der Hells Angels nicht haltbar sei. Es müsse weiter kontinuierlich und nachdrücklich geprüft werden, und man müsse handeln, wenn die Erkenntnisse da seien.

Tja, Herr Schünemann, das geht ja nun schon jahrelang so. Wie lange wollen Sie denn noch »prüfen«? Mit einem ständigen Wenn und Aber ist den Bürgern herzlich wenig geholfen. Tatsache ist doch, dass die Ermittlungen mit angezogener Handbremse durchgeführt werden und nicht wirklich zum Erfolg führen.

Brennpunkt Berlin

In der Hauptstadt eskalieren die Auseinandersetzungen zwischen den beiden Erzfeinden Hells Angels und Bandidos immer mehr. Sowohl das Landeskriminalamt als auch die Polizeigewerkschaft zeigen sich besorgt. Die Polizisten, die tagtäglich auf Streife gehen müssen, erleben die Gewalttätigkeiten zum Teil hautnah und bekommen dabei auch ihr Fett weg. »Wer sagt, das sei kein Krieg, der Unschuldige gefährdet, ist blind«, wird ein Polizeibeamter in der *Berliner Morgenpost* zitiert.

Die folgende Chronik auf Basis von Zeitungsberichten und Online-Meldungen ist keineswegs vollständig, sie illustriert aber ganz gut, was im Laufe des Jahres 2012 in Berlin so alles abgegangen ist.

4. Januar 2012: Das Clubhaus der Bandidos East Gate wird beschossen. Die Täter bleiben unerkannt, verletzt wird niemand.
10. Januar 2012: Ein Brandanschlag wird auf einen Bandidos-Supporter-Club verübt.
12. Januar 2012: Drei Hells Angels überfallen einen Bandidos-Member auf offener Straße und stechen ihn nieder.
15. Februar 2012: Zivilbeamte werden von Hells-Angels-Membern beleidigt, angebrüllt und bedroht.
2. März 2012: Ein Hells Angel mit einem Durchschuss wird im Krankenhaus behandelt. Was vorgefallen ist, verrät er nicht.
4. März 2012: Ein Hells-Angel-Supporter wird niedergestochen.
15. März 2012: Schüsse werden auf das Clubhaus der Bandidos South Side abgefeuert.
24. März 2012: Hells Angels verfolgen und stoppen ein Auto, zertrümmern es mit Baseballschlägern, Axtstielen und Schlagstöcken und bedrohen die Insassen – einen Berliner Pizzabäcker und dessen Sohn. Die beiden können fliehen.
23. April 2012: Bandidos und Hells Angels liefern sich eine Schlägerei – unter Einsatz von Reizgas, Messern und Macheten.

24. April 2012: Bandidos schlagen auf einen Wagen der Hells Angels ein.
25. April 2012: Am Clubhaus der Bandidos South Side sind Einschüsse und Durchschüsse zu sehen.
30. Mai 2012: Hells Angels Berlin City und der Supporter-Club MG 81 werden verboten.
10. Juni 2012: Der Präsident der Nomads Berlin wird niedergeschossen.
9. Juli 2012: Drei Hells Angels werden festgenommen. Sie sollen ein paar Tage zuvor einen Mann verprügelt und schwer verletzt haben.
10. Juli 2012: Die Polizei kontrolliert mehrere Hells-Angels-Member und ihre Begleitung sowie die Fahrzeuge. Als ein Beamter die Kutte eines Members durchsuchen will, leistet dieser Widerstand.
14. Juli 2012: Ein Hells-Angels-Member wird wegen gefährlicher Körperverletzung verhaftet.
7. August 2012: Die Polizei nimmt einen per Haftbefehl wegen schwerer räuberischer Erpressung gesuchten Hells Angel fest.
16. August 2012: Bei einem Hells-Angels-Member stellt die Polizei bei einer Kontrolle Kokain sicher. In seiner Wohnung findet sie außerdem Hieb- und Stichwaffen.
8. September 2012: Bei einer Polizeikontrolle flüchtet ein Hells Angel mit seinem Motorrad. Als eine Zivilstreife ihn stoppen will, gibt er Gas und kollidiert mit einer Straßenbahn. Mit schweren Verletzungen muss er ins Krankenhaus.

Das sind mit Sicherheit nicht die letzten Meldungen aus dem Brennpunkt Berlin. Die Jungs werden sich weiterhin heftig die Köpfe einschlagen, wenn nicht endlich hart durchgegriffen wird. So langsam kommen aber auch die Berliner Behörden in die Pötte. Statt endloser Diskussionen und politischer heißer Luft soll es nun die neugegründete Task-Force Rocker richten.

Am 12. Juni 2012 wurde in Berlin die Task-Force Rocker gegründet, nach den Schüssen auf André Sommer, den Präsident der Hells-Angels-Nomads Berlin. Leiter ist der Berliner Oberstaatsanwalt Jörg Raupach, dazu gehören im Wesentlichen neun weitere Staatsanwälte aus vier verschiedenen Abteilungen: Tötungsdelikte, Gewaltdelikte, organisierte Kriminalität und organisierte Rauschgiftkriminalität. Die Ansage an die Rocker – und damit sind Hells Angels und andere Gruppierungen gemeint: »Wir beobachten euch, wir treten euch permanent auf die Füße.«

Seit diesem Anschlag brodelt es in der Hauptstadt: Im Juli werden zwei Bandidos angeschossen, es laufen Bandidos zu den Hells Angels Berlin über. Auf das Konto der Task-Force sollen die vermehrte Polizeipräsenz, die zunehmenden Kontrollen, die Razzien und Hausdurchsuchungen gehen.

Die Task-Force soll ab sofort Informationen und Verfahren bündeln. In einem Interview mit der *Morgenpost* gab Raupach an, dass es früher »oft mehrere Verfahren gleichzeitig gegen ein und dieselbe Person« gab. Das solle nun anders werden, Großverfahren würden angestrebt. Na, mal sehen, was das wird.

Tatenlose Innenminister

In der Geschichte der Hells Angels gab es schon früher das eine oder andere Charterverbot. Manchmal lösten sich die Charter aber, wie gesagt, schon vor einem drohenden Verbot selbst auf.

Oktober 1983: Hells Angels Hamburg.
Januar 2001: Hells Angels Düsseldorf.
April 2010: Hells Angels Flensburg.
September 2011: Hells Angels Frankfurt und Westend.
Januar 2012: Hells Angels Kiel.
April 2012: Hells Angels Köln.
Mai 2012: Hells Angels Berlin City.
Juni 2012: Hells Angels West Side.

Komisch, dass sich beispielsweise nach dem Verbot von Berlin City im Mai wenige Wochen später vier neue Charter gegründet haben: Northtown, Southtown, Easttown und Westtown. Interessant ist aber auch die Entwicklung: Bis vor etwa zweieinhalb Jahren gab es nur sehr wenige bis keine Charterverbote oder -schließungen. Derzeit kommt es bundesweit immer öfter zu Polizeieinsätzen, Razzien und Hausdurchsuchungen. Mit einem bundesweiten Verbot tun sich die Behörden allerdings sehr schwer, wie gesagt. Aber gut, dass man mal über die Rockerkriminalität gesprochen hat, nicht wahr? So zum Beispiel am 28. Mai 2010 auf der Innenministerkonferenz (IMK).

In der »Sammlung der zur Veröffentlichung freigegebenen Beschlüsse der 190. Sitzung der Ständigen Konferenz der Innenminister und -senatoren der Länder« heißt es zum Thema Rockerkriminalität:

[Die Innenministerkonferenz] betrachtet mit Besorgnis die aktuellen Entwicklungen im Rockermilieu und stellt fest, dass die von Mitgliedern der »Outlaw Motorcycle Gangs« begangenen schweren Straftaten der letzten Monate Beleg dafür sind, dass die Gefährlichkeit und die kriminelle Energie in diesem Milieu zugenommen haben.

Die Sicherheitsbehörden in den Ländern und beim Bund sind daher aufgerufen, bei der Bekämpfung der Rockerkriminalität eng zusammen zu arbeiten und alle rechtlich zulässigen Möglichkeiten auszuschöpfen, um dem Phänomen der Rockerkriminalität entschieden entgegenzutreten.

Die IMK begrüßt die Abstimmung der Einsatzkonzepte des Bundes und der Länder zur Bekämpfung dieses Kriminalitätsphänomens sowohl im täglichen Dienst als auch bei besonderen Einsatzlagen und möglichen länderübergreifenden Lagen. Sie hält es für erforderlich, neben der Prüfung von Vereinsverboten die Ermittlungen mit dem Ziel einer konsequenten Ausschöpfung aller straf- und nebenstrafrechtlichen Möglichkeiten zu intensivieren und so auch Erkenntnisse zu erlangen, ob waffenrechtliche Erlaubnisse entzogen bzw. nicht erteilt werden dürfen und relevante Rockerclubs als kriminelle Vereinigungen im Sinne des § 129 StGB anzusehen sind.

Die IMK erkennt das Erfordernis des intensiven Informationsaustausches zwischen Polizei und Kommunen und hält zur nachhaltigen Bekämpfung der Rockerkriminalität eine intensive Einbindung kommunaler Stellen mit dem Ziel, Maß-

Nichts ist interessanter als der Tod
Sting wird 60 und spricht über das Älterwerden | Seiten 20–21

FrankfurterRundschau

UNABHÄNGIGE TAGESZEITUNG

1. bis 3. Oktober 2011 | 67. Jahrgang | Nr. 229 | SB | 2,10 Euro

FDP: Kein Geld mehr für Euro-Rettung

Lindner erinnert Schäuble an Versprechen

Von Stephan Hebel

BERLIN. Die FDP lehnt zusätzliche finanzielle Verpflichtungen Deutschlands bei der Euro-Rettung strikt ab. Generalsekretär Christian Lindner sagte der Frankfurter Rundschau, Finanzminister Wolfgang Schäuble (CDU) habe vor der FDP-Fraktion „klargestellt, dass der von Deutschland übernommene Garantierahmen von 211 Milliarden Euro nicht ausgedehnt wird". Lindner fügte hinzu: „Auf sein Wort verlassen wir uns."

Der Bundestag hatte am Donnerstag das Euro-Rettungspaket (EFSF) beschlossen. Dabei sei „die FDP innerhalb der Koalition die geschlossenste Formation" gewesen, sagte Lindner. Der Generalsekretär nahm ausdrücklich auch diejenigen FDP-Politiker in Schutz, die sich mit einem Mitgliederentscheid gegen den dauerhaften Stabilisierungsmechanismus ESM wehren wollen: „Wer den Mitgliederentscheid unterstützt, ist nicht sofort Euroskeptiker." Er nehme in der Partei „viel Besorgnis wahr, aber keine überzeugende Alternative".

Zu der Frage, ob es die Koalition gefährde, wenn ein Mitglieder-Entscheid die FDP Abgeordneten zur Ablehnung des ESM auffordert, sagte Lindner: „Dazu wird es nicht kommen."

Die CSU hegt offenbar Zweifel an Schäubles Zusagen. Ihr Vorsitzender Horst Seehofer gab als bayerischer Ministerpräsident am Freitag im Bundesrat ausdrücklich zu Protokoll, dass sein Bundesland die laut Schäuble gar nicht geplante Erweiterung des gerade beschlossenen Rettungspakets ablehnt. Die Länderkammer ließ das Paket passieren, das Gesetz muss jetzt noch von Bundespräsident Christian Wulff unterzeichnet werden.

Kritik aus allen Fraktionen gab es an Bundestagspräsident Norbert Lammert. Er hatte am Mittwoch zwei Abweichlern aus CDU und FDP das Rederecht erteilt. Lammert verteidigte diese Entscheidung. Seiten 6/7

Hessen untersagt zwei Gruppen der Rocker.
Die Vereine sollen mit Drogen und Menschen handeln.
Nur wenige Mitglieder haben einen Führerschein.

Andere Städte wie Köln oder Berlin wollen gegen die Vereinigung vorgehen.
Die Bande will das Verbot anfechten.
Seiten 4, 13, F1

ÜBERSICHT

Wahlrecht für alle

Hessens SPD-Chef Thorsten Schäfer-Gümbel setzt sich dafür ein, dass alle Menschen in Deutschland nach einem Mindestaufenthalt den Bundestag wählen können – unabhängig von der Staatsbürgerschaft. Im FR-Interview wirbt er dafür mit dem Vorsitzenden der hessischen Ausländerbeiräte, Corrado Di Benedetto. F15

Goldener Abgang

Nur 325 Tage hat Léo Apotheker beim US-Konzern Hewlett-Packard als Chef gearbeitet. In dieser Zeit ging der Kurs der HP-Aktie um 45 Prozent nach unten, verunsicherte Kunden liefen reihenweise davon. Der Rausschmiss wird Apotheker trotzdem vergoldet: Er erhält eine Abfindung von sieben Millionen plus Jahresprämie von zwei Millionen Dollar. Seite 14

Echte Empörung!

Elfriede Jelinek hat ein neues Stück geschrieben: über die Schrecken von Fukushima. Es heißt programmatischerweise „Kein Licht". Karin Beier hat es am Schauspiel Köln uraufgeführt, zusammen mit der von ihr selbst entworfenen Collage „Demokratie in Abendstunden": ein Aufruf zur Empörung. Seite 34

Frohes Erwachen

Zwitschernde Internetnutzer erwachen weltweit mit guter Laune. Insgesamt 500 Millionen Kommentare des Internetdienstes Twitter haben US-Forscher genutzt, um weltweit Stimmungsschwankungen zu beobachten. Während eines Arbeitstags verdüstert die Gemütslage sich zusehends. Seite 23

Neuer Ankläger

Ein neuer Generalbundesanwalt scheint gefunden. Der 63 jährige Harald Range, Generalstaatsanwalt aus Celle, soll das Amt von Monika Harms übernehmen. Die ging am Freitag in den Ruhestand. Range soll auch die Zustimmung der rot-grün regierten Länder haben. Seite 5

60039
4 197352 202100

Frankfurter Rundschau
60266 Frankfurt am Main
Telefon 069/21 99-1

Anzeigen-Service, Fax 069/131 00 30
Telefon 069/21 99-30 00
E-Mail: anzeigen@fr-online.de

Abo-Service, Fax 069/21 99-32 64
Telefon 069/21 99-30 00
E-Mail: vertrieb@fr-online.de

Auslandspreise der Frankfurter Rundschau: A, B, E, F, L, NL: 2,80 € DPAG Entgelt bezahlt

Hells-Angels-Charter werden verboten

nahmen insbesondere nach dem Gewerbe-, Waffen-, Gaststätten-, Ordnungs- und Straßenverkehrsrecht zu veranlassen, für erforderlich. Dieses Verfahren ist auch der Erteilung von Auflagen im Zusammenhang mit Veranstaltungen dienlich. Das Thema wird auf der Herbstkonferenz wieder aufgerufen werden.

[Quelle: Dokument zum Downloaden unter http://www.bundesrat.de/nn_8780/DE/gremien-konf/fachministerkonf/imk/Sitzungen/20100528.html]

Bis heute ist es meiner Meinung nach weitgehend bei diesen Lippenbekenntnissen geblieben. Das Frankfurter Charter Westend wurde zwar vom hessischen Innenminister Boris Rhein geschlossen und verboten, das aber eher panikartig, nachdem er selbst unter Medienbeschuss geraten war.

Und was heißt hier denn in den letzten Monaten begangene schwere Straftaten? Diese Straftaten finden schon seit vielen, vielen Jahren statt!

Alle rechtlichen Möglichkeiten sollen ausgeschöpft werden, um der Rockerkriminalität entschieden entgegenzutreten? Na, vielen Dank auch, aber wo passiert das denn? In dem Fall von meiner Schwester und mir, den ich in *Höllenritt* ausführlich beschrieben habe, passiert jedenfalls nichts Erkennbares. Ihr erinnert euch: Auf einem Sondertreffen von Hells Angels wurde ein Mordauftrag gegen mich ausgesprochen und gleich vor Ort ein Kopfgeld an zwei Russen ausgezahlt. Der Fall ist den Herrschaften bei Polizei und Justiz bestens bekannt.

Außerdem soll das Ordnungs- und Straßenverkehrsrecht herangezogen werden. Klar, braucht man schließlich, um den Hells Angels den Weg freizumachen, wenn für große Paraden und Ausfahrten der Hells Angels ganze Innenstädte abgesperrt werden und der normale Straßenverkehr von solchen Ausfahrten förmlich lahmgelegt wird. Mit freundlicher Genehmigung des örtlichen Ordnungsamts und der Bullerei.

Ihr kennt meine Einstellung zu den Schmiermicheln. Aber ich kann mir vorstellen, dass sich ein redlicher Polizist bei solchen Aktionen in höchstem Maße verarscht fühlt. Unter der Woche soll er gegen die Hells Angels als kriminelle Vereinigung ermitteln, aber am Wochenende steht er dann gefälligst brav für sie Spalier, damit sie ungehindert durch den Stadtverkehr kommen und sich präsentieren können. Von den vielen Stunden der Vorbereitung ganz zu schweigen.

Auch 2013 werden die Hells Angels in Deutschland wieder etliche öffentliche Großveranstaltungen durchzuführen, etwa große Partys und öffentliche Ausfahrten, wobei es kreuz und quer durch die verschiedensten Städte geht, in welchen die Hells Angels residieren. Dazu werden Hunderte von Polizisten abkommandiert und müssen die Straßen sperren, welche die Hells Angels befahren. Dabei werden Tausende von Arbeitsstunden verbraten – mit immensen Kosten für die Steuerzahler. Diese Moppedfahrten müssen von den jeweiligen örtlichen Polizeidienststellen genehmigt werden, wobei die Ordnungsämter, Straßenverkehrsbehörden und Stadtoberen wie Bürgermeister und Bürgermeisterinnen ihr Okay geben müssen. Das verursacht ebenso hohen Zeit- und Kostenaufwand. Ist das überhaupt gerechtfertigt? Und könnten die Gelder nicht sinnvoller investiert werden, als Rockerbanden zu hofieren und durch die Stadt zu geleiten?

Die Innenminister der Bundesländer und ihre Behörden haben die Hells Angels doch schon lange unter Beobachtung. Bei mehreren Treffen aller Innenminister der Länder, der Bundesinnenministerkonferenz zur Gefahrenabwehr, wurde bestimmt nicht ohne Grund beschlossen, eine härtere Gangart gegenüber den Hells Angels einzulegen, mit strengerer Überwachung und dergleichen zur Abschreckung der Hells Angels.

Wie ist es vor diesem Hintergrund zu erklären, dass Hells Angels trotzdem in so vielen Städten hofiert werden und dafür auch noch Riesensummen an Steuergeldern rausgeschmissen werden? Von dem Geld sollten besser Schulen und Kindergärten gebaut werden. Im Umkehrschluss sollte man einigen Bürgermeistern und Innenministern auf die Schultern klopfen und den Hut ziehen vor ihrer Courage, weil sie so eine Zurschaustellung in ihren Städten oder Bundesländern nicht zulassen und den Hells Angels keine Plattform geben. Da stellt sich natürlich die Frage, warum das so unterschiedlich gehandhabt wird. Aber da kann ich leider auch nur spekulieren: Angst, Dummheit, Bestechung, Bedrohung, private Verflechtungen oder Ähnliches. Keine Ahnung.

Fakt ist, dass zu den öffentlichen Veranstaltungen der Hells Angels jedes Jahr unzählige nichtöffentliche Veranstaltungen kommen, bei denen noch größere Polizeikräfte gebunden werden. Nicht zu vergessen die unzähligen Clubhaus-Stürmungen, Razzien, Hausdurchsuchungen et cetera – die es ja in letzter Zeit häufiger gab –, zu denen Sondereinheiten in großer Stückzahl hinzugezogen werden, und die verdeckten Ermittlungen, bei denen Abertausende Arbeitsstunden zusammenkommen. Immer wieder gibt es Schwerverletzte und Todesfälle, sowohl in der Bevölkerung als auch bei der Polizei. Ich finde, hier ist die gesamte Gesellschaft gefordert, etwas zu unternehmen. Solange nicht genug Stimmen aus der Bevölkerung laut werden, die eine Beendigung dieses Treibens fordern, werden die Polizisten gegen Windmühlen kämpfen.

Vor allem solange einige von den sogenannten Freunden und Helfern bis in hohe Reihen bestochen sind und im Sinne der Hells Angels agieren. Sie verraten Interna, warnen die Hells Angels vor Maßnahmen gegen sie und so weiter. Nur so können sie der Polizei und Justiz oft einen Schritt voraus sein. Dazu kommen noch sehr fragwürdige Entscheidungen einzelner Würdenträger aus Politik, Justiz und Genehmigungsbehörden. Sind die alle dumm? Ich glaube nicht – aber woran liegt es sonst? Ich weiß es nicht, aber solange alle nur wegschauen, wird die Gesamtsituation sicher nicht besser.

Unter diesen und anderen Aspekten sollten sich die Verantwortlichen und auch die Bürger fragen, wie glaubwürdig und ernsthaft die großen Ankündigungen der Politiker sind. Ich für mich kann nur eins feststellen: Euer Gelaber über Sicherheit, politischen Willen, Ernsthaftigkeit und Glaubwürdigkeit gehört in die Tonne getreten. Das ist nur heiße Luft, mehr nicht. Obendrein schlagen sich die Verbrecher, die ihr verfolgen wollt, vor Lachen über eure albernen und unsinnigen Aktionen auf die Schenkel und werden in ihrer Vorgehensweise bestärkt. Eigentlich müsstet ihr bei denen Ehrenmitglied werden.

Ich selbst habe, wie ihr in *Höllenritt* gelesen habt, mit einigen der übelsten Bullen zu tun gehabt und habe es heute noch, sogar mit unfähigen und betrügerischen Vertretern der Justiz, denen – da bin ich mir sicher – irgendwann das Handwerk gelegt wird. Aber das steht auf einem anderen Blatt Papier. Klar, auch zu meiner Zeit wurden wir von der Bullerei bei vielen unserer Trips aufgehalten und gefilzt bis zum Erbrechen. In manche Länder durften wir nicht einreisen, in anderen Ländern gab es dafür sogar eine eigene Polizeieskorte für die Hells Angels. Na, wenn das mal kein sensationeller Auftritt ist. So etwas macht doch Eindruck. Aber welchen Eindruck machen die Polizeiaktionen auf die Hells Angels? Na, was glaubt ihr? Dazu kann ich euch ein paar Geschichten erzählen.

Begegnung der grünen Art

Dass wir auf unseren Fahrten zu World-Runs, Euro-Runs oder anderen Veranstaltungen regelmäßig von den Bullen aufgehalten wurden, habe ich euch bereits erzählt. Auch auf der Fahrt zum World-Run in Tschechien hatten wir diverse Begegnungen der grünen Art.

Gegen Mittag machte sich unser Pulk auf den Weg nach Prag. Die Fahrt ging bis zur tschechischen Grenze unproblematisch über die Bühne, wenn man mal von 35 Pinkelpausen und den Puderaktionen für Spitzkis und Joes Nasen absieht. Etwa 500 Meter vor der Grenze erwarteten uns schon massenhaft deutsche Bullen. Schnell war klar: Sie waren wegen uns da – und das Theater begann: Wir wurden auf eine separate Spur geleitet, wo sich sämtliche Hells Angels mit Moppeds, Autos und unser Lkw-Transporter filzen lassen durften. Neben den Zöllnern und deutschen Polizisten war sogar das FBI vor Ort. Auch die Holländer, Engländer, Spanier und Italiener hatten ihre Spezialtrupps geschickt. Es wurden also keine Kosten und Mühen gescheut.

Jeder von uns wurde angehalten und musste seinen Ausweis und die Fahrzeugpapiere vorzeigen, die Bikes wurden fotografiert. Alle Beamten im Grenzbereich, ich schätze es waren etwa 300 deutsche Einsatzbeamte, standen da mit Sturmmasken, Schienbein- und Knieschützern, kompletter Oberkörperpanzerung mit Helm und Visier und waren bis an die Zähne bewaffnet. Irgendwie sahen sie aus wie schwarz bemalte Schildkröten. Dazu standen noch etliche Panzerspähwagen herum. Was glaubten die denn, was an der Grenze passieren würde? Zu den deutschen Bullen kamen noch etliche in Zivil gekleidete Typen, die Spanisch, Englisch, Russisch, Schwedisch und Deutsch sprachen. Sie hatten Kameras und Fotoapparate und, wie ich vermutete, Diktiergeräte. Von ihren Funkgeräten machten sie regen Gebrauch.

Da wir nicht die einzigen Hells Angels vor Ort waren, wollten wir von den Bikes absteigen, denn uns war klar, die Veranstaltung hier würde mal wieder etwas länger dauern. Das verbot man uns aber strikt – und diese alberne Ansage lieferte meiner Lust zu stören jede Menge Futter. Ich stieg also trotzdem ab und meinte nur: »Ihr könnt mich jetzt ruhig erschießen, aber ich muss dringend mal pinkeln.« Da waren die Schmiermichel wohl erst einmal baff, es passierte natürlich nichts. Ich konnte also unbehelligt losmarschieren, stieg direkt neben einer Polizistin über die Leitplanke und pinkelte in dic Pampa. Sie brummelte so etwas wie: »So eine Sauerei!«, und ich brummelte daraufhin in ihre Richtung zurück: »Von mir aus kannst du dir ja in die Hose machen, bist das bestimmt gewöhnt, ich mach das jedenfalls nicht.« Sprachlos stand sie nun da und überlegte wohl, was sie tun sollte. Meine Aktion bekamen natürlich alle anderen mit, und einige stiegen daraufhin ebenfalls vom Bike und erleichterten sich. Das giftete die Bullerei natürlich schwer, aber was sollten sie denn groß machen? Uns wegen Wildpinkeln abknallen? Einige hätten das sicher gerne gemacht.

Irgendwann war ich beim Filzen an der Reihe. Nachdem ich dem Beamten meinen Ausweis und meine Fahrzeugpapiere übergeben hatte, verschwand er – zu meinem Leidwesen wie immer sehr lange. Als er wiederkam, fand – auch diesen Teil hatte ich fast erwartet – eine ausgiebige Befragung und körperliche Durchsuchung statt. Das Ganze dauerte etwa eineinhalb Stunden. Vor uns waren Hells Angels aus München an der Reihe gewesen. Später erfuhren wir, dass die Berliner Hells Angels schon in Berlin getrennt und in kleinen Gruppen bis nach Prag eskortiert worden waren. Solch eine Eskorte könnt ihr euch in etwa so vorstellen: Vor dem Biker-Pulk fuhren zwei Polizeiautos, dann die Hells Angels und hinter ihnen dann wieder zwei Polizeiautos, zusätzlich wurden sie noch per Hubschrauber begleitet. Und da war dann nicht an der Grenze Schluss, nein, dieser Konvoi fuhr weiter bis nach Prag. Was solche Aktionen den Steuerzahler wohl kosten? Ich weiß es nicht.

Zurück zu unserer Grenz-Odyssee: Zehn Kilometer hinter der tschechischen Grenze war wieder ein Polizeiposten aufgebaut, diesmal von der tschechischen Polizei, mit irgendwelchen Uralt-Autos, und wir wurden natürlich wieder angehalten. Wir wurden aufgefordert, die Papiere vorzuzeigen. Ein paar der Jungs mussten wohl dazugelernt haben, wie sie sich ihren schmalen Sold aufstocken können. Sie suchten nach irgendwelchem Zeug und hielten uns einfach nur auf. Irgendwann kam mir die Idee, einfach mal 20 Euro rüberzuschieben, und siehe da: Die ganze Aktion war sofort beendet, und wir durften weiterfahren. Nach den nächsten zehn oder fünfzehn Kilometern war wieder ein Polizeiposten aufgebaut mit Beamten, und das Ganze ging von vorne los. Also wieder 20 Euro raus, die Jungs waren zufrieden, und wir konnten weiter.

Dieses Spielchen haben wir bis nach Prag noch mehrere Male gespielt. Die tschechischen Bullen waren zwar auch bewaffnet, aber mit was für Kanonen! Die sollte man im Fall des Falles besser als Wurfwaffe oder Knüppelersatz benutzen, denn beim Schießen wären die Dinger wohl explodiert oder Ähnliches.

Die Straßenverhältnisse in Tschechien waren, ich will mal sagen, äußerst schlecht. Die Schlaglöcher waren so groß, dass man darin durchaus einen Schäferhund hätte verstecken können: tief, groß und gefährlich – nicht nur für Zweiradfahrer. Wenn Autos da durchfahren, bleibt die Achse gleich hängen. Aber es half nichts, wir wollten zum World-Run nach Prag. Was dort so alles abgegangen ist, habe ich euch ja schon erzählt.

Goodbye, Helsinki!

Eine andere Episode mit den Schmiermicheln erlebte ich auf der Fahrt zum World-Run in Finnland 2001. Ich kann es nicht oft genug sagen: Für mich war die Teilnahme an den World-Runs immer eine große Freude und keine lästige Pflicht wie für viele andere Member, allen voran die deutschen Hells Angels. Doch dieses Mal kam ich gar nicht erst bis zum World-Run.

Aber ich beginne am besten am Anfang. Eine Woche vor dem World-Run in Finnland liefen unsere Vorbereitungen bereits auf Hochtouren. Wir gönnten uns dieses Mal den Luxus, einen Begleitwagen mitzunehmen, den ein Prospect fuhr. In dem Bus verstauten wir Schlafsäcke, Gepäck, Zelte, Werkzeug, was zu futtern und Getränke – und dummerweise auch unsere Regenklamotten.

Unsere erste Tagesetappe endete im Kopenhagener Clubhaus. Dort herrschte reges Treiben, und es wurde ziemlich eng, denn fast alle europäischen Hells-Angels-Charter nutzten die Location als Zwischenstopp. Die dänischen Charter hatten alle nicht unbedingt benötigten Prospects nach Kopenhagen zur Unterstützung geschickt, das Gleiche galt auch für die schwedischen Prospects und für die Norweger. Die Jungs liefen sich wirklich die Hacken wund, trotz ihrer großen Zahl, denn es gab viel zu tun: Moppedreparaturen, Shuttle-Fahrten zu den Hotels, in denen sich viele Hells Angels eingemietet hatten, Catering, Besorgungsfahrten, Getränke- und Essensausgabe, Koks- und Speedverkauf, Drehen von Joints, wozu sie sogar eine Maschine hatten. Dazu kamen noch am Abend zwei Member-Ernennungen von Prospects, ein Geburtstag und verschiedene Member-Anniversarys. Natürlich waren auch genügend Topless-Bedienungen am Start. Ihr könnt euch nicht vorstellen, was da los war. Das Clubhaus platzte aus allen Nähten.

Unser ursprünglicher Plan war eigentlich, im Clubhaus zu übernachten – aber daran war überhaupt nicht zu denken. Ich beorderte nun unsere Prospects zu Hilfe, legte die Abfahrtszeit für den nächsten Tag fest, und für alle anderen galt ab jetzt: Feuer frei. Saufen, koksen, kiffen bis zum Abwinken – Hauptsache, alle würden zur Abfahrtszeit wieder auf ihren Moppeds sitzen. Die Nacht war grandios, und wer schlafen wollte oder musste, legte sich in irgendeine Ecke, suchte sich ein Stück Sofa oder versuchte, ein Bett in den oberen Räumlichkeiten zu ergattern.

Nach einem ausgiebigen Frühstück und einer Katzenwäsche trottete ich zu den Bikes. Ich selbst hatte ja schon dicke Augenlider und rote Augen vom vielen Rauchen, aber einige meiner Brüder, die nach und nach eintrudelten, sahen noch wesentlich übler aus. Bei zwei von ihnen leuchteten die Augen im Kopf wie Hundert-Watt-Glühbirnen. Der Einzige, der am Ende mal wieder fehlte, war Spitzki. Also machte ich mich auf den Weg zurück ins Clubhaus, um ihn zu suchen, was sich aber als recht schwierig erwies. Denn ich musste mich Raum für Raum im wahrsten Sinne des Wortes durchwühlen. Dann fielen mir zwei Prospects auf, die vor einer Türe saßen, mit Getränken und belegten Brötchen, und sofort wusste ich, wo unser Spitzki steckte.

Vor dem, was jetzt kam, hätte ich mich zu gern gedrückt, denn das hatte ich schon oft genug erlebt. Aber jetzt hieß es Arschbacken zusammenkneifen und rein in die Höhle. Es war so, wie ich erwartet hatte: An einem Tisch saßen acht bis zehn Hardcore-Kokser vor einem Tablett voll Koks. Alle waren mir sehr gut bekannt, sie kamen aus Holland, Dänemark, der Schweiz und Griechenland. Und mittendrin unser Spitzki, bergeweise verrotztes Klopapier um sich herum verstreut.

Ich ließ mich von den Jungs blöderweise dazu überreden, eine Tüte mit ihnen zu rauchen, und so verpeilte ich die Zeit, bis ein Prospect reinkam und mir ausrichtete: »Uli, du und Spitzki, ihr werdet gesucht.« Ich fragte ihn ganz unschuldig: »Von der Bullerei? Sag ihnen, ich bin nicht da.« Wir lachten uns kaputt, und er – das konnte man ihm ansehen – überlegte, was er jetzt wohl machen sollte. Ich erklärte ihm dann, er solle den Jungs sagen, dass ich mit Spitzki in zehn Minuten zu den Moppeds käme. Ich versuchte es erst mit gutem Zureden, dann mit sanfter Gewalt, und als nichts half, schleifte ich ihn einfach hinter mir her. In zehn Minuten habe ich es aber, glaube ich, trotzdem nicht geschafft.

Das nächste Problem: Spitzki konnte auf keinen Fall fahren, und unsere zwei Glühbirnen auch nicht. Einen Ersatzfahrer hatten wir, nämlich den Beifahrer von unserem Bus, fehlten also noch zwei. Ich machte mich auf die Socken zurück zum Clubhaus, und – welch Freude – mir lief der Präsident von Amsterdam direkt in die Arme. Mit ihm hatte ich schon viele Partys gefeiert und ihn sogar einmal nach Amsterdam gefahren, nach einer unserer Clubhauspartys, die auch länger gedauert hatte als geplant. Bei der Gelegenheit war ich in Amsterdam versackt, über eine Woche. Aber das ist eine andere Geschichte. Natürlich half mir der Amsterdamer Präsident bei meinem Fahrerproblem und rief einfach zwei holländische Prospects, die er mir unterstellte.

Schon konnte es losgehen, allerdings nicht besonders weit. Nach weniger als fünf Minuten wurden wir von der Polizei gestoppt, und die übliche Prozedur begann:

alle an die Wand, Beine breit, Arme breit und stillstehen. Wir wurden sehr gründlich abgetastet, die Bikes wurden untersucht und fotografiert, Rahmennummern und Motornummern über Funk abgefragt und der Bus genau durchsucht. Zu unserem Glück hatten die dänischen Bullen bei der Durchsuchung keinen Drogenhund dabei. Trotzdem kostete uns die Aktion etwa eine Stunde.

Nachdem wir wieder eine Weile unterwegs waren, wir fuhren schon durch Schweden, fing es an zu regnen. Das Nieseln wurde immer heftiger, bis es am Ende wie aus Eimern schüttete. Jetzt hätten wir unsere Regenklamotten gut gebrauchen können. Aber dank unserer besonders schlauen Idee, sie im Bus zu verstauen, konnten wir einen Klamottenwechsel erst einmal bis zum nächsten Tankstopp abhaken, denn der Bus mit den fertigen Brüdern hing mächtig hinterher.

Beim nächsten Tankstopp beschlossen wir, so bald wie möglich ein Hotel anzusteuern, aber erst einmal rein in die Regenklamotten und weiter. Bei jedem Hotel an der Strecke hielten wir an, und ich fragte nach freien Zimmern, aber überall wurde ich abgewiesen. Kein Wunder. Wer hat schon mitten in der Saison acht bis zehn unbelegte Zimmer, vor allem wenn ein übellauniger Hells Angel sacknass an der Rezeption steht. Wir hätten zur Not auch in einem Ziegenstall übernachtet, Hauptsache trocken. Am Ende fanden wir doch noch eine Bleibe für die Nacht.

Mit meinen Zimmergenossen für die Nacht, einem holländischen Prospect und meinem Kasseler Bruder

Perücke, genehmigte ich mir ein paar Dosen Bier, und wir rauchten ein paar Tüten. Als die beiden ein anderes Zimmer besuchten, relaxte ich auf meinem Bett. Plötzlich hörte ich ein Geräusch am Fenster. Ihr werdet nicht glauben, was mich da durchs Fenster anglotzte: ein Elch! Da ich so ein Tier noch nie in natura gesehen hatte, war ich ziemlich überrascht und neugierig. Ich nahm an, dass es eine Elchkuh war, denn das Tier hatte kein Geweih. Regungslos, sprachlos und verwundert sahen wir uns einige Minuten an – na ja, sprachlos war nur ich –, und dann war der Spuk vorbei. Das Tier war weg. Ich stand auf, sah aus dem Fenster, beugte mich richtig raus, aber weit und breit war kein Elch in Sicht.

Als ich den anderen davon erzählte, glaubte mir natürlich keine Sau. Alle amüsierten sich prächtig auf meine Kosten, und einige dachten, ich hätte wohl etwas Schlechtes geraucht. Ich war der Meinung, wenn es wirklich daran gelegen haben sollte, hätte ich wohl eher etwas sehr Gutes geraucht! Ich habe das später noch einmal getestet, und ich kann euch versichern: Am Rauchen lag es nicht. Die Geschichte von meinem Elch machte natürlich später die Runde, sogar bis ins Ausland, und wurde zu einem Running-Gag. Immer wieder musste ich mir Sprüche anhören wie: »Na, Uli, heute schon 'nen Elch gesehen?« oder »Wie geht's denn deinem Freund, dem Elch?«. Aber ich bin hundertprozentig überzeugt, dass das wirklich passiert ist. Der Rest der Nacht verlief übrigens ohne weitere Vorkommnisse oder Elch-Besuche.

Meine drei Koks-Spezis waren am nächsten Tag immer noch nicht in der Lage, selbst zu fahren, also ging es in der alten Formation weiter. Bis zur Abfahrt der Fähre hatten wir noch reichlich Zeit, deshalb machten wir einen Zwischenstopp im Clubhaus von Göteborg. Das war ein großer Fehler, denn dort ging eine ähnliche Party ab wie in Kopenhagen. Als ich irgendwann auf die Uhr sah, bekam ich fast einen Herzinfarkt! Bis zur Fähre blieben nur noch zwei Stunden – und keiner war mehr fahrtüchtig. Nach einer kurzen Lagebesprechung entschieden wir uns: Scheiß drauf. Augen zu und durch und vor allem Vollgas waren das Motto der Stunde; wenigstens regnete es nicht mehr. Wir fuhren wie die Irren. Jeder von uns hätte für seine Verkehrsverstöße bei dieser Fahrt wohl lebenslang seinen Führerschein verloren, aber zum Glück passierte nichts, und wir erreichten die Fähre noch rechtzeitig.

Als wir nach der Überfahrt mit den Bikes die Laderampe der Fähre herunterrollten, staunte ich nicht schlecht: überall Polizei, ein richtiges Großaufgebot von dänischen, schwedischen und finnischen Bullen. Dazu kam noch eine große Gatteranlage mit mehreren Fahrspuren, ähnlich wie beim Sortieren von Vieh. Außerdem noch Zelte und jede Menge Knastbusse. Ich wurde von den anderen getrennt und sollte in eine Gatterspur fahren, den Rest meiner Jungs verlor ich dabei aus den Augen. Als ich anhielt, stellten sich sofort sechs oder sieben Polizisten auf, mit Maschinenpistolen und Pumpguns bewaffnet. Ich wurde untersucht, das Bike und die Nummern überprüft, Papiere durchgesehen und so weiter. Das übliche Prozedere eben.

Dann kam ein Zivilbulle mit einem Typen im Schlepptau, der, wie sich gleich herausstellen sollte, Staatsanwalt war. Ich wurde gefragt, ob ich ein Hells-Angel-Leader wäre. Weil das für jeden sichtbar auf meiner Kutte stand, war es ziemlich sinnlos, das abzustreiten. Der Staatsanwalt überreichte mir daraufhin den Ausweisungsbeschluss, der schon fertig getippt und fein säuberlich mit meinem Namen und meinen Daten versehen war. Also hatten sie schon vorher gewusst, wer ich war. In dem Schrieb stand, dass ich eine unerwünschte Person in Finnland sei und man mir deshalb die Einreise verweigern würde. Ich sollte jetzt umgehend wieder auf die Fähre fahren und zurück nach Schweden gebracht werden. Das war's für mich. Goodbye World-Run Finnland!

Innerlich kochte ich natürlich vor Wut, ließ mir aber nichts anmerken und fuhr auf einer extra angelegten Spur zurück auf die Fähre. Und ich war nicht der Einzige, der gleich wieder die Rückreise antreten durfte. Nach und nach trudelten auf der Fähre andere hochrangige Hells Angels ein. Der bekannteste Hells Angel von Dänemark wurde sogar in einer Zelle auf dem Schiff eingekerkert. Warum es auf einem Fährschiff eine Zelle gibt, weiß ich bis heute nicht. Die Reise zurück nach Schweden nutzten wir, um eine kleine Fete zu feiern. Das war auch gut so, weil sonst höchstwahrscheinlich einiges mehr zu Bruch gegangen wäre als ohnehin schon. Denn der eine oder andere ließ seinen Frust an einer Flasche, einem Glas oder Aschenbecher aus. Die Stewards hielten sich äußerst zurück und hofften wahrscheinlich, dass der Alptraum mit uns nicht noch weiter ausuferte.

In Schweden fuhren wir dann alle erst einmal ins Clubhaus von Göteborg, von dort machten sich einige auf den Weg in ihre eigenen Charter oder auf den Heimweg. Ich machte es mir für die nächsten Tage im Clubhaus bequem. Am Abend kam der dänische Bruder aus der Zelle mit zwei wirklich hübschen Girls im Schlepptau zu mir und stellte mir die Hühner vor. Er sagte ihnen, wer ich sei, dass sie sich von nun an um mein Wohlbefinden kümmern und mir alle meine Wünsche erfüllen sollten, was auch immer es wäre. Wir saßen noch einige Stunden zusammen, bis er sich verabschiedete. Die folgenden Tage, die ich mit den Girls verbrachte, waren wohl mit die schönsten in meinem Leben. So vertrieb ich mir also die Zeit, bis am Sonntag die World-Run-Besucher wieder eintrudelten, darunter auch meine Jungs.

Natürlich erzählte jeder jedem, was so los gewesen war. Zum Beispiel dass die Amerikaner in Finnland auf dem Flughafen im Flugzeug verhaftet und wieder zurückgeschickt worden waren. So ziemlich jedes Land hatte Probleme bei der Einreise nach Finnland – die einen mehr, die anderen weniger. So war der World-Run in Finnland dank der Strafverfolgungsbehörden und Einreiseverweigerungen der wohl am schlechtesten besuchte Run aller Zeiten. Trotzdem, beeindruckend waren die Auftritte der Bullen nicht, aber in höchstem Maße lästig.

Korrupte Beamte

Ein hartnäckiger Fleck auf der weißen Weste der Strafverfolgungsbehörden sind Spitzel und korrupte Beamten bei Polizei und Justiz. Oft genug ist es den Hells Angels gelungen, der Bullerei ein oder zwei Schritte voraus zu sein, Vereinsvermögen in Sicherheit zu bringen, belastendes Material verschwinden zu lassen, bevor Razzien durchgeführt wurden, oder – wie es in letzter Zeit öfter vorkam – Charter zu schließen, also aufzulösen, bevor sie verboten werden konnten.

In meinem Charter in Kassel gab es einen Supporter, der als Gärtner arbeitete und in seiner Ausbildungszeit oft auf Friedhöfen unterwegs war. Er war für uns sehr nützlich, denn ein enger Verwandter von ihm war bei der Bullerei und ist es wohl heute noch. Von ihm erfuhr unser Supporter die Ergebnisse von Razzien – und erzählte uns natürlich davon. Sehr praktisch. So waren wir meist bestens informiert. Wir wussten nicht nur, was bei uns und in unserem Umfeld passierte, sondern auch über die Bandidos und Razzien bei ihnen bestens Bescheid.

Der Typ hatte allerdings ein ziemlich morbides Hobby. Bei Grabeinebnungen musste er die alten Grabsteine abräumen, die mitunter wieder zu neuen aufgearbeitet wurden. Da Gärtner und Friedhofsverwaltungen eng kooperieren, war es keine Seltenheit, dass die Gebeine alter Gräber freigelegt wurden, um wieder Platz für neue Gräber zu schaffen. Bei solchen

Gelegenheiten sammelte der Kerl Totenschädel und anderen Kram ein. Die Goldzähne brach er heraus und verkaufte das Altgold, um seinen Lohn aufzubessern. Als er zu uns als Supporter kam, schenkte er uns einen Totenschädel, auf dessen Schädelplatte er einen Dead Head befestigt hatte. Das gefiel bei uns dem einen mehr, dem anderen weniger. Ist eben eine Frage des Geschmacks. Auch bei späteren Besuchen auf Clubhauspartys anderer Charter beglückte er die Jungs mit seinen gepimpten Schädeln.

Vor einigen Monaten fühlte sich ein Kripobeamter dazu befleißigt, mich zu einem anderen Polizeispitzel, den wir im Charter Kassel hatten, zu befragen. Ich sollte dessen Identität preisgeben und die näheren Umstände mitteilen. Da ich keine Aussage dazu machen wollte, wurde ich zu einer richterlichen Vernehmung gezwungen. Merkwürdig war dabei, dass alles der Kasseler Polizei schon seit mehr als drei Jahren bekannt war. Bisher hatte sich aber kein Schwein so richtig dafür interessiert, am allerwenigsten die Staatsanwaltschaft oder das Gericht, das damals das Verfahren gegen das Charter Kassel wegen des Raubüberfalls auf mich geführt hatte. Warum jetzt plötzlich, nach so vielen Jahren, sich dieser Beamte fadenscheinig dafür interessierte, kann ich nur vermuten. Ich muss wohl befürchten, dass man mir wegen Abschöpfen von Informationen oder Zahlung von Bestechungsgeldern oder anderweitiger Zuwendungen ans Bein pinkeln wollte, um ein erneutes Strafverfahren gegen mich einzuleiten.

Dabei ist es ja nicht so, dass es nur bei uns im Charter Polizeiinformanten zu unserem Vorteil gab. Nein, Spitzel gibt es nicht gerade wenige, was das Enttarnen von korrupten Beamten Ende 2011 nahelegt.

Insgeheim bewundern einige Polizisten und Kripobeamte die Hells Angels, sehr zum Leidwesen ihrer redlichen Kollegen. Allerdings tun das die wenigsten offen. Manche dieser sogenannten Bewunderer teilen den Hells Angels aus freien Stücken, also ohne Zwang und Vorteilnahme, Polizeiinterna mit. Man trifft sich ja auch ab und an zufällig in der Muckibude oder beim Boxen. Es gibt aber natürlich auch Schmiermichel, die sich für die Informationen üppig bezahlen lassen.

Interessant finde ich auch, dass man auf der Hells-Angels-Webseite zum Beispiel vom sogenannten PR-Team 81 eine Meldung vom September 2010 entdecken konnte, die mit den Worten beginnt: »Wie aus höheren Polizeikreisen durchgesickert ist …« Es ging dabei um einen geplanten Großeinsatz der Bullen, allerdings wussten die Rocker da wohl (noch) nicht, wann und wo etwas geplant war. Und nicht weniger interessant ist die Tatsache, dass man auf einer anderen öffentlich zugänglichen Webseite mit Informationen über Hells Angels eine Kopie des Berichts der Bund-Länder-Projektgruppe mit dem Titel »Bekämpfungsstrategie Rockerkriminalität – Rahmenkonzeption« von 2010 entdecken konnte. Wobei oben rechts in der Ecke der Vermerk »VS – NUR FÜR DEN DIENSTGEBRAUCH« in Großbuchstaben steht – VS bedeutet übrigens Verschlusssache. Das schien wohl einer der

Empfänger dieses Berichts im Eifer des Gefechts überlesen zu haben, was? War wohl zu sehr mit Kopieren beschäftigt.

In dem 64-seitigen Bericht geht es um organisatorische und taktische Maßnahmen der Polizeibehörden. Besonders schön ist der Abschnitt zum Thema Geheimhaltung: »Neben einer dem tatsächlichen Ausmaß des Phänomens nicht angemessenen Bagatellisierung von Rockerkriminalität ist regelmäßig zu beobachten, dass private oder dienstliche Kontakte von Polizeibeamtinnen und Polizeibeamten oder Angehörigen anderer Sicherheitsbehörden zu Mitgliedern von Rockerclubs bestehen … Bei OMCG-Mitgliedern besteht ein vitales Interesse, möglichst detaillierte Informationen über polizeiliche Aktivitäten zu erlangen. … Grundvoraussetzung für eine wirksame Bekämpfung der Rockerkriminalität ist die Schaffung eines den tatsächlichen Auswüchsen dieses Kriminalitätsphänomens entsprechenden Problembewusstseins bei den Beschäftigten von Polizei, Justiz, Ordnungs- und Verwaltungsbehörden … sowie Zoll- und Finanzämtern. Dies gilt insbesondere im Hinblick auf Erkenntnisse aus Ermittlungs- und Strukturverfahren zur Bekämpfung der Organisierten Kriminalität, die in der Regel durch verdeckte Datenerhebung wie (längerfristige) Observation, VE- und VP-Einsatz, Telekommunikationsüberwachung, Einsatz technischer Mittel, etc. gewonnen werden.« Schöne Illusion, doch die Realität sieht anders aus.

Im Oktober 2010 überführte die Berliner Polizei einen Hells-Angels-Spitzel innerhalb ihrer eigenen Reihen. Man vermutet, dass er sich über den zentralen Computer die notwendigen Infos über geplante Razzien und so weiter verschafft hat, um diese an Hells Angels weiterzugeben. Natürlich wurde ihm »die Weiterführung der Dienstgeschäfte mit sofortiger Wirkung untersagt«. Mehr weiß ich zu diesem Fall nicht. Vielleicht ist er auch so glimpflich davongekommen wie ein anderer Berliner Polizist ein paar Jahre zuvor: Er musste nur 3600 Euro berappen. Und auch aktuell wird wieder einmal innerhalb der Polizei ermittelt wegen Verrats von Dienstgeheimnissen und Strafvereitelung im Amt. Denn die Razzia gegen die Hells Angels Berlin City (früher Hells Angels Turkey) musste um einen Tag vorverlegt werden, weil jemand die Rocker vorgewarnt hatte. Genauere Angaben zu Ermittlungsergebnissen sind bisher nicht veröffentlicht. Und immer, wenn ans Licht der Öffentlichkeit kommt, dass wieder einmal Informationen durchgesickert sind, beginnt die gleiche Leier: Wir kümmern uns darum, das wird intern geregelt, das kann überhaupt nicht toleriert werden, die Verantwortlichen werden aufs Härteste bestraft. Und am Ende geschieht: wenig bis nichts.

Ein Problem ist dabei, dass auch bei der Bullerei kaum einer das Maul aufmacht – sei es aus finanzieller Abhängigkeit, aus Angst vor Jobverlust oder vor Repressalien von anderer Seite. Dass Kollegen ungern gegen ihre eigenen Leute vorgehen, kann ich sogar noch halbwegs nachvollziehen, solange es nicht um schwerwiegende Gewaltverbrechen geht. Das ist eben auch eine Gewissensfrage, und jeder muss für sich selbst beantworten, wie hoch seine moralische Messlatte liegt, was er verantworten kann und was nicht. Aber anonyme Hinweise, zum Beispiel an die Presse, könnten durchaus dabei helfen, der Korruption innerhalb der Strafverfolgungsbehörden Einhalt zu gebieten. Es muss nur genügend an die Öffentlichkeit dringen.

NACH DEM *HÖLLENRITT*

Mein erstes Buch hat eine Riesenwelle ausgelöst. Viele von euch fragen sich ja, was aus all den Geschichten im ersten Buch geworden ist: dem Mordauftrag, den abgetrennten Köpfen, den Schikanen der Behörden et cetera. Zu einigen Dingen kann ich euch Neues berichten.

Neues in Sachen Mordauftrag

Viele meiner Leser haben sich per Mail sehr besorgt nach meiner Schwester und mir erkundigt: ob wir in Sicherheit wären, ob es uns gutginge und so weiter. Dafür möchte ich mich an dieser Stelle ausdrücklich bei euch bedanken, ganz besonders im Hinblick auf meine Schwester, und möchte euch gerne in Sachen Mordauftrag auf dem Laufenden halten.

Sonderlich viel Neues gibt es eigentlich nicht zu berichten. Die Behörden weigern sich nach wie vor beharrlich, ein Gerichtsverfahren gegen die polizeibekannten Auftraggeber meiner Ermordung einzuleiten. So wird weiterhin die Ermordung meiner

Schwester und mir billigend in Kauf genommen – und den Hells Angels bei ihrem Mordauftrag in die Hände gespielt.

Der Member, bei dessen Verhaftung 2007 ein ausführlicher Lageplan mit handschriftlichen Vermerken zur Wohnung meiner Schwester gefunden wurde, wurde bis zum heutigen Tag von keinem Gericht dazu befragt. Selbst bei der Gerichtsverhandlung im Jahr 2008 – er war an dem bewaffneten Raubüberfall auf mich beteiligt – haben weder der ermittelnde Staatsanwalt noch das Gericht dazu nachgefragt. Und das, obwohl dem Gericht und der Staatsanwaltschaft bekannt ist, dass man meine Schwester ermorden will.

Fadenscheinige Beschlagnahme

Im Mai 2009 tauchten etliche Schmiermichel bei mir zu Hause auf: Hausdurchsuchung war angesagt. Einem von ihnen, den ich ganz besonders gefressen habe, verweigerte ich den Zutritt zu meiner Wohnung mit deutlichen Worten. »Der ******* kommt hier nicht rein!« Woraufhin er sich brav wieder trollte – und mich später wegen Beamtenbeleidigung anzeigte. Das Ganze kostete mich zwar fünfhundert Öcken zuzüglich Gebühren für das Strafverfahren, doch für mich war das die am besten angelegte Kohle meines Lebens! Das war es mir wert.

Amtsgericht Kassel 07.05.2009

201 Gs 149/09

Beschluss

In dem Verfahren

gegen

[redacted]
Ullrich Detrois,
geboren am 09.06.1958 in Kassel,
wohnhaft [redacted] Kassel,
Staatsangehörigkeit: deutsch,

[redacted]

wegen Gefahrenabwehr

wird gemäß §§ 38 Abs. 1 S. 1, 39 Abs. 1, 40 HSOG für den Fall, dass die Wohnräume nicht freiwillig geöffnet werden und folgende Gegenstände:

1 goldener Deadhead Hells Angels, 1 Gürtelschnalle Deadhead mit Schriftzug Hells Angels, 1 Ring mit Deadheads, 1 Vitrine mit silbernem Deadhead Hells Angels, 1 Hemd Anniversary mit vielen bunten Deadheads, jede Menge Aufkleber und Sticker, 1 Anniversary-Basecap 5 years Germany, diverse T-Shirts und Sweatshirts, goldener Ohrring mit Deadhead,

nicht herausgegeben werden, die Durchsuchung der Wohnung nebst zugehöriger Nebenräume und der ihnen gehörenden Sachen des Betroffenen Ulrich Detrois, [redacted] Kassel [redacted] angeordnet, zwecks Sicherstellung der vorgenannten Gegenstände.

Gründe:

Der Betroffene war Mitglied der Gruppierung Hells Angels. Die Betroffene ist dessen Schwester. Die Betroffenen sind im Besitz der bezeichneten Gegenstände, die nach den Statuten der Hells Angels ausschließlich dieser Gruppierung gehören. Insofern dürfen diese Sachen nicht an Dritte verkauft werden, sondern sind an die Hells Angels zurückzugeben. Nunmehr hat der Betroffene Detrois die o.g. Sachen über eine internationale Kommunikationsplattform der Hells Angels zum zunächst dortigen Verkauf angeboten, aber auch in Aussicht gestellt, die Gegenstände frei zu verkaufen. Nachdem der Betroffene mehrfach im Laufe des Jahres 2007 von den Hells Angels bedroht wurde, besteht nun die Gefahr, dass sich diese Gruppierung durch die Verkaufsofferte provoziert fühlt und gegen die Betroffenen Maßnahmen einleiten wird, um die o.g. Gegenstände herauszubekommen. Dabei werden die Hells Angels auch vor der Anwendung körperlicher Gewalt nicht zurückschrecken. Insofern besteht die Gefahr, dass die Betroffenen von aktiven Mitgliedern der Hells Angels überfallen werden oder ein Käufer der Gegenstände von dieser Gruppierung überfallen wird. Insofern ist es notwendig und auch verhältnismäßig o.g. Wohnungen zu durchsuchen, um die genannten Gegenstände sicherzustellen, damit es nicht zu den erwarteten körperlichen Übergriffen auf die Betroffenen kommt.

Der Gerichtsbeschluss

Mein anderer Liebling – der Staatsanwalt – beantragte wegen der Beamtenbeleidigung den Widerruf meiner Bewährung. Da war er ganz fix dabei. Zur Erklärung: Wegen der Clubhaus-Stürmung, über die ich in *Höllenritt* ausführlich berichtet habe, hatte ich eine Bewährungsstrafe kassiert, die kurz vor ihrem Ablauf stand. Mit seinem Vorhaben hatte er aber, sicher sehr zu seinem Leidwesen, wie so oft keinen Erfolg. Mal sehen, was er sich noch so alles einfallen lässt. Bestimmt nichts Schlaues.

Zurück zur Hausdurchsuchung. Ich hatte meinen Ex-Brüdern per Mail meine Hells-Angels-Sachen zum Ankauf angeboten, bevor sie anderweitig in den Verkauf gehen sollten. Ich dachte, sie wollten das Zeug vielleicht haben. Denn darunter befanden sich auch Gegenstände, die meine Ex-Brüder des Charters Kassel bei dem Überfall auf mich damals in meiner Wohnung geraubt hatten und die mir von der Staatsanwaltschaft nach deren Verurteilung wieder ausgehändigt worden waren.

Da die Bullen, wie auch immer, von dieser Mail an

die Hells Angels Wind bekommen hatten, liefen sie zu einem Amtsrichter, der einen passenden Gerichtsbeschluss unterschrieb. Dieser war die Voraussetzung für die Beschlagnahmung, welche die Jungs von der grünen Truppe geplant hatten, sonst hätten sie das gar nicht durchziehen können. Und nun standen sie vor meiner Haustür. In dem Schrieb hieß es: Es bestünde die Gefahr, dass die Hells Angels sich durch meine Verkaufsofferte provoziert fühlen und Maßnahmen einleiten könnten, um die Gegenstände (mein Eigentum) zu bekommen. Dabei würden die Hells Angels auch vor der Anwendung körperlicher Gewalt mir und meiner Schwester gegenüber oder Käufern der Gegenstände gegenüber nicht zurückschrecken. Insofern sei die Wohnungsdurchsuchung notwendig, um die Gegenstände sicherzustellen, damit es nicht zu den »erwarteten Übergriffen« komme. Was bitte – Übergriffe? Bei einem bestehenden Mordauftrag? Das konnte ja wohl nur ein Witz sein!

Das war einfach nur Zwangsenteignung, sonst nichts. Mal sehen, was würde denn – rein hypothetisch betrachtet – passieren, wenn zum Beispiel polnische Teppichdiebe unterwegs wären? Müsste dann jeder normale Bürger jederzeit damit rechnen, dass die Polizei mit einem Gerichtsbeschluss vorbeikommt, die Wohnung durchsucht und in Frage kommende Teppiche einfach so beschlagnahmt, damit sie von den bösen Dieben nicht gestohlen werden können – und der arme Eigentümer am Ende dabei verletzt wird? Alles reine Vorsichtsmaßnahmen, damit ihm nichts passiert? Dagegen hätte doch sicher niemand etwas einzuwenden, oder doch? Nicht die Täter würden verfolgt, sondern die Opfer, und die müssten auf Gottes Gnade vertrauen und hoffen, dass sie vielleicht irgendwann ihre Teppiche wieder zurückbekommen. Da könnten sie wahrscheinlich warten, bis sie schwarz werden. Die Alternativen wären, entweder sehr viel Geld in die Hand zu nehmen, um gegen solche Polizeiwillkür zu klagen, oder abzuwarten, bis die bösen Räuber ausgestorben sind und die Gefahr gebannt ist.

Ich habe mich dazu entschieden, gegen den illegalen Entzug meiner persönlichen Gegenstände zu klagen. Denn die zusammengebastelte, völlig irre Begründung für die Beschlagnahmung meines Eigentums ist einfach nur zum Lachen. Mal sehen, wie sich das weiterentwickelt.

Abgeschnittene Köpfe – Teil 2

Ende 2010 wurde ich zu einer richterlichen Vernehmung gezwungen, um mich doch mal ausführlich zu den abgeschnittenen Köpfen zu befragen, über die ich in *Höllenritt* berichtet habe. Nebenbei bemerkt: Von den abgeschnittenen Köpfen hatte die Kasseler Kripo bereits seit 2007 umfänglich Kenntnis. Das war wieder einmal eine Glanznummer von Polizei und Justiz.

Mein Anwalt erhob Einspruch gegen die Vernehmung im öffentlichen Gerichtsgebäude, schon allein weil die Sicherheitsvorkehrungen, die er für mich gefordert hat, einfach verweigert worden waren. Da musste ich mir in Gegenwart meines Anwalts und des Richters vom Staatsanwalt sogar noch sinngemäß anhören: »Was will der denn? Der lebt doch noch.«

Dieser Staatsanwalt gehört meiner Meinung nach unverzüglich aus dem Amt entfernt. So ein zynischer Staatsanwalt wird von unser aller Steuergeldern bezahlt. Wohlgemerkt: Ich wurde auf Veranlassung dieses Staatsanwalts vor Gericht gezwungen, und er weiß ganz genau, dass mein Leben und das meiner Schwester in Gefahr sind, wenn er uns vor Gericht zitiert – und das auch noch zu einer richterlichen Vernehmung, die für jeden zugänglich ist und bei der die Saalnummer auch öffentlich ausgehängt wird. Menschenleben werden hier kaltblütig aufs Spiel gesetzt, notwendige Sicherheitsvorkehrungen abgelehnt.

Nicht nur ich frage mich, was dieser Staatsanwalt mit solchen Aktionen bezweckt. Darüber kann man wieder einmal nur spekulieren. Aber ich kann mir beim besten Willen nicht vorstellen, dass er die Situation unterschätzt. Es bleibt abzuwarten, was mir in dieser Hinsicht noch alles passieren wird. Nicht wenige Polizisten, Staatsanwälte und Richter entwickeln in meinem Fall eine sehr spezielle Auffassung vom Rechtsstaat – zu meinem Nachteil und vor allem zum Nachteil meiner Schwester, aber auch zum Leidwesen vieler redlicher Polizisten, Richter und Staatsanwälte.

Heiße Verfolgungsjagden

Es haben sich zwischenzeitlich einige Verfolgungsjagden abgespielt. Mit Geschick und guten Ortskenntnissen konnte ich meinen Verfolgern aber bisher immer entkommen.

Bei einer Einkaufsfahrt zum Beispiel fiel mir ein Motorradfahrer im Rückspiegel meines Fahrzeugs auf, der langsam immer näher kam und sich an mehreren Autos vorbei zu mir vorarbeitete. Im Seitenspiegel sah ich, als er fast schon auf der linken Seite auf meiner Höhe war, wie er eine Kanone aus der Jacke zog. Ich reagierte blitzschnell, trat voll in die Eisen und legte eine Vollbremsung hin. Der Attentäter hatte damit wohl nicht gerechnet und dachte bestimmt, ich hätte ihn noch nicht bemerkt. Und so musste er an mir vorbeirumpeln, ohne einen Schuss abgeben zu können. Sofort nahm ich die Verfolgung auf, aber er gab Gas – und mit dem Auto hatte ich keine Chance. Er war auf und davon. Das Bike war eine V-Max, das Nummernschild nicht zu erkennen. Wäre aber auch egal gewesen, denn es war sicher nicht das echte.

Als bekannt wurde, dass ich ein weiteres Buch über die Hells Angels schreibe, fand ich in meinem Briefkasten sechs abgefeuerte Patronenhülsen Kaliber 38 Spezial. Diese planlose und lächerliche Aktion kapiere ich bis heute nicht. Jeder, der mich kennt, weiß, dass ich mich von solchem Kinderkram nicht beeindrucken lasse.

Vor ungefähr sechs bis acht Monaten fielen mir nachts, das muss so gegen drei Uhr gewesen sein, zwei Männer auf, die sich auf dem Hinterhof bei meiner Wohnung in dunklen Ecken herumtrieben, mit einem verdächtigen länglichen Gegenstand. Um festzustellen, wer sie waren und was sie vorhatten, schlich ich mich mit einem dicken Knüppel aus dem Haus und näherte mich ihnen auf leisen Sohlen. Als ich bei ihnen war und sie mich bemerkten, machte ich ihnen unmissverständlich klar, mit wem sie es zu tun hatten. Danach verließen sie das Gelände so schnell, wie sie humpeln konnten. Die beiden versuchen bei mir garantiert nichts mehr.

Vor kurzem stand dann ein weißer VW Golf Kombi bei mir im Hinterhof. An sich auf den ersten Blick nichts Besonderes, er war mit allerlei Gerödel beladen. Bis mir eine kugelsichere Weste auf der Ladefläche auffiel. Sehr merkwürdig. Kurze Zeit später war das Fahrzeug weg.

Ich über die Hells Angels

Die ersten Zweifel an den Hells Angels hatte ich schon während meiner aktiven Zeit, doch das hielt sich in Grenzen, zumal ich manche Intrigen und Aktionen durch mein Veto verhindern konnte. Nach meinem »Ausscheiden« wurde mir aber zunehmend bewusst, dass ich viel Zeit meines Lebens mit den falschen Leuten verbracht habe und welch großes Glück ich eigentlich habe, nicht mehr zum Club zu gehören. Denn ich bin mir sicher: Wäre ich im Club geblieben, würde ich heute sicher für lange Zeit im Knast sitzen. Warum? Ganz einfach: Weil ich immer der Mann an vorderster Front war und vieles mit Scheuklappen gesehen habe, wäre ich sicher mit aller Härte gegen die Bandidos für meinen Club vorgegangen – ohne Rücksicht auf Verluste. Das hätte nicht gutgehen können.

Mit jedem Tag ohne die Hells Angels werde ich innerlich zufriedener. Ich kann jetzt endlich straffrei leben und muss mich nicht irgendwelchen Zwängen unterwerfen. Sicher, als Hells Angel habe ich das freiwillig und aus Überzeugung getan, aber mein eigenes Leben blieb dabei eigentlich auf der Strecke. Ich lebte ständig in dem Bewusstsein, mit einem Bein – und mit dem anderen fast auch – im Knast zu stehen. Es ist alles andere als angenehm, nachts darauf zu warten, dass ein Sonderkommando der Polizei die eigene Wohnung stürmt. Das vermisse ich kein bisschen.

Mein Blick auf die Hells Angels hat sich sehr gewandelt, seit ich »out« bin. Viele Zusammenhänge bei den Hells Angels sehe und beurteile ich heute völlig anders als früher.

Die Hells Angels über mich

Im Prinzip kann ich über die Einstellung der Hells Angels mir gegenüber seit meinem Ausscheiden bis auf wenige Tatsachen, die mir bekannt sind, nur spekulieren. Aber durch meine langen Jahre in der Führungsriege der Hells Angels bin ich mir ziemlich sicher, dass ich mit meiner Einschätzung richtig liege. Ich weiß ja, wie die Jungs ticken.

Zunächst einmal hätte es sicher keiner von ihnen für möglich gehalten, dass jemals ein Member der höchsten Entscheidungsebene die Eier in der Hose hat, um über Geschehnisse im Club öffentlich zu reden – und das unter seinem wahren Namen, trotz eines bestehenden Mordauftrags. Dass er ein Buch veröffentlicht, in Talkshows auftritt, Radio- und Fernsehinterviews gibt und dass weltweit in Zeitungsartikeln über ihn und sein Buch berichtet wird.

Spätestens eine Stunde nach der Vorstellung meines ersten Buchs wussten die Hells Angels weltweit, dass nun ein Enthüllungsbuch mit einer Menge Interna und Geheimnisse von ihnen auf dem Markt ist. Wie ich erfahren habe, war das Entsetzen im Club darüber extrem. Niemals zuvor hat es ein Member gewagt, ein Buch oder auch nur einige Interna bekannt zu machen. Ich schreibe in meinem Buch über alles im Club ohne Tabus – und das ohne Zeugenschutzprogramm, Polizeischutz oder den Schutz irgendeiner Behörde. Ich stehe zu allem, was ich schreibe. Die Hells Angels, die mich persönlich kennen, und das sind recht viele weltweit, zollen mir Respekt, weil ich Rückgrat zeige. Ich bin halt genau so, wie sie mich über viele Jahre kennengelernt haben.

Mein Charter in Kassel wurde durch die Hells Angels Germany aufgelöst, einige Kasseler Member aus dem Club entfernt und der Rest strafversetzt. Denn durch mein Buch wurde öffentlich, dass man ein Komplott geschmiedet hatte und welch linke Intrige die Idioten gegen mich inszeniert hatten, die unter anderem der Auslöser für alles war, was dann folgte.

Ein Buch und seine Folgen

Mit meinem ersten Buch habe ich eine Lawine losgetreten. Dadurch weiß jetzt jeder, dass die Hells Angels kein harmloser Motorradclub sind, wie sie sich nach außen hin darstellen und die Öffentlichkeit täuschen, sondern organisierte Kriminelle. Es ist klargeworden, welche Gefahr von ihnen ausgeht. Und ich glaube, dass ein solcher Aufschrei der Öffentlichkeit und Präsenz in den Medien notwendig sind, damit die Strafverfolgungsbehörden endlich ihren Job machen. Nicht umsonst habe ich bereits in *Höllenritt* die Strafverfolgungsbehörden angeprangert, weil sie nur halbherzig bis gar nicht oder nur im Schneckentempo aktiv wurden. Immerhin bewegt sich jetzt ein bisschen was.

Die Hells Angels haben seit der Aufdeckung ihrer kriminellen Machenschaften immense finanzielle Einbußen und Verluste erleiden müssen. Einzelne Charter wurden verboten und aufgelöst, und ihre liebsten Stücke – ihre Kutten – sind dadurch für immer verloren.

Durch Polizeiermittlungen wurden Bullen enttarnt, die den Hells Angels Informationen über Razzien und Ähnliches verraten haben, und etliche werden noch folgen. Einige von ihnen verloren bereits ihre Posten.

Dazu kommt noch, dass durch mein Buch öffentlich wurde, dass die Bullen einen Spitzel bei den Hells Angels haben, der im Club bis heute einen hohen Posten bekleidet. Erst kürzlich erfuhr ich durch ein offizielles Schreiben, das ich durch die Dusseligkeit des Ordnungsamts Kassel in die Hände bekam, dass im Zusammenhang mit der Mordverabredung gegen mich ein Verfahren in Hannover geführt worden sei. Ein neues Teil in einem unendlichen Puzzle. An dieser Geschichte bleibe ich mit meinen Anwälten dran und werde euch über den Fortgang auf dem Laufenden halten.

Seit die deutschen Hells Angels wissen, dass sie einen Maulwurf unter sich haben, misstrauen sie sich jedenfalls untereinander immer mehr, und das Ausland grenzt sich immer mehr von ihnen ab. Kein Wunder, wer will schon mit einem Bullenspitzel an einem Tisch sitzen und sich um Kopf und Kragen reden?

Neues aus der Gerüchteküche

Meine Informanten bei den Hells Angels, mit denen ich mich in mehr oder weniger regelmäßigen Abständen treffe, habe ich natürlich auch nach den aktuellen Entwicklungen gefragt. Ich wollte wissen, was ihrer Meinung nach derzeit so alles bei den Hells Angels im Busch ist. Werfen wir einmal einen Blick in die Gerüchteküche der Hells Angels.

Der Frieden, der in Dänemark zwischen den Hells Angels und Bandidos vor langer Zeit geschlossen wurde, ist beendet. Wenn ich sage »beendet«, bedeutet das nicht wie bei dem inszenierten Friedensschluss in Deutschland mit Erklärung gegenüber der Presse und allem Drum und Dran, sondern es herrscht jetzt einfach wieder Krieg. Das wundert mich allerdings kein bisschen: Es war nur eine Frage der Zeit, bis es wieder knallen würde. Es gab ja in Skandinavien auch während der »Friedenszeit« immer wieder schwere Zwischenfälle. Allerdings lief das nicht ganz so öffentlich ab wie in den 90er Jahren, als die beiden Clubs sich gegenseitig auf offener Straße die Ärsche weggeschossen oder -gebombt haben.

Es gab in Dänemark von Beginn an eine geteilte Meinung zum Friedensschluss im eigenen Land. Ich selbst war in etlichen Clubhäusern dort, in denen manchmal Bandidos verkehrten, und in anderen, in denen sie nach wie vor als die größten Feinde der Hells Angels angesehen wurden. Ich fand das schon immer sehr merkwürdig und war damals ganz klar für die Auseinandersetzung und gegen jedwede Zugeständnisse. Was mich aber wundert, ist die Begründung für das Ende des Friedens, die man vielfach hört: Schuld seien die schweren Auseinandersetzungen zwischen den Hells Angels und Bandidos in Deutschland sowie deren Zunahme und künftig erwartete Eskalationen. Speziell Dänemark könne nicht weiter tatenlos zusehen, was hierzulande abgeht.

In naher Zukunft soll es auch in Holland richtig zur Sache gehen. Kein Wunder, denn Holland ist das Sahnehäubchen in Sachen ganz großes Geld – und bisher haben dort eindeutig die Hells Angels das Sagen. Aber die Bandidos planen, den Hells Angels in die Suppe zu spucken. Nicht von ungefähr haben die Hells Angels 2011 entlang der Grenze zwischen Holland und Deutschland in kürzester Zeit neue Charter eröffnet: Amersfoort, Barneveld, Zeist, Lower Eastside, South Central, North West, Gouda und Utrecht. Auf deutscher Seite gab es ebenfalls Neuzugänge – East Gate, Leverkusen, Düren und Krefeld –, weitere sind in Planung und sollen in Kürze eröffnet werden. Die Hells Angels rüsten auf – und das ganz massiv.

Weiter erzählten mir meine Hells-Angels-Informanten von einer Aufstockung an Mannstärke und einer Ausweitung von Chartern Richtung Osteuropa. Gut, schon zu meiner Zeit gab es Gespräche über eine Osterweiterung, aber ich und einige andere sahen das sehr skeptisch. Mittlerweile, so erzählten die Jungs, habe sich in Deutschland eine Truppe Präsidenten etabliert, die das Vorhaben massiv vorantreibt. Die Expansion solle primär von Deutschland ausgehen und maßgeblich von jenen Präsidenten geplant und ausgeführt werden. Unter anderem wird die Expansion mit der strategischen Ausrichtung gegenüber den Bandidos begründet, die Ähnliches planen nach dem Motto: Wer zuerst kommt, mahlt zuerst. Im Klartext: Wer zuerst vor Ort ist und sich sein Revier gesichert hat, muss es nur noch verteidigen – und das ist allemal besser und leichter, als in bereits bestehenden Revieren an Macht und Einfluss zu kommen. Da ist immer mit Widerstand des »Marktführers« zu rechnen. Im besonderen Fokus der Expansion stehen Bosnien, Ungarn, Polen, Tschechien, die Ukraine, Bulgarien, Rumänien.

Aber auch Frankreich ist ein Expansionsziel, was mich zunächst wunderte, doch bei näherer Betrachtung ist es eigentlich gut nachvollziehbar. Frankreich war in der Vergangenheit – im Verhältnis zur Größe des Landes und der Einwohnerzahl – recht dünn von den Hells Angels, aber auch von anderen Gruppierungen der Rockerszene besetzt. Das soll jetzt anscheinend anders werden: Mehrere neue Charter sind in Planung. Tendenz steigend.

Ich bekam auch zu hören, dass es immer mehr Member gibt, denen die rasante Expansion in Deutschland, speziell im Osten der Republik, mit immer mehr neuen Membern nicht besonders schmeckt. Mittlerweile kenne man sich kaum mehr persönlich untereinander, und man erkenne die Neuen nur noch an ihren Kutten. Laut meinen Informanten sollen sich auf Hells-Angels-

Veranstaltungen auch immer mehr Leute aus Russland und Italien herumtreiben, die nicht das Geringste mit dem Club am Hut haben und die sich fast nur mit einigen wenigen Präsidenten unterhalten. Man rüste sich in Deutschland, aber auch in Ost- und Südosteuropa für größere Auseinandersetzungen mit den Bandidos, aber auch mit den Outlaws, die sich immer stärker etablieren und schon fast die dritte Macht bilden, wenn sie nicht sogar schon mit den Bandidos auf einer Ebene stehen. In letzter Zeit gab es aber auch vermehrt Fälle, in denen Bandidos und Outlaws die Fronten wechselten und zu den Hells Angels übertraten. Es bleibt also spannend, wer in Zukunft die unangefochtene Nummer eins der Rockerszene sein wird. Ich werde an dieser Stelle aber keinen Tipp abgeben.

Leider kann ich euch nicht alles erzählen, was ich weiß und erfahren habe. Nur so viel: Das würde locker für zwei weitere Bücher reichen. Habt bitte Verständnis, vielleicht finde ich ja zu einem späteren Zeitpunkt eine Möglichkeit, mein Wissen zu Papier zu bringen. Jedenfalls wird schon aus diesen neuen Entwicklungen klar, dass es sicher nicht ruhig bleiben wird in nächster Zeit, was die Hells Angels, ihre Expansion und ihre Kriege gegen ihre Erzfeinde – mich eingeschlossen – angeht.

Ich bin noch lange nicht weg

Dies ist also mein zweites Buch nach *Höllenritt* vor gut zwei Jahren. In der Zwischenzeit ist einiges passiert, und ich konnte euch hoffentlich weitere interessante und vor allem noch tiefere Einblicke in die Welt der Hells Angels geben. Natürlich habe ich euch auch den einen oder anderen witzigen Schwank aus meiner Zeit bei den Hells Angels erzählt. Aber die humorvolle Darstellung der Ereignisse soll nicht darüber hinwegtäuschen, dass das Leben bei und mit den Hells Angels nicht nur Spaß und Party bedeutet.

Im Gegenteil. Die Hells Angels sind und bleiben eine kriminelle Organisation, das kann ich eigentlich gar nicht oft genug sagen. Fast alle der bekannt gewordenen Verbrechen werden bei den Dezernaten für organisierte Kriminalität geführt, was schon für sich allein betrachtet beweist, wie gemeingefährlich die Hells Angels sind. Sie kosten die Allgemeinheit auch eine ganze Menge, wenn man mal die Kosten für Observationen und verdeckte Ermittlungen, Razzien in Clubhäusern und Wohnungen und die Strafverfolgung betrachtet. Dazu kommen noch Straßensperrungen, wenn die Hells Angels im Pulk unterwegs sind, zum Beispiel zu einer Veranstaltung, zu der sie von der Polizei manchmal sogar eskortiert werden.

Die Hells Angels bauen ihr kriminelles Netz Jahr für Jahr krakenartig immer mehr aus. Sie sind die Drahtzieher der Gewalt in einer der Öffentlichkeit bisher noch immer zu wenig bekannten Subkultur, die sich aber weiter und weiter in die normale Gesellschaft drängt. Doch durch meine Bücher, die aktuelle Berichterstattung und Diskussion in den Medien und die vermehrt ausgesprochenen Clubverbote ändert sich das hoffentlich, und die Öffentlichkeit wird stärker auf die Rockerkriminalität aufmerksam. Denn die Gier nach Geld, Macht, Kontrolle und Anerkennung treibt die Hells Angels an. Da ich selbst viele Jahre an der Schraube der Kriminalität mitgedreht habe, versichere ich euch, dass das, was ich über die Vorkommnisse berichte, stimmt – und auch die Geschichten meiner Informanten. Ich werde weitermachen, weiter informiert bleiben, und – wer weiß – vielleicht lege ich irgendwann ein Buch nach. Denn spannende Geschichten habe ich noch viele zu erzählen, und die Hells Angels, Bullerei und Justiz werden ja auch nicht müde, immer wieder neue Aktionen zu bringen.

Mord und Totschlag, Erpressung, Drogen- und Waffenhandel und, nicht zu vergessen, sämtliche Straftaten im Bereich des Rotlichtmilieus, das alles gibt es in Deutschland. Die Justiz wird systematisch unterwandert, unter Druck gesetzt oder gekauft, was durch Zufall bekannt gewordene Vorfälle zeigen. Meist findet dies im Verborgenen statt, und die wenigen bekannt gewordenen Fälle stellen nur die Spitze des Eisbergs dar. Schauen wir mal, was da noch so alles zum Vorschein kommt.

Es wird in Zukunft sehr spannend, wie der Staat auf die Rockerkriminalität reagieren wird. Alles, was bis heute von Staats- und insbesondere Polizeikreisen unternommen wurde, war halbherzig, nicht ernst zu nehmen und lief oft genug ins Leere. Das beflügelt die Hells Angels natürlich noch mehr, wie bisher weiterzumachen und ihre Expansion voranzutreiben.

Noch etwas: Der von mir hier beschriebene und bei vielen Hells Angels durchaus übliche Gebrauch von Drogen ist nicht lustig und auch nicht schick. Kommt also bitte nicht auf die bescheuerte Idee, auch so sein zu wollen! Vergesst das am besten ganz schnell! Ihr verliert durch Drogengebrauch eure Persönlichkeit, zerstört eure Familien und ruiniert eure Gesundheit – und am Ende landet ihr wegen dieses Zeugs mit großer Wahrscheinlichkeit sogar im Knast, falls ihr den Konsum überlebt. Ich will hier wirklich nicht den Moralapostel spielen, das würde mir auch keiner abnehmen. Für mich war das Clubleben ein großes Abenteuer. Ich hatte viel Zeit, viel Geld und gute Laune, und wenn etwas abging, war ich stets in der ersten Reihe dabei. Ich bereue diese Zeit nicht, will aber alle anderen davor warnen, es mir gleichzutun.

Ich wäre schon sehr zufrieden, wenn nur einer meiner Leser die Finger von den Drogen lässt und wenn einer, der mit dem Gedanken spielt, sich den Hells Angels anzuschließen, sein Vorhaben noch einmal überdenkt und dann am Ende doch lieber zu einem der vielen ganz normalen Motorradclubs geht und dort sein Seelenheil findet. Dann hätten sich schon meine Mühen und die Gefahr durch die Veröffentlichung meines Wissens in meinen Büchern gelohnt.

Ihr hört wieder von mir – garantiert. Ich bin noch lange nicht weg.

Euer Bad Boy Uli

GLOSSAR

81: Abkürzung für den Clubnamen. Die Ziffer 8 steht dabei für das H, also den achten Buchstaben im Alphabet, die 1 entspricht dem A.

Aryan Brotherhood: Die Aryan Brotherhood, kurz AB, in Deutschland auch unter der Bezeichnung Arische Bruderschaft bekannt, wurde 1967 im Staatsgefängnis San Quentin in Kalifornien gegründet. Die rassistische Gefängnisgang ist vor allem bekannt für ihr äußerst brutales Vorgehen. Sie kontrolliert die Geschäfte innerhalb vieler amerikanischer Gefängnisse, mischt aber auch außerhalb der Gefängnismauern ordentlich mit.

Aufnäher: Emblem der Hells Angels, das jeder Member auf seiner Kutte trägt.

Ausstieg: Niemand verlässt den Club! Gibt es einen ausnahmsweise wichtigen Grund, wird dem Member »LEFT« und das Datum des Ausstiegs auf die rechte Hand tätowiert. Er darf seine Club-Tattoos behalten und an öffentlichen Partys teilnehmen. Kutte und Kleidung mit Aufnähern sind verboten. »OUT« bedeutet, dass jemand aus dem Club geworfen wurde, weil er sich etwas hat zuschulden kommen lassen. Er muss seine Tattoos entfernen. »Out in bad standing« heißt, dass der Member dem Club geschadet hat. Er muss seine Tattoos entfernen lassen und ist vogelfrei, muss mit öffentlichen Attacken durch Member der Hells Angels und anderer Motorrad-Clubs rechnen.

Bandidos: Feinde der Hells Angels. Der Motorrad-Club wurde 1966 in Houston, Texas, gegründet. Seit 1989 verfügt er in Europa über eigene Ortsverbände, die »Chapter« heißen. Ihr Erkennungszeichen ist ihr Kutten-Aufnäher, der einen mexikanischen Banditen mit einer großen Machete und einer Pistole in der Hand zeigt. Da viele Mitglieder ihr Arbeitsfeld ebenfalls im Milieu haben, kommt es oft zu Rivalitäten zwischen den Clubs.

Bones: Diesen Motorrad-Club gab es nur in Deutschland. Das erste Charter gründete sich Ende 1968 in Frankfurt am Main. Viele Member kamen aus dem Milieu, waren Zuhälter, Schutzgelderpresser, Drogen-, Waffen- und Menschenhändler. Ihr Clubabzeichen auf dem Rücken der Lederjacke war eine übergroße Knochenhand. Im November 1999 schlossen sie sich mit den Hells Angels Germany zusammen.

Bruder: Die Mitglieder der Hells Angels nennen sich untereinander Bruder, englisch »Brother«. Das soll ihren engen Zusammenhalt nach innen und nach außen hin zeigen; sie sind eine Familie.

Charter: Zusammenschluss von mindestens sechs Hells Angels in einem Ort. In größeren Städten wie Berlin kann es auch mehrere Charter geben.

Charter-Treasurer: Kassenwart, der im Club für die Finanzen zuständig ist. Wenn ein Member Schwierigkeiten mit der Polizei oder der Justiz hat, muss der

Charter-Treasurer Geld aus der Clubkasse an den Member oder seine Familie zur Unterstützung zahlen. Er ist auch für die Finanzen auf Veranstaltungen seines Charters zuständig.

Clubhaus: Ort, an dem sich die Hells Angels täglich treffen, ihre Sitzungen abhalten und Partys veranstalten. Jedes Charter muss ein eigenes Clubhaus besitzen.

Dead-Head: Symbol der Hells Angels, was als Totenkopf auf jeder Kutte oder als Tattoo zu erkennen ist.

Dequiallo-Abzeichen: Es ist ein Abzeichen, das jeder Hells Angel vom Club bekommt, wenn er sich mit einem Polizisten geprügelt hat.

Easy Rider: Der Mythos des »Easy Riders« ist lange vorbei. Heute sind die freiheitsliebenden Rocker, die in Clubs organisiert sind, oftmals nur noch organisierte Gewalttäter, wobei das Motorradfahren immer mehr in den Hintergrund rückt.

Euro-Run: Jährliche Veranstaltung des Clubs. Es sollten möglichst alle Member jedes Charters anwesend sein, mindestens jedoch einer. Die Party findet in Europa statt, Ausrichter ist nahezu jedes Jahr ein anderes Land. Ein Wochenende lang wird gefeiert. Die Kosten dafür werden aus der Europa-Kasse beglichen.

Filthy Few: Ein Abzeichen, das Hells Angels tragen, die für den Club gemordet haben oder an einer Tötung beteiligt waren.

Hangaround: Will jemand Kontakt zu einem Charter bekommen, muss er auf dem Clubgelände »herumhängen«. Die erste Hürde, um später Hells Angel zu werden.

Kommunikation: Läuft per E-Mail oder Telefon. Wichtige Sachen werden persönlich per »Pony-Express« überbracht.

Konto: Konten heißen bei den Hells Angels »Trusts«. Jeder Member und jeder Prospect zahlt jährlich in den Trust ein. Das Geld wird für Partys, Anwälte, Beerdigungen und Meetings gebraucht.

Kutte: Weste jedes Hells Angels. Sie ist dem Member heilig und darf nie abhandenkommen. Auf ihr sind die Aufnäher des Clubs und die Abzeichen des Members.

Legion 81: Ein Supporter-Club der Hells Angels.

Meeting: Treffen von Hells Angels. Es gibt lokale, nationale und internationale Treffen. Bei den nationalen und internationalen Meetings sind nur Präsidenten und/oder Vize-Präsidenten anwesend. Normale Member dürfen einen Antrag stellen, um einem solchen Meeting beizuwohnen.

Member: Mitglied in einem Charter. Jeder Hells Angel ist ein Member, manche von ihnen bekleiden zusätzlich Posten in ihrem jeweiligen Charter.

Member auf Probe: Nachdem jemand zum Member ernannt wurde, wird er für ein Jahr auf Probe in den Club aufgenommen. Das heißt, dass er keine Ämter bekleiden und nicht an nationalen oder internationalen Meetings teilnehmen darf.

Nadelgeld: Tattoo-Studios zahlen Abgaben an Hells Angels. Im Grunde ist es nichts anderes als Schutzgeld.

Nomads: Die »Nomaden« sind ebenfalls Hells Angels. In jedem Land gibt es ein Charter. Der Unterschied zu den ortsansässigen Hells Angels bestand darin, dass die Nomads in der Regel kein eigenes Clubhaus hatten. Sie sind innerhalb des Clubs für das Grobe zuständig.

Officers-Meeting: Diese Meetings finden auf jedem Euro- oder World-Run statt, im Anschluss an das World-Meeting, und es dürfen nur hochrangige Member teilnehmen. Das Officers-Meeting findet immer an einem streng geheimen Ort statt, der vorher auf Wanzen und andere Abhörgeräte gefilzt wird.

Original 81: Unter dem Label »Original 81 Support« werden vor allem Zigaretten, Bier und andere Alkoholika verkauft. Vereinzelt schafften diese »Markenartikel« sogar den Sprung in die Regale einer großen Supermarktkette.

Patch: Beschreibt den Aufnäher oder Flicken der Hells Angels auf der Kutte. Er ist wie alle anderen offiziellen Clubsymbole markenrechtlich geschützt und darf nur von Voll-Mitgliedern gekauft und getragen werden.

Präsident: Er ist der Chef und muss an nationalen und internationalen Meetings der Hells Angels teilnehmen. Des Weiteren muss er sein Charter bei clubinternen Veranstaltungen und in der Öffentlichkeit gegenüber Polizei und Presse repräsentieren.

Prospect: Zweite Stufe auf dem Weg zum Hells Angel. Hat jemand diesen Status inne, muss er für den Club alle Frondienste übernehmen und ist das Mädchen für alles. Normalerweise dauert diese Phase zwei Jahre.

Red Devils: Ein Supporter-Club der Hells Angels.

Road Captain: »Verkehrsminister«, der für die Routenplanung zuständig ist. Geht es zu einer Party, muss er eine sichere und gute Route berechnen. Er leitet auch den Konvoi und fährt voran. Er muss außerdem für ausreichend Fahrzeuge sorgen. Ist ein ausländischer Member zu Gast, muss er diesem ein Bike für seinen Aufenthalt organisieren.

Satudarah: Ein Motorradclub aus Holland. Er wurde 1990 in Moordrecht gegründet, und der Name bedeutet so viel wie »ein Blut«. Ihr Logo: Ein doppelköpfiger Indianer, die eine Hälfte ist weiß, die andere schwarz, mit rotem Zopf. Die Clubfarben sind Schwarz und Gelb.

Schmiermichel: Ist kein offizieller Begriff bei den Hells Angels. In der Szene-Sprache werden Polizisten gern so genannt.

Secretary: Ist der »Sekretär« in einem Charter. Er erledigt die Schreibtischarbeiten, hält Termine fest und pflegt den E-Mail-Kontakt zu anderen Chartern.

Sergeant at Arms: Waffenmeister, der dafür zu sorgen hat, dass immer ausreichend Waffen, Munition schusssichere Westen und Nachtsichtgeräte in kürzester Zeit zur Verfügung stehen. Steht ein Überfall an, muss er die erforderliche Ausrüstung bereitstellen und sie danach wieder verschwinden lassen.

Supporter: Freund oder Bekannter der Hells Angels. Er ist in einem anderen Motorrad-Club organisiert, der sich dann Supporter-Club nennt. Supporter dürfen an offiziellen Feiern der Hells Angels teilnehmen und werden gern zu Frondiensten herangezogen. Sie bewundern die Hells Angels. Supporter-Clubs sind beispielsweise die Red Devils oder die Brigade 81.

Tattoo (Club-Tattoo): Erkennungszeichen der Hells Angels. Wann sich ein Hells Angel welches Tattoo stechen lassen darf, ist strengstens geregelt. Das erste Club-Tattoo ist der Charter-Dead-Head, den kann sich jeder Member stechen lassen. Als Voll-Member, also nach einem Jahr Mitgliedschaft, kann er sich den World-Dead-Head stechen lassen. Hände und Hals dürfen nach fünf Jahren, der Rücken nach zehn Jahren tätowiert werden.

Task-Force Rocker: In Berlin eingeführte Task-Force, die sich um die Eindämmung der Rockerkriminalität kümmern soll.

Vize-Präsident: Präsident und Vize-Präsident sind in der Hierarchie gleichgestellt, mit dem Unterschied, dass der Vize-Präsident weniger Arbeit hat. Er kann jederzeit an nationalen und internationalen Meetings teilnehmen und sein Charter vertreten.

World-Meeting: Es findet auf jedem World- und Euro-Run statt. Je zwei Representer pro Land nehmen daran teil und tragen ihre auf den jeweiligen Länder-Meetings im Vorfeld besprochenen Anliegen den anderen vor. Diese werden diskutiert und es kommt zur Abstimmung. Aber auch Streitigkeiten zwischen Ländern werden dort geschlichtet und allgemeine Infos ausgetauscht.

World-Rules: Die geheimen, schriftlichen Regeln der Hells Angels. Für die Mitglieder sind sie heilig, jeder muss sich an sie halten. Pro Charter gibt es maximal ein Exemplar.

World-Run: Wichtigstes Ereignis im Leben eines Hells Angels. Der World-Run findet regelmäßig abwechselnd in Übersee und in Europa statt. Von jedem Charter muss mindestens ein Member daran teilnehmen. Gefeiert wird ein Wochenende lang. Die Kosten trägt jeder Member selbst.

BILDNACHWEIS

»So fing alles an« (S. 23), © Ulrich Detrois

»Patches« (S. 60), © Silvana Peil

»Skizze des Getriebeproblems« (S. 69), Grafik: Peter Palm, Berlin

»So sieht ein Sieger aus« (S. 81), © Ulrich Detrois

»Unterwegs in Bella Italia« (S. 137), © Silvana Peil

»Sonny Barger« (S. 152), © Dieter Rebmann, Neuhausen

»Mein Hund Cassius und ich« (S. 177), © Ulrich Detrois

»Der Friedensschluss« (S. 241), © picture-alliance / dpa, Jochen Lübke

»Das Clubsymbol der Bandidos« (S. 249), © picture-alliance / dpa, Raimund Nitzsche

»Hells-Angel-Charter werden verboten« (S. 287), mit freundlicher Genehmigung der Frankfurter Rundschau

ANHANG

World- und Euro-Runs

Jahr	World-Run	Euro-Run
2002	Alicante, Spanien	Alicante, Spanien
2003	Laconia, New Hampshire, USA	Frankreich
2004	Rio de Janeiro, Brasilien	Laax, Schweiz
2005	Prag, Tschechien	Prag, Tschechien
2006	Cody, Wyoming, USA	Matlock, England
2007	Lissabon, Portugal	Lissabon, Portugal
2008	Kapstadt, Südafrika	Hannover, Deutschland
2009	Rio de Janeiro, Brasilien	Italien
2010	Prag, Tschechien	Prag, Tschechien
2011	Laconia, New Hampshire, USA	Moskau, Russland
2012	Graz, Österreich	Graz, Österreich

Die World- und Euro-Runs der letzten elf Jahre

Hells-Angels-Charter

Charter	Land	Gründung
Berdoo	Kalifornien, USA	17. März 1948
Frisco	Kalifornien, USA	1. August 1954
Oakland	Kalifornien, USA	1. April 1957
Auckland	Neuseeland	1. Juli 1961
Richmond	Kalifornien, USA	14. Februar 1962

Charter	Land	Gründung
Nomads	Kalifornien, USA	1. Juni 1965
Daly City	Kalifornien, USA	19. Februar 1966
Dago	Kalifornien, USA	30. Mai 1966
Omaha	Nebraska, USA	27. November 1966
Lowell	Massachusetts, USA	17. April 1967
Cleveland	Ohio, USA	16. Dezember 1967
San Jose	Kalifornien, USA	14. Juli 1969
Salem	Massachusetts, USA	17. Juli 1969
London	Großbritannien	30. Juli 1969
New York City	New York, USA	5. Dezember 1969
Rochester	New York, USA	5. Dezember 1969
Zurich	Schweiz	20. Dezember 1970
Sonoma County	Kalifornien, USA	21. Oktober 1972
Durham	North Carolina, USA	24. Juli 1973
Sacramento	Kalifornien, USA	9. August 1973
West Coast	Großbritannien	17. August 1974
Bridgeport	Connecticut, USA	17. Februar 1975
Sydney	Australien	23. August 1975 Frozen: April 2011
Melbourne	Australien	23. August 1975
Vorarlberg	Österreich	19. November 1975
Charleston	South Carolina, USA	7. Februar 1976
Essex	Großbritannien	15. August 1976
Kent	Großbritannien	4. Dezember 1976
Wessex	Großbritannien	29. Januar 1977
South Coast	Großbritannien	26. Februar 1977
Montreal	Kanada	5. Dezember 1977
San Fernando Valley	Kalifornien, USA	1. Januar 1978
Ventura	Kalifornien, USA	6. Mai 1978
Amsterdam	Niederlande	28. Oktober 1978

Charter	Land	Gründung
Tyne & Wear	Großbritannien	2. Juni 1979
Winston Salem	Massachusetts, USA	6. Juni 1979
Haarlem	Niederlande	19. Januar 1980
Nomads	Australien	14. August 1980
Copenhagen	Dänemark	31. Dezember 1980
Monterey	Kalifornien, USA	4. April 1981
Paris	Frankreich	18. April 1981
Stuttgart	Deutschland	4. Dezember 1981
Berkshire County	Massachusetts, USA	24. April 1982
Minneapolis	Minnesota, USA	18. September 1982
Fairbanks	Alaska, USA	18. Dezember 1982
Anchorage	Alaska, USA	18. Dezember 1982
Vancouver	Kanada	23. Juli 1983
White Rock	Kanada	23. Juli 1983
Nanaimo	Kanada	23. Juli 1983
Adelaide	Australien	1. Oktober 1983
East End	Kanada	22. Dezember 1983
Vallejo	Kalifornien, USA	11. Februar 1984
Rio de Janiero	Brasilien	16. Juni 1984
Nomads	New York, USA	11. November 1984
Sherbrooke	Kanada	5. Dezember 1984
Windsor	Großbritannien	22. Dezember 1984
Lea Valley	Großbritannien	30. März 1985
Fulton	Kentucky, USA	29. Juni 1985
Wolverhampton	Großbritannien	23. Oktober 1985
Vienna	Österreich	23. November 1985
Ashfield	Großbritannien	31. Mai 1986
Orleans	Frankreich	18. April 1987
Haney	Kanada	13. Juni 1987
Quebec City	Kanada	26. Mai 1988
Nomads	Großbritannien	25. Februar 1989

Charter	Land	Gründung
Berlin	Deutschland	3. Februar 1990
North End	Deutschland	13. April 1990
Trois Rivieres	Kanada	24. Juni 1991
Wanganui	Neuseeland	23. Juni 1992
Trondheim	Norwegen	1. August 1992
Providence	Rhode Island, USA	5. September 1992
Northcoast	Niederlande	28. Oktober 1992
Aarhus	Dänemark	31. Dezember 1992
Manaus	Brasilien	27. Februar 1993
Malmoe	Schweden	27. Februar 1993
Darwin	Australien	2. April 1993
Johannesburg	Südafrika	14. August 1993
Nomads	Brasilien	13. September 1993
West Rand	Südafrika	31. Januar 1994
Nomads	Washington, USA	16. Juli 1994
Kiel	Deutschland	17. September 1994
Long Island	New York, USA	5. Oktober 1994
Chicago	Illinois, USA	2. Dezember 1994
Rockford	Illinois, USA	2. Dezember 1994
South Bend	Indiana, USA	2. Dezember 1994
Milano	Italien	16. Dezember 1995
Helsingborg	Schweden	27. Februar 1996
Helsinki	Finnland	23. März 1996
Odense	Dänemark	27. August 1996
Nomads	Dänemark	28. August 1996
Oslo	Norwegen	14. September 1996
Stavanger	Norwegen	14. September 1996
Aalborg	Dänemark	14. Oktober 1996
Liechtenstein	Liechtenstein	6. Dezember 1996
Stockholm	Schweden	27. Februar 1997
South	Kanada	1. März 1997

Charter	Land	Gründung
Brisbane	Australien	27. März 1997
Barcelona	Spanien	19. April 1997
Valencia	Spanien	19. April 1997
Canaan	Maine, USA	13. Juni 1997
Ghent	Belgien	15. Juli 1997
Edmonton	Kanada	23. Juli 1997
Calgary	Kanada	23. Juli 1997
Durban	Südafrika	6. September 1997
Nomads	Finnland	18. September 1997
Mesa	Arizona, USA	18. Oktober 1997
Phoenix	Arizona, USA	18. Oktober 1997
Cave Creek	Arizona, USA	18. Oktober 1997
Tuscon	Arizona, USA	18. Oktober 1997
Nomads	Arizona, USA	18. Oktober 1997
South End	Dänemark	30. Oktober 1997
Orange County	Kalifornien, USA	18. Oktober 1997
Antwerp	Belgien	15. Januar 1998
Manchester	Großbritannien	4. April 1998
Cape Town	Südafrika	13. Juni 1998
Nomads	Kanada	23. Juli 1998
North Crew	Australien	12. August 1998
Eastside	Schweden	28. August 1998
Saskatoon	Kanada	18. September 1998
Merced County	Kalifornien, USA	17. Oktober 1998
Nomads	Nevada, USA	14. November 1998
Oulu	Finnland	6. Dezember 1998
West Side	Deutschland	15. Januar 1999 Closed: Juni 2012
Nomads	Connecticut, USA	22. Januar 1999
Roma	Italien	7. Februar 1999
Cote d'Azur	Frankreich	18. April 1999

Charter	**Land**	**Gründung**
Hamar	Norwegen	8. Mai 1999
Gothenburg	Schweden	15. Mai 1999
Buenos Aires	Argentinien	16. Juni 1999
Geneve	Schweiz	17. September 1999
St. Gallen	Schweiz	17. September 1999
Mission City	Kanada	18. September 1999
Coast	Belgien	7. Oktober 1999
South West	Wales	9. Oktober 1999
Westport	Niederlande	20. Oktober 1999
Northants	Großbritannien	30. Oktober 1999
Nomads	Kanada	11. November 1999
Bonn	Deutschland	12. November 1999
Boppard	Deutschland	12. November 1999
Darmstadt	Deutschland	12. November 1999
Frankfurt	Deutschland	12. November 1999 under construction: September 2011
Hannover	Deutschland	12. November 1999 closed: Juni 2012
Heilbronn	Deutschland	12. November 1999
Dark Side/ Karlsruhe	Deutschland	12. November 1999
Mannheim	Deutschland	12. November 1999
Offenbach	Deutschland	12. November 1999
Reutlingen	Deutschland	12. November 1999
Saarbrücken	Deutschland	12. November 1999
Singen	Deutschland	12. November 1999 closed: Mai 2012
Westend	Deutschland	12. November 1999 under construction: September 2011

Charter	Land	Gründung
Treviso	Italien	18. Dezember 1999
Nomads	Italien	30. Januar 2000
Manchester	New Hampshire, USA	26. Februar 2000
New Roc City	New York, USA	10. Mai 2000
Rotterdam	Niederlande	25. Juni 2000
Nomads	Deutschland	31. Oktober 2000
Fresno County	Kalifornien, USA	11. November 2000
Prague	Tschechien	8. Dezember 2000
Athens	Griechenland	8. Dezember 2000
Nomads	France	11. Dezember 2000
Winnipeg	Kanada	15. Dezember 2000
Keswick	Kanada	29. Dezember 2000
Nomads	Kanada	29. Dezember 2000
Kitchener	Kanada	29. Dezember 2000
Oshawa	Kanada	29. Dezember 2000
Simcoe Co.	Kanada	29. Dezember 2000
Toronto Down Town	Kanada	29. Dezember 2000
Toronto East	Kanada	29. Dezember 2000
Toronto West	Kanada	29. Dezember 2000
Windsor	Kanada	29. Dezember 2000
Woodbridge	Kanada	29. Dezember 2000
Toronto North	Kanada	3. Februar 2001
South East Side	Deutschland	16. Februar 2001
Nomads	Belgien	31. März 2001
Riverside	Schweiz	26. Juli 2001
Randers	Dänemark	1. September 2001
Munich	Deutschland	8. Dezember 2001
Kampen	Niederlande	18. Dezember 2001
Nomads	Illinois, USA	1. Januar 2002

Charter	Land	Gründung
Niagara	Kanada	28. Juli 2001
Regina	Kanada	18. September 2001
Nomads	Massachusetts, USA	21. Januar 2002
Worcester	Massachusetts, USA	21. Januar 2002
Lake East	Ohio, USA	23. Januar 2002
Hartford	Connecticut, USA	24. März 2002
Tyrol	Österreich	6. April 2002
East County	Australien	23. Mai 2002
Lisbon	Portugal	24. Mai 2002
Carelia	Finnland	6. Juli 2002
Denver County	Colorado, USA	13. Juli 2002
Santa Cruz	Kalifornien, USA	22. Juli 2002
Costa del Sol	Spanien	28. Juli 2002
Cuneo	Italien	1. November 2002
Midland	Deutschland	6. November 2002 closed: April 2012
Skien	Norwegen	30. November 2002
South Bank	Südafrika	1. Januar 2003
Bolzano	Italien	4. Januar 2003
Black Forest	Deutschland	4. Januar 2003
Nomads	New Hampshire, USA	23. Januar 2003
Gummersbach	Deutschland	22. Februar 2003
Hanau	Deutschland	3. März 2003
Fayetteville	North Carolina, USA	8. März 2003
Las Vegas	Nevada, USA	21. März 2003
London	Kanada	29. Juli 2003
Carinthia	Österreich	31. August 2003
Nomads	Indiana, USA	16. November 2003
Greenville	South Carolina, USA	4. Dezember 2003
Myrtle Beach	South Carolina, USA	27. Juli 2004

Charter	Land	Gründung
Baltimore	Maryland, USA	2. September 2004
Overland	Schweiz	1. November 2004
Mendoza	Argentinien	18. Dezember 2004
West Crew	Wales	8. Januar 2005
Hamilton	Kanada	15. Januar 2005
Nomads	Südafrika	17. Januar 2005
Harbor City	Deutschland	5. Februar 2005
Liguria	Italien	5. März 2005
Santiago	Chile	15. Mai 2005
City Crew	Australien	8. Juni 2005
Nomads	Österreich	18. August 2005
Nomads	Portugal	12. November 2005
Zagreb	Kroatien	2. Dezember 2005
Karlstad	Schweden	31. Dezember 2005
Carribean	Niederlande	19. Januar 2006
R'side	Kalifornien, USA	3. März 2006
Nomads	Argentinien	12. April 2006
Costa Blanca	Spanien	19. April 2006
Hells End	Australien	6. Juni 2006
Madrid	Spanien	9. Juni 2006
Newark	New York, USA	15. Juli 2006
Goth Town	Schweden	16. August 2006
Campinas	Brasilien	13. September 2006
Vitoria	Brasilien	13. September 2006
Tromsoe	Norwegen	29. September 2006
Moscow	Russland	30. September 2006
Thessaloniki	Griechenland	7. Oktober 2006
Santa Barbara	Kalifornien, USA	21. Oktober 2006 frozen: August 2011
Riviera	Schweiz	6. November 2006
Nth Lincs	Großbritannien	1. Dezember 2006

Charter	Land	Gründung
Alkmaar	Niederlande	6. Dezember 2006
Ostrava	Tschechien	12. Dezember 2006
Luxembourg City	Luxembourg	27. Januar 2007
Sin City	Nevada, USA	28. Februar 2007
Nomads	Spanien	22. April 2007
Nimes	Frankreich	28. April 2007
Cottbus	Deutschland	2. Juni 2007
Belfast	Großbritannien	16. Juni 2007
Nomads	Tschechien	3. Juli 2007
Kelowna	Kanada	23. Juli 2007
Drammen	Norwegen	1. September 2007
Los Angeles County	Kalifornien, USA	1. September 2007 closed: Juni 2012
Padova	Italien	1. Dezember 2007
Southside	Portugal	6. Dezember 2007
Siegen	Deutschland	22. Februar 2008
Capital City	Schweden	10. März 2008
Bielefeld	Deutschland	6. Juni 2008
Budapest	Ungarn	6. Juni 2008
Flensburg	Deutschland	6. Juni 2008 under Construction: April 2010
Goiana	Brasilien	14. Juni 2008
Leipzig	Deutschland	22. August 2008
Styria	Österreich	30. August 2008
Nomads	Luxembourg	3. September 2008
South East	Niederlande	3. September 2008
Brasilia	Brasilien	6. September 2008
BorderLand	Deutschland	7. September 2008 under Construction: Juni 2011

Charter	Land	Gründung
Colmar	Frankreich	20. September 2008
Cologne	Deutschland	4. Oktober 2008
Karlsruhe	Deutschland	4. Oktober 2008
Landau	Deutschland	4. Oktober 2008
Munich City	Deutschland	4. Oktober 2008
Rostock	Deutschland	4. Oktober 2008
Potsdam	Deutschland	21. Dezember 2008 closed: Juni 2012
Nomads	South Carolina, USA	1. Januar 2009
Santo Domingo	Dominikanische Republik	22. Februar 2009
Dresden	Deutschland	5. Mai 2009
Charleroi City	Belgien	2. Juli 2009
Canaris	Spanien	11. Juli 2009
Southland	Kanada	21. Juli 2009
Copenhagen East	Dänemark	23. Juli 2009
Triangle Area	Dänemark	15. August 2009
Antofagasta	Chile	15. August 2009
Nomads	Türkei	4. Oktober 2009
Schwerin	Deutschland	5. Oktober 2009 closed: Juli 2012
Cardiff	Großbritannien	10. Oktober 2009
Eskilstuna	Schweden	30. Oktober 2009
Mallorca	Spanien	Frozen
Nomads	New York, USA	27. November 2009
Lulea	Schweden	31. Dezember 2009
Norrkoping	Schweden	31. Dezember 2009
Nomads	Colorado, USA	1. Januar 2010
Lübeck	Deutschland	16. Januar 2010
Basel	Schweiz	20. Februar 2010

Charter	Land	Gründung
Nomads	Ungarn	2. März 2010
Spartanburg	South Carolina, USA	3. März 2010
Silvercoast	Portugal	7. März 2010
Torino	Italien	27. März 2010
Tychy	Polen	10. April 2010
Poznan	Polen	10. April 2010
Nomads	Maryland, USA	21. Mai 2010
Limburg	Belgien	3. Juli 2010 frozen: Juli 2011
Nomads	Chile	30. August 2010
Cornwall	Großbritannien	4. September 2010 frozen: April 2011
Uppsala	Schweden	1. Oktober 2010
Istanbul	Türkei	3. Oktober 2010
Chinatown	Australien	15. Oktober 2010
Nomads	Virginia, USA	14. November 2010
Erfurt	Deutschland	27. November 2010
Hof-City	Deutschland	27. November 2010
North Side	Spanien	27. November 2010
Berlin City	Deutschland	1. Dezember 2010 closed: Mai 2012
Nomads	Neuseeland	16. Februar 2011
Parramatta	Australien	16. Februar 2011
Northside	Australien	16. Februar 2011
North East	Spanien	19. Februar 2011
Southport	Deutschland	22. Februar 2011 closed: Juni 2012
Brisbane City	Australien	4. März 2011
Nomads	Irland	5. März 2011
Reykjavik	Island	4. März 2011

Charter	Land	Gründung
Perpignan	Frankreich	22. April 2011 frozen: April 2012
Bretagne	Frankeich	23. April 2011
Wallkill	New York, USA	29. April 2011
East City	Australien	11. Mai 2011
West Rock City	Schweden	12. Mai 2011
Bergen	Norwegen	14. Mai 2011
Darkland	Portugal	14. Mai 2011
Gouda	Niederlande	28. Mai 2011
South Central	Niederlande	28. Mai 2011
Lower Eastside	Niederlande	28. Mai 2011
North West	Niederlande	28. Mai 2011
Amersfoort	Niederlande	28. Mai 2011
Zeist	Niederlande	28. Mai 2011
Barneveld	Niederlande	28. Mai 2011
Utrecht	Niederlande	28. Mai 2011
Bosphorus	Türkei	10. Juni 2011
East Gate	Deutschland	14. Juli 2011
Leverkusen	Deutschland	14. Juli 2011
Dueren	Deutschland	14. Juli 2011
Krefeld	Deutschland	14. Juli 2011
Esbjerg	Dänemark	27. Juli 2011
West Farside	Südafrika	3. August 2011
West County	Deutschland	8. August 2011
Southgate	Deutschland	1. September 2011
Oder City	Deutschland	3. Oktober 2011
Whiskeytown	Kalifornien, USA	22. Oktober 2011
Westbridge	Kanada	11. November 2011
Mason-Dixon	Maryland, USA	1. Dezember 2011
Bondi Beach	Australien	1. Januar 2012
Lake Constance	Deutschland	30. Januar 2012

Charter	**Land**	**Gründung**
Malta	Malta	1. Februar 2012
Beach Side	Virginia, USA	7. Februar 2012
Campo Grande	Brasilien	7. März 2012
Thailand	Thailand	5. April 2012
Crete	Griechenland	7. April 2012
Normandie	Frankreich	21. April 2012
Central	Deutschland	12. Mai 2012
South Side	Großbritannien	16. Mai 2012
East District	Deutschland	27. Mai 2012
Wroclaw	Poland	1. Juni 2012
Porto Alegre	Brasilien	16. Juni 2012
East Area	Deutschland	26. Juni 2012
South	Dänemark	28. Juni 2012
Attica	Griechenland	10. Juli 2012
West Point	Kanada	23. Juli 2012
Northtown	Deutschland	30. Juli 2012
Easttown	Deutschland	30. Juli 2012
Southtown	Deutschland	30. Juli 2012
Westtown	Deutschland	30. Juli 2012
Ibiza	Spanien	25. August 2012
Prospect-Charter	**Land**	
Stateline Enfield	Connecticut, USA	
Lithuania	Litauen	
Latvia	Lettland	
Tata	Ungarn	
Kazan	Russland	
Gdansk	Polen	
Witbank	Südafrika	
Duisburg	Deutschland	
Slovakia	Slowakei	

Prospect-Charter	**Land**	
Bucuresti	Rumänien	
Timisoara	Rumänien	
Sibiu	Rumänien	
Hawaii	Hawaii, USA	
Göttingen	Deutschland	
Estonia	Estland	
Hangaround-Club	**Land**	
Deadly Drive MC	Japan	
Yambol	Bulgarien	
Sofia	Bulgarien	
Asenovgrad	Bulgarien	
Samara	Russland	
Charter	**Land**	
Silver Bullets	Ukraine	
Fortress MC, Przemysl	Polen	

Frozen: vorübergehend stillgelegt.
Die Charter der Hells Angels im Oktober 2012

Die Charterliste wurde Anfang Oktober 2012 von den Internetseiten www.hells-angels.com und www.hells-angels-germany.de übernommen. Für die Richtigkeit, Vollständigkeit und Aktualität der Angaben kann keine Gewähr übernommen werden.

EIN PERSÖNLICHES ANLIEGEN

Dieses Buch widme ich aus tiefster Dankbarkeit der Transplantationsmedizin des Uniklinikums Göttingen.

Auf meine Art möchte ich meine Leser dazu aufrufen, über eine Organspende nachzudenken. Mit einer Organspende könnt ihr unendlich viel Gutes tun und einem anderen Menschen das Leben retten.

Ich weiß, dass das ein echt schwieriges Thema ist und dass sich eigentlich niemand damit auseinandersetzen möchte, denn die Organspende betrifft euren Tod, eure Ängste vor dem Sensenmann oder – je nachdem welchen Glaubens ihr seid – eurer Gottheit, eurem obersten Chef oder einfach irgendjemandem.

Doch eins ist bei allen gleich: Irgendwann ist für jeden die Zeit zu Ende, und spätestens dann wird sich entscheiden, ob nur euer Name übrig bleibt oder ein Teil oder mehrere von euch in einem anderen Menschen weiterleben – was euren Angehörigen vielleicht sogar etwas Trost spendet. Vielleicht trägt es auch dazu bei, ein wenig von eurem Geist am Leben zu erhalten. Und ich bin davon überzeugt, dass niemand dort, wo die Reise endet – wo auch immer das sein mag –, sagen wird: »Guck mal, der hat ja keine Nieren mehr« oder »Dem fehlen ja das Herz und die Lunge! Ne, den wollen wir hier nicht haben!«

Bei ganz vielen Ärzten, Kliniken und an anderen Orten liegen Infos zur Organspende aus, die aber leider viel zu selten von uns wahrgenommen werden. Also, klemmt eure Arschbacken zusammen und denkt mal darüber nach. Ihr braucht davor wirklich keine Angst zu haben.

Mich würde es sehr freuen, wenn ich mit meinem Aufruf doch den einen oder anderen zu einem Spenderausweis verhelfen kann, und deshalb bin ich auch mit meinem Herzensanliegen an meinen Verlag herangetreten, einen Organspenderausweis in diesem Buch abzudrucken, den man nur noch ausschneiden und ausfüllen muss. Ich dachte, ich müsste ihnen damit richtig auf den Sack gehen, dann würde das auch klappen. Weit gefehlt: Sofort und ohne Wenn und Aber wurde zugestimmt und mir volle Unterstützung zugesagt.

Euer Bad Boy Uli

Erklärung zur Organ- und Gewebespende

Für den Fall, dass nach meinem Tod eine Spende von Organen/Geweben zur **Transplantation** in Frage kommt, erkläre ich:

○ **JA**, ich gestatte, dass nach der ärztlichen Feststellung meines Todes meinem Körper Organe und Gewebe entnommen werden.

oder ○ **JA**, ich gestatte dies, mit **Ausnahme** folgender Organe/Gewebe:

oder ○ **JA**, ich gestatte dies, jedoch **nur** für folgende Organe/Gewebe:

oder ○ **NEIN**, ich widerspreche einer Entnahme von Organen oder Geweben.

oder ○ Über JA oder NEIN **soll** dann **folgende Person entscheiden:**

Name, Vorname .... Telefon

Straße .... PLZ, Wohnort

Platz für Anmerkungen/Besondere Hinweise

DATUM .... UNTERSCHRIFT

Hier knicken
und zusammenfalten

Organspendeausweis

nach § 2 des Transplantationsgesetzes

Organspende

Name, Vorname .... Geburtsdatum

Straße .... PLZ, Wohnort

DSO
DEUTSCHE STIFTUNG
ORGANTRANSPLANTATION

Organspende
schenkt Leben.

Antwort auf Ihre persönlichen Fragen erhalten Sie beim Infotelefon Organspende unter der gebührenfreien Rufnummer 0800 / 90 40 400.

Organspendeausweis (Quelle: BZgA)